西南财经大学法学院
光华法学文丛

高晋康 主编

扇形统合

——县域金融治理的权力运行研究

郭敬 著

感谢四川省高校哲学社会科学重点研究基地
中国金融法研究中心的资助

法律出版社
LAW PRESS·CHINA
北京

图书在版编目（CIP）数据

扇形统合：县域金融治理的权力运行研究 / 郭敬著. -- 北京：法律出版社，2021
(光华法学文丛)
ISBN 978 - 7 - 5197 - 5922 - 3

Ⅰ. ①扇… Ⅱ. ①郭… Ⅲ. ①县－地方金融－金融管理－研究－中国 Ⅳ. ①F832.7

中国版本图书馆 CIP 数据核字(2021)第 183081 号

扇形统合
——县域金融治理的权力运行研究
SHANXING TONGHE
—XIANYU JINRONG ZHILI DE QUANLI YUNXING YANJIU

郭 敬 著

策划编辑 郑 导
责任编辑 郑 导
装帧设计 汪奇峰

出版发行 法律出版社
编辑统筹 学术·对外出版分社
责任校对 周合芝 王沁陶
责任印制 陶 松
经 销 新华书店

开本 A5
印张 9.25 **字数** 205 千
版本 2021 年 10 月第 1 版
印次 2021 年 10 月第 1 次印刷
印刷 北京虎彩文化传播有限公司

地址:北京市丰台区莲花池西里 7 号(100073)
网址:www.lawpress.com.cn
投稿邮箱:info@lawpress.com.cn
举报盗版邮箱:jbwq@lawpress.com.cn

销售电话:010 - 83938349
客服电话:010 - 83938350
咨询电话:010 - 63939796

书号:ISBN 978 - 7 - 5197 - 5922 - 3
定价:58.00 元

凡购买本社图书,如有印装错误,我社负责退换。电话:010 - 83938349

序

郡县治，因其关乎天下安，乃国之大者。而县域金融治理，作为县域治理现代化题中核心之义，尤为重要。

县域金融治理的权力运行，犹如一个封沉多年未被打开的“黑盒”，县域金融成了金融学界的“灰色”地带、信息孤岛。由于深层次社会、政治、经济、文化、传统及制度保障等诸多因素，几十年来，学者对县域金融权力“实际是如何运行的”几乎未曾涉猎。现有金融学和金融法学理论似乎未能充分地展现出县域金融治理的图景。县域金融治理的权力运行，迄今为止仍是金融学和金融法学研究有待破解的薄弱点和难点。

三年前，郭敬告诉我要做这个研究，采用金融学和法学、社会学、经济学相结合交叉研究的理路。这有新意,也有难度,我即提醒他,县域虽小,“肝胆”俱全,既是国家和社会“地基”,又是一个相对独立和完整的体系,单一学科“讲不透”,交叉不好会“四不像”。不过我知道,这个话题一定会揭示现代中国国家治理中一些很有意思的问题。

但郭敬知难而进,聚焦于县域金融权力运行“大观园”,集中精力进行系统研究,拓荒垦地,勘玉探骊,在完成博士论文之后,锲而不舍,砥砺探索,几经寒暑,终大功告成,著成此书,提出扇形统合理论,补学术空白,成一家之言。这部既现实又前卫的著作,特色鲜明,可圈可点:

第一,今与昔的交融。观其研究纹路,以“天地人”为谋篇立骨,以现实中的国家金融体制沿革为论说之基,抚今追昔,在权由天赋、地孕和人合的深邃立意中诠释当代县域金融权力运行的制度性基础,生动地再现了中华人民共和国成立以来县域金融正式与非正式权力之间既合作又冲突的微妙关系。再以儒学修齐治平关于“己”的推演进路,鞭辟及里地揭示了当下公共治理责任与权力微观主体间的内在逻辑,展示了县域金融治理的权力及其运行现状与实际成效景象。书中追溯历史,关照现实,由远及近,由表及里,层层相剥,引文据理,记事抒怀,寄寓着主旋律,凝聚着正能量,具有一种向真、向善、向美、向上的豪然之气。

第二,点与面的结合。观其思辨逻辑,以“纵和横”为经纬坐标,以“央地”关系为阐发辨析基本依据,条分缕析,生动阐释了“纵与横”两类截然不同的权力主体相互博弈、妥协和合作的曲折互动过程,亦即“统合”。纵向沿着自上而下运行轨迹,厘清了国家正式金融权力逐级下沉至县域末梢的规律和状态;横向以一个县区域治理为范围,观察到了一种从未被学界定义过的横向非正式金融权力,它因应时势变迁,真真切切存在,却隐没于县域事务之中,偶尔也些许偏离一统制度安排。进而全面观察发现,更多时候县域金融权力呈“犬牙交错”的运行状态,由“点”连“线”、纵横经纬交织成“面”,形如“扇”状;故名“扇形统合”,它解释了一个县金融治理的权力运行模式,也是县域治理冲破金融权力一统格局的行动。作者将中国西部子县以扇形统合为表现形式的县域金融治理,作为我国两千多个县域金融治理的缩影和中央政府对地方特别是县域金融依法治理及其改革发展的实证样本,以小见大,由点及面,进而对全面建设社会主义现代化国家新进程中有效治理我国县域金融,深化研究解决其困扰地方经年但却少人关注和提及的深层问题给出了有益启示。这将是一部在推进国家治理体系和治理能力现代化建设过程中助力县域金融依法治理和县域经济高质量发展的有益导向指南和参考书。

第三,知与行的统一。观其行文风格,以“观和查”为实证方略,以感性认识和理性认知为相互对应的关照体系,经世致用,既学习先贤、征引古训,又以治事、兴世为立学之基,不尚空虚之学。2017 年秋,适逢子县为发展引进人才,大学(法学院)按照高校“三支一扶”政策指派郭敬赴子县政府挂职扶贫和调研,参与建设地处丘陵和偏僻贫困的这方革命老区。作为他金融法学博士生导师,我与富林兄鼓励他挂职工作期间同步开展实证研究。他效法王阳明理学“致良知”认识论和毛泽东主席“既入书斋又出书斋”的把“本本读活”方法,既读经典“有字之书”,又读社会“无字之书”,抵近观察,知行合一,理论联系实际,一扫脱离现实的学院式枯槔和沉闷气习,使其著作既有较完备的理论框架支撑、深厚的历史文化底蕴,也有亲身工作经历的实践案例。他笔下之子县,上与下、左与右、官与民、政与经、今与昔、虚与实、长与远、里与外,方方面面,顺着“扇形统合”同心圆,结合为一个大世界。人与事纷繁复杂,法与情交织碰撞，情景跃然纸上，记叙栩栩如生，阅读轻松愉悦，不少情节如读新闻特写和记叙抒情短章，似乎身临其境，给人耳目一新，心生家国情怀，恰如作者后记所言知行相长，志气在长。作者本、硕、博专业各不相同，东西学兼容并蓄，同时具备基层一线和国家机关工作经历，互为借鉴，取长补短，博采众家之所长，是故立异而出新，拓荒而为地，植木而成林。

本书是实证研究中国县域金融治理权力运行的第一部专著。县域金融现象十分复杂，本书研究只是初步的开端，还可接续研究，不断优化提升。

是为序。

高晋康

二零二一年九月于成都

目　录

导　论

一、问题的提出

太史公曰："县集而郡，郡集而天下，郡县治，天下无不治。"①

自秦皇一统，废分封，置郡县，至今已两千余年。古代中国治理国家，一是依靠中央王朝的顶层设计，一是依托地方府县的执行能力。秦中央权力管治下的"郡县制"，一直为几千年来中国政治体制及其权力运行的基本格局。柳宗元在《封建论》言："秦有天下……不数载而天下大坏，其有由矣。……咎在人怨，非郡邑之制失也。……酷刑苦役，而万人侧目，失在于政，不在于制，秦事然也。"②

当今中国建设现代化国家，更加重视县域治理和乡村振兴，全面推动城乡同步发展

① （西汉）司马迁：《史记》。
② （唐）柳宗元的《封建论》为长篇政论代表作。

和民族复兴。习近平总书记把"县"视为"在我们党的组织结构和国家政权结构中承上启下的关键环节,是发展经济、保障民生、维护稳定的重要基础",①他曾三到河南省兰考县考察指导。中共中央党校分批轮训治理县域的关键人物全国县(市、区、旗)委书记。

重视县治,古今尽然。"合抱之木,生于毫末;九层之台,起于累土。"②县域作为全社会"地基",幅员最广、人数最多,是社会的主体,也是时代的主流,为一切工作的落脚点。郡县治,天下安。

而金融"血液"常态流淌循环于国民经济"躯体",县域金融治理,作为县治题中应有之义,在县域治理中显得尤为重要而迫切。

著名经济学家陈志武(2018)指出,金融无处不在,且可以改变社会。③ 在县域治理中,金融对于一个县的经济运行和发展的重要性,就好比血液对于一个人身体健康的重要性。因此,在国家高层领导人关注县域治理的同时,中央金融行业管理部门也非常重视县级金融的治理。例如,2010 年中国人民银行、中国银监会联合印发《关于鼓励县域法人金融机构将新增存款一定比例用于当地贷款的考核办法(试行)》,鼓励县域法人金融机构新增存款用于当地贷款。④ 2016 年 11 月,中国银行业监督委员会办公厅发布《关于进一步提升大型银行县域金融服务的通知》,以推动大型银行服务县

---

① 2015 年 6 月 30 日《习近平在会见全国优秀县委书记时的讲话》,载新华网,http://www.xinhuanet.com/politics/2015－09/01/c_1116,2019 年 8 月 25 日访问。

② 老子:《道德经》,第六十四章。

③ 陈志武:《陈志武金融通识课》,湖南文艺出版社 2018 年版,第 3、79 页。

④ 参见中国人民银行、中国银行业监督管理委员会印发的《关于鼓励县域法人金融机构将新增存款一定比例用于当地贷款的考核办法(试行)》(银发〔2010〕262 号)。

域经济。① 2019 年 1 月，中国人民银行和中国银保业监督委员会（以下简称中国银保监会）发布《关于推进农村商业银行坚守定位、强化治理、提升金融服务能力的意见》（银保监办发〔2019〕5 号），重点关注县域及城区农村商业银行，并提出农商行“业务不跨县，机构不出县”的原则。② 县域治理，尤其是县域金融治理受到的重视，是我国改革开放以来少有的。

县域金融治理体系和治理能力现代化，是全面建设社会主义现代化国家的重要环节和重要内容；县域金融治理，是县域治理的核心内容，向金融学和金融法学提出了加强研究县域金融治理的要求。然而，虽然现有金融学和金融法学理论已经有了长足的发展，但似乎未能充分地展现出县域金融治理的图景，也不能很好地解释县域中已经发生和正在发生的种种金融现象。县域金融治理迄今对我们来说还犹如一个“黑箱”。2017 年 7 月，笔者到子县挂职县长助理，协助分管县政府金融工作，由此也获得了抵近观察县域金融治理的机会。融入县域，一叶知秋，现实世界中的县域金融治理现象一次次冲击了笔者的知识结构，更加激发了笔者探究县域金融治理及其权力运行的极大兴趣。县域金融治理的权力格局是怎么样的？这些权力又是怎样运行的？这些自我追问，使笔者感到学者肩上的一份责任，从而把它作为自己博士论文的研究方向。博士毕业后在国家机关工作使笔者兼具基层和上层的经历体验后，笔者感到需要更加重视研究作为乡村振兴主战场县域的治理尤其金融治理权力运行情况，甚至觉得它

① 参见中国银行业监督管理委员会办公厅《关于进一步提升大型银行县域金融服务的通知》（银监办发〔2016〕163 号）。

② 参见《中国银保监会办公厅关于推进农村商业银行坚守定位 强化治理 提升金融服务能力的意见》（银保监办发〔2019〕5 号）。

关乎是否有序有效推进乡村振兴、关乎能否城乡同步发展和全面建成现代化国家进而全面实现中华民族伟大复兴。使命在肩，不负韶华，笔者对县域金融治理探究持之以恒、笔耕不辍，对“国之大者”，①孜孜以求最佳答案。

对于这种犹如“黑箱”状态的认知，笔者有深刻体会。如下是笔者亲身经历的两则故事：

第一则是子县一家民间贷款中介公司被取缔的故事。2018 年秋，一家民间贷款中介公司将广告标语挂在了中国人民银行子县支行（以下简称县人行）办公楼大门左侧的门梁上。广告标语夸张、大胆，意图利用县人行的权威为其“背书”。意外的是，县人行似乎找不到合适的方式对其采取任何行动，既愤怒又尴尬，无奈只好求助于当地的金融工作办公室（以下简称县金融办）。此后，县金融办主任协调县工商执法大队进行查处，证实了贷款中介公司确有违法违规行为，随即取缔。整个行动雷厉风行，立竿见影。这则故事改变了笔者对县人行作为金融调控和管理者“能量大”的固有印象，同时让笔者对县金融办刮目相看。

另一则经历却很快改变了笔者对金融办的看法。2019 年春，

---

① 源自《荀子·王霸》：“国者，天下之大器也，重任也。”意指治国是极为重大的事，一定要认真选择立国之道和治国之人。2020 年 4 月 20 日，习近平总书记在陕西考察谈秦岭违建别墅问题时，严肃指出“从今往后，在陕西为官，首先要了解这段历史、这个教训”，并特别强调“各级党委和领导干部要自觉讲政治，对‘国之大者’一定要心中有数”。此后，习近平多次提及“国之大者”这个重要概念。2021 年 1 月 11 日，在省部级主要领导干部专题研讨班的开班式上，习近平对党内高级干部再次强调：必须立足中华民族伟大复兴战略全局和世界百年未有之大变局，对“国之大者”要心中有数，关注党中央在关心什么、强调什么，深刻领会什么是党和国家最重要的利益、什么是最需要坚定维护的立场。2021 年 4 月 5 日出版的 2021 年第 14 期《瞭望》新闻周刊在权威栏目——“治国理政纪事”专栏中刊发了来自中共中央党史和文献研究院的文章《心怀“国之大者”》。

在一次研究金融工作的县政府常务会议上,①笔者注意到了会议座次格局和席卡内容,如图1所示。

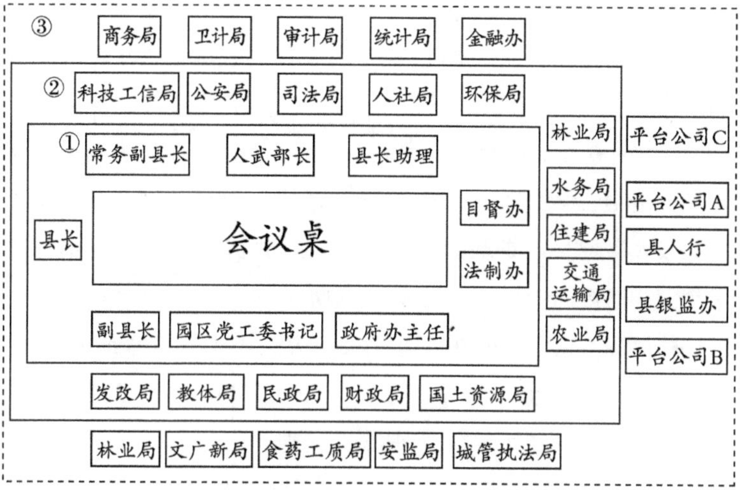

图1　某县政府常务会议座次

资料来源:某县政府档案室、笔者现场参与观察。

"古训是式,威仪是力"。② 政府常务会议的座次、席卡本质上是一种"政治礼仪",如古人朝会的班次序列、印信的尺寸规制、"上下有服"③等,都是象征权力等级的符号。据此,笔者对县域(金融)治理的权力结构进行了一次模拟:参会者根据行政级别和(部门)排位,会议的座次布局以时任县长为核心进行安排。第一圈层主要是县政府党组成员,包括县长、若干副县长、园区党工委书记(副县级)、县长助理、县政府办主任等,座牌席卡上有参会者的名

① 会议其中一项议题是"学习《省人民政府办公厅关于印发清理拖欠民营企业中小企业账款工作方案的通知》,研究子县贯彻落实意见",涉及各种金融工作的保障和协调。

② 参见《诗经·烝民》。

③ 参见《左传·襄公三十年》。原句为:"子产使都鄙有章,上下有服,田有封洫,庐井有伍。"

字;第二圈是县级主管部门的负责人,而这一圈(及以下)的席卡内容都是以部门名称替代了参会者的名字;县人行、中国银行业监督管理委员会驻子县办事处(以下简称县银监办)、县金融办参会者的座位在第三圈。也即是说,笔者所看重的金融办在县域治理权力结构中竟然敬陪末座!

诸如此类亲身而有趣的实践经历一次次冲击了笔者对金融学尤其是金融法学的理论认知,同时也激发了笔者探究县域金融治理的极大兴趣。县域金融治理的权力格局是怎么样的?这些权力又是怎样运行的?简言之,县域金融治理的权力及其运行实际是怎样的情况?这个问题在既有相关研究文献中只是零星涉及,但是,它对于我们理解当代中国基层社会的金融治理现状进而夯实国家金融治理县域基石,又显得非常重要。

县域金融治理的权力及其运行状况怎样?这个问题的内涵需要说明和限定。首先,要说明"县域金融治理"这个概念。"县域治理"是一个社会学中比较成熟的概念,一般是指县域政府、社会和个人之间的协同关系,强调的是共同体内部之间的相互配合与合作。[①] 县域金融治理则是县域治理的重要内容,是县级党政机关及其部门、金融机构和个人之间,在金融工作或者事务上的相互配合与合作关系。当然,金融活动参加者不限于专门的金融管理部门和金融机构,还包括了其他非金融政府部门、组织与个人,但前者是主要的。其次,还需说明"权力及运行"是什么。由于有"县域金融治理"的限定,这里的"权力"实质上主要是指县域金融治理中的权力。这既包括国家(正式)金融权力,也包括它们参与金融治理

① 黄鹏航:《关于县域法治与县域治理研究的检讨——对既有学术研究文献之梳理与分析》,载《政法论坛》2019年第1期。

的县级分支的权力。要特别说明的是，国家金融权力，在本书既包括金融法常指的金融调控权和金融监管权，还包括金融法上称作“权利”的（金融）交易权。之所以要采用上述广义的“权力”概念，这是因为这样的理解更符合县域金融治理权力的动态运行状况，同时也因为学界逐渐认识到权力与权利的相通性。① “权力运行”，是指上述权力在生活中的实际行使，这些权力行使受到其他社会因素影响而呈现出各种状态。总之，本书研究目的是想揭示和描述县域金融治理所涉及的一切权力（利）及其相互之间的博弈、②妥

① 刘杨：《基本法律概念的构建与诠释——以权利与权力的关系为重心》，载《中国社会科学》2018 年第 9 期。

② 本书在多处使用“博弈”一词，为避免不适当的理解，笔者在此专门对“博弈”一词进行解释。在经济学中，“博弈论”是常运用于研究具有斗争或竞争性质现象的数学理论和方法；但是，笔者运用博弈（论），是为了一目了然地揭示权力选择、权力的制度性和效率性等问题，而非博弈者之间的斗争或竞争。本书的研究目的是使县域金融治理权力运行的轨迹更清楚地显现出来，而博弈（论）能够公式化一些激励结构间的相互作用；所以，本书中涉及的“博弈”，仅代表一种研究工具，不是对抗性的立论。实际上，经济学上也分为“合作性博弈”与“非合作性博弈”，根据不同参与者、游戏场域等规则，其“对抗性”也有强弱之分。从广义上讲，“合作博弈”是指参与者以同盟、合作的方式进行的博弈，研究人们达成合作时如何分配合作得到的收益。笔者在研究县域金融机构与县域平台公司时所运用的“博弈（论）”，其内涵更贴近于“合作性博弈”，几乎没有“对抗性”。尤其值得注意的是，本书研究涉及“中央与地方”、“部门与部门”的博弈，与“合作博弈”也不完全一样；主要是为了展示（金融）权力运行中的这些主体的预测行为和实际行为，并研究它们的优化策略，不存在“对抗性”。笔者没有直接完全沿袭博弈论的分析框架，还有两方面原因。其一，本书“博弈”一词的初衷，不是将中央与地方置于一种“紧张对立”的状态，至少在县域不是。因为博弈参与者间的对抗，需要具有讨价还价能力和相对独立性的基础之上，但县“绝对没有这个条件”，所以本文涉及的“博弈”没有任何挑战权威的动机；其二，本书第五章关于“‘变通’是一种对抗吗？”的研究已经发现，当信息成本较低时，县的“变通”更多的是对权威体制的迎合和补充，体现了“变通”者在科层能级上的绝对弱势，它只能适应一统环境，而非对抗。最后需要说明的是，博弈（论）还包括了一些基本概念，如行动（者）、信息、策略、收益、均衡等词汇，学者们称其为博弈规则；这些规则仅为丰富研究工具，不代表任何对抗性含义。

协、合作状况,并力图解释权力运行背后的机制。

探究并回答"县域金融治理的权力及其运行状况实际怎样"这个问题具有重大的实践价值和理论意义:

在实践层面,可为县域金融治理提供理论样本和积累经验教训。随着我国社会经济的高速发展,地方金融业出现了空前繁荣的局面,这需要进行相应的监管及约束以避免系统性金融风险。一行两会的行业金融管理权对很多事务无权处理,因此,多有地方金融治理权力真空地带。如果我们能够很好地回答上述问题,描述出国家(正式)金融权力在县域的状态、格局和运行机制,这就为地方,尤其是县域金融监管和金融调控总结了经验教训;为政府在县域金融市场的运行中发挥更好作用提供了启示;①还为国家未来进行县域金融治理制度以及权力架构改革提供了实证样本。

在理论层面,本书研究试图拓展理论界对一行两会金融权力的末端运行及其与县域治理互动的研究。毋庸讳言,县域金融治理的权力运行,迄今为止仍是金融学和金融法学研究的有待关注之处。下节"文献综述"部分将反映出学界研究集中关注县域治理,同时也非常关注国家(正式)金融权力的配置等,但却相对忽视了县域金融治理的权力运行研究的问题。笔者有幸能够走进县域金融治理的"黑箱",抵近观察,勘玉探骊,求知践行,自知绵薄之力,仍不揣冒昧,希望能够将自己对国家治理基石之"县域金融治理权力运行"这一现实亟待关注问题的浅见陋识与学界分享,抛砖引玉。

---

① 参见《决胜全面建成小康社会 夺取新时代中国特色社会主义伟大胜利》,载人民网,http://sh. people. com. cn/n2/2018/0313/c134768 – 31338145. html,2019年3月3日访问。

二、文献综述

中外学术文献对于我国县域金融治理权力及其运行的直接研究相对较少。无论是经济学、法学还是社会学大多集中在两个理论主题,一是县域治理;二是国家金融管理权,所以,本书只能向既有的两个研究主题寻求理论资源。同时,(法律)社会学对权力运行的实证考察的研究成果也是本书仰赖的理论基础,因此本书研究的文献综述将围绕县域治理、金融权力与权力运行三个方面进行梳理。

(一)县域(政)治理的研究状况

关于县域治理的研究状况,可以以 20 世纪 90 年代中期和 2008 年为界点,划分为三个阶段。

苑丰(2008)将改革开放以来我国县政研究划分为两个阶段:① 第一个阶段是从 1978 年党的十一届三中全会到 20 世纪 90 年代中期。王国红、瞿磊(2011)认为:与我国行政体制改革的思路一致,该阶段县域治理研究主要关注县级政府的机构改革及其行政效率的提高,并结合县政体系的特殊政治地位,主要从建立、完善社会主义市场经济体制的视角来研讨县政府的职能优化,归纳了典型的研究成果。②

第二个阶段是从 20 世纪 90 年代中期以来直到 2008 年。王国红、瞿磊(2011)认为:随着社会主义市场经济体制建设的逐步推进,县级政府的政治经济环境和社会文化背景都出现了较大改变,

---

① 参见苑丰:《近 30 年中国县政研究综述》,载《东南学术》2008 年第 1 期。

② 参见王国红、瞿磊:《县域治理研究述评》,载《湖南师范大学社会科学学报》2010 年第 6 期。

县域治理的研究迎来了“城乡统筹”“全面小康”“社会主义新农村”等新的课题及政策环境。学界从不同学科与角度关注县政改革，并围绕当代我国县政存在的不足、改革的路径与对策等问题展开研究，并归纳了具有代表性的研究成果。①

第三个阶段是2008年之后至今。具有代表性的研究是周庆智(2014)从现代国家建构的视角，阐释中国县政治理的历史逻辑和现实发展条件。② 此外，还出现了一些新的县域治理研究框架：樊红敏(2013)以县委书记(一把手)的日常行为视角演绎县域治理的结构化逻辑；③折晓叶(2014)通过对县域城市化项目经营现象的考察，提出“行政—政治—公司”三位一体统合治理分析框架；④樊红敏、周勇振(2016)通过个案县的田野调查资料为数据来源，探究地方政府在“维稳”这一社会治理过程中呈现出来的行动模式，提出了县域政府动员式社会治理解释框架。⑤

县域治理研究成果总体比较丰富，是本书“县域金融治理权力运行”研究主要的理论基础。第一，县域治理的性质为综合治理提供了基本理论框架模型。县级国家权力机关必须综合治理经济、政治、社会、文化等，这启发了笔者应如何构建金融治理的基本分析框架。第二，对县域治理措施和手段的认识为本书提供了理论

---

① 参见王国红、瞿磊：《县域治理研究述评》，载《湖南师范大学社会科学学报》2010年第6期。

② 参见周庆智：《县政治理：权威、资源、秩序》，中国社会科学出版社2014年版，第12页。

③ 参见樊红敏：《政治行动化：县域治理的结构化逻辑——一把手日常行为的视角》，载《经济社会体制比较》2013年第1期。

④ 参见折晓叶：《县域政府治理模式的新变化》，载《中国社会科学》2014年第1期。

⑤ 参见樊红敏、周勇振：《县域政府动员式社会治理模式及其制度化逻辑》，载《中国行政管理》2016年第7期。

指向。尤其是经济学和社会学对官员的人格化路径、私人关系等非正式治理规则的讨论和重视，拓展了法学多局限于国家正式制度的分析视野。第三，折晓叶等学者将地方政府借助“项目公司”承担经济发展主体的思路，引入了县域治理的分析范畴，这对本书的个案分析有很大启示。

但是，纵观四十余年的研究，人们多停留于县域治理的整体研究，甚至混淆“县域治理”和“地方治理”两个概念，并没有对县域治理的内容进行条分缕析的系统性研究。就本书主题来说，学界多集中于因应时代变迁的县政体制建构，而疏于对扎根县域土地的微观基础发现。这就需要后来的研究者重新建立适合于单项治理事务的同维度多尺度研究框架。例如，如何看待行政惯例、领导“偏好”、政治风俗、地缘场域等微观因素，对县域金融治理及其权力运行轨迹的影响。当然，这也是进一步拓展县域治理研究空间的学术契机。

（二）金融权力的研究现状

金融权力研究主要集中在金融法和经济学领域。法学主要从规范角度关注金融权力应如何进行配置，而经济学着重从实证角度描述我国金融权力配置，主要是金融分权的历史变迁。此处还要指出，这两个学科对于“金融权力”的界定不同，法学关注调节对象，其“金融权力”多指金融调控权和金融监管权，而经济学的“金融权力”还在上述权力的基础上包括了金融交易权。

1.“金融权力应如何配置”的法学研究现状

金融法学者一般认为，金融权力(利)包括金融调控权力、金融监管权力和金融业务交易权利。[1] 其中，他们尤其关心金融调控权

[1] 参见朱大旗：《金融法》，中国人民大学出版社2015年版，第5～6页。

力在中央和地方之间的分配。例如,金融调控法体系中,中央银行法作为金融调控法的核心,政策性银行法、货币法属于金融调控法体系。① 人们普遍认为,金融调控权力集中在中央银行。② 政策性银行也是金融调控权力主体。政策性金融是在一国政府的支持与鼓励下,以国家信用为基础,以金融资源配置的社会合理性为目标,以优惠性存贷利率或信贷、保险(担保)的可得性和有偿性为条件,直接或间接为观测、配合国家战略与特定经济和社会发展政策而进行的一种特殊性金融制度安排。③ 以 2003 年中国银行监督管理委员会的成立为标志,形成了"一行三会"(2018 年国家机构改革后为"一行两会")的垂直监管模式,金融监管权上移至中央。由此,我国形成了以中央为主导的调控和监管的金融权力体系。④

2. "金融权力实际如何配置"的经济学研究现状

经济学界普遍认为,改革开放以来我国金融领域权力配置分为"分权—集中—适度分权"三个时期:一是"大一统"中国人民银行转型时期的金融分权(1978 ~ 1993 年);二是金融风险累积而导致的重新收权时期(1994 ~ 2001 年);三是金融发展与监管并重的适度分权时期(2002 年至今)。其中,第三阶段又分为两个子阶段,即商业银行的市场化转型(2002 ~ 2006 年)和地方金融业的蓬勃发

---

① 参见刘志云、郑普英:《刍议金融调控法体系》,载《法学杂志》2002 年第 6 期。

② 参见杨松:《银行法律制度改革与完善研究:调控与监管的视角》,北京大学出版社 2011 年版,第 154 页。

③ 参见白钦先、王伟:《政策性金融概论》,中国金融出版社 2013 年版,第 56 页。

④ 参见董世坤:《中央与地方金融权力关系的变迁》,载《湖北大学学报(哲学社会科学版)》2014 年第 3 期。

展(2007 至今)。①

值得注意的是,经济学在研究“金融权力实际如何配置”时,贯以“财政分权理论”作为研究的出发点和参照系,并注重中央与地方财政权力与金融权力的配置状况及其效果。② 沿此进路,学界观察到在中国高度集中的金融权力体系之下,地方政府并不完全是中央金融权力决策不折不扣的执行者,且出现了自主性的金融分权化趋势。学者还从不同角度分析了地方政府对金融资源的竞争和干预及其原因。③ 此外经济学界也非常注重中央与地方财政权力与金融权力的配置效果的研究。比较典型的有,钱颖一和罗兰(Roland)(1998)发现了货币集权和财政分权的制度搭配有利于降

① 学界在金融分权阶段划分上各有依据,但时段基本一致。参见洪正、胡勇锋:《中国式金融分权》,载《经济学(季刊)》2017 年第 2 期;殷剑峰:《经济转型和改革的三种错误倾向》,载《领导文萃》2013 年第 12 期;武力:《财政转型:以“有形之手”促进科学发展》,载《贵州财经学院学报》2012 年第 2 期;丁骋骋、傅勇:《地方政府行为、财政—金融关联与中国宏观经济波动——基于中国式分权背景的分析》,载《经济社会体制比较》2012 年第 6 期。

② 参见林毅夫、刘志强:《中国的财政分权与经济增长》,载《北京大学学报(哲学社会科学版)》2000 年第 4 期;陈抗、Arye L. Hillman、顾清扬:《财政集权与地方政府行为变化——从援助之手到攫取之手》,载《经济学(季刊)》2002 年第 2 卷第 1 期;周黎安:《中国地方官员的晋升锦标赛模式研究》,载《经济研究》2007 年第 7 期;周黎安:《转型中的地方政府:官员激励与治理》(第二版),上海格致出版社、上海人民出版社 2017 年版,第 49 页。

③ 参见巴曙松、刘孝红、牛播坤:《转型时期中国金融体系中的地方治理与银行改革的互动研究》,载《金融研究》2005 年第 5 期;刘煜辉、沈可挺:《中国地方政府公共资本融资:问题、挑战与对策——基于地方政府融资城投债务状况的分析》,载《金融评论》2011 年第 3 期;龚强、王俊、贾珅:《财政分权视角下的地方政府债务研究:一个综述》,载《经济研究》2011 年第 7 期;周立、胡鞍钢:《中国金融发展的地区差距状况分析(1978 – 1999)》,载《清华大学学报(哲学社会科学版)》2002 年第 2 卷第 17 期。周立:《改革期间中国国家财政能力和金融能力的变化》,载《财贸经济》2003 年第 4 期。

低通货膨胀。① 帕克(Park)和沈明高(2008)发现内部集权可以硬化银行对借款人预算约束,从而解释了1994年前后商业银行体系由分权到集权的过程。② 丁骋骋、傅勇(2012)认为,财政分权与金融集权是一种激励与约束并存的体制搭配,③由此便影响到了地方政府行为和资源配置。

现有金融权力配置的研究成果,都为本书研究奠定了坚实的理论基础,给予了笔者很大的启发。第一,无论是法学还是经济学都敏锐地注意到并提出金融分权问题,这为笔者观察县域金融的权力布局提供了理论指向。第二,这些研究描摹出中国正式立法设计的金融权力体系,厘清了国家金融权力的边界和"正式"的运行轨迹,为笔者探析县域"一行三会"(2018年国家机构改革后为"一行两会")"实际如何运行"提供了切入点和参照系。第三,既有研究区别了中央与地方的治理"个性",划分出两个不同的权力主体,这为县域金融治理的相对独立存在提供了假设前提。

但是,现有的金融权力理论也存在不足。第一,未明确指出金融权力地方多级分层状况。这就遮蔽了金融分权在省、市、县三级如何配置,以及这些不同层级的政府拥有何种金融权力等问题的研究。第二,研究内容限于静态分权。金融权力在不同级次的科层,④尤其是县体制是如何运行的,鲜有问津。第三,人们也很关注国家正式立法的金融权力和中央金融政策(权力)在地方尤其是县

① See Qian, Y. and G. Roland, *Federalism and the Soft Budget Constraint*, The American Economic Review, Vol. 88, 1998.

② See Park, A. and M. Shen, *Refinancing and Decentralization: Evidence from China*, Journal of Economic Behavior and Organization, Vol. 66, 2008.

③ 参见丁骋骋、傅勇:《地方政府行为、财政—金融关联与中国宏观经济波动——基于中国式分权背景的分析》,载《经济社会体制比较》2012年第6期。

④ 参见科层(制),指的是具有正式等级结构、各司其职、按章办事的组织形式。

域的实际运行。因此,本书研究正是在既有金融权力理论上的推进,力图弥补上述探索之不足。

(三)权力运行的研究现状

权力运行,尤其是中央与地方政府间的权力运行研究横贯于经济学和社会学领域。

1. 经济学关注中央与地方政府间的权力关系的运行研究。学者们提出了各种理论框架来理解和解释中央与地方权力关系的运行状况。比较典型的有,许慧文(1988)提出的“局部地方专治主义”;①周黎安(2007)的“行政发包制”;②张静(2007)提出的“分割管辖权分立局面”和“多权威中心系统”;③黄宗智(2008)提出的“集权的简约治理”;④以及一些着眼于特定的经济转型与改革背景的研究,如:央地权力运行过程中的抗衡性、⑤地方分权的权威体制、⑥“强中央弱地方”,⑦等。

---

① Shue, Vivienne, *The Reach of the State: Sketches of the Chinese Body Politic*, Stanford University Press, 1988: 175.

② 周黎安:《中国地方官员的晋升锦标赛模式研究》,载《经济研究》2007 年第 7 期。

③ 参见张静:《基层政权——乡村制度诸问题》(2018 年增订本),社科文献出版社 2019 年版,第 268、297 页。

④ 参见[美]黄宗智:《集权的简约治理——中国以准官员和纠纷解决为主的半正式基层行政》,载《开放时代》2008 年第 2 期。

⑤ 吴国光、郑永年:《论中央—地方关系:中国制度转型中的一个轴心问题》,牛津大学出版社 1995 年版,第 29 页;王兴、郑俊虎:《中央与地方政府博弈背景下的企业政治战略——基于合法性视角的分析》,载《当代经济》2009 年第 2 期;杨文彬:《从微观行为视角看中国政府间纵向关系》,载《行政与法》2011 年第 3 期。

⑥ “地方分权的权威体制”(Xu, 2010)是经济学界对我国治理体制的普遍认识。See Xu Chenggang, *The Fundamental Institutions of China's Reforms and Development*, Journal of Economic Literature, Vol. 49, 2011.

⑦ 沈能:《中央与地方政府自主创新行为的博弈与合作》,载《福建行政学院学报》2010 年第 1 期。

2. 社会学界则注重研究权力运行状况及其规则。主要分为两类。一是正式权力运行研究。比如,周雪光(2012)提出“运动型治理机制”,[①]解释了中央政府权力如何叫停、打断常规权力。又如,俞可平(2016)认为,权力与权威运行的本质性区别是“强制服从和自愿服从”。[②] 二是非正式权力运行研究。孙立平(2005)先生很早就指出,正式权力存在非正式运行的情况。[③] 有学者还讨论了一些非正式政治下权力运行的现象,其表现方式具有强烈的人格化色彩,如走后门、找关系等。[④] 还有学者指出,由于正式规则的缺失和中国特有的国情,实际政治权力运行中总有各种潜规则。[⑤]

经济学与社会学对上述两个关注点也有交叉,有许多学者进一步注意到央地分权模式的动态性和历史性。例如,周雪光(2011)认为,中央政府可以通过各种形式收回下放给地方政府的自主权。[⑥] 又如,曹正汉(2011)解释了“上下分治”治理体制的历史传统与格局延续。[⑦]

学界关于权力运行的研究对观察县域金融治理的权力运行提供了方法论启示。第一,相关研究已经建立了一个相当成熟的权

---

① 周雪光:《运动型治理机制:中国国家治理的制度逻辑再思考》,载《开放时代》2012 年第 9 期。

② 俞可平:《权力与权威:新的解释》,载《中国人民大学学报》2016 年第 3 期。

③ 参见孙立平:《现代化与社会转型》,北京大学出版社 2005 年版,第 363 页。

④ 参见刘亚亮、林慕华:《预算过程中的正式政治与非正式政治:A 省一个专项资金的案例分析》,载《公共行政评论》2014 年第 4 期。

⑤ 参见倪星、谢水明:《上级威权抑或下级自主:纵向政府间关系的分析视角及方向》,载《学术研究》2016 年第 5 期。

⑥ 参见周雪光:《权威体制与有效治理:当代中国国家治理的制度逻辑》,载《开放时代》2011 年第 10 期。

⑦ 参见曹正汉:《中国上下分治的治理体制及其稳定机制》,载《社会学研究》2011 年第 1 期。

威体制下的权力运行分析框架，这也是笔者提炼县域金融权力运行机制的重要理论背景。第二，上述研究比较清晰地推演了中央与地方政府作为两个不同权力主体的行动逻辑，这为笔者观察县域金融治理中的权力主体及其（权力）运行机制提供了一个极佳的切入点。第三，既有研究还敏锐地捕捉到纵向政府间在权力运行中的划分现象，这为笔者观察县域金融治理中纵向与横向权力的差异性布局及运行提供了理论指引。

但是，既有权力运行研究有以下几点不足：第一，大多数研究仍未将地方政府进行多级分层。其中，曹正汉（2011）强调了“上下分治”体制中的地方政府应主要对应县（市）级政府。① 但遗憾的是，该研究并不关注“金融权力及其运行”，而且在笔者看来，这一机制关于“（县）实际如何解决问题”在实证研究中尚未开启。第二，关于政治权力、财政权力运行的研究文献汗牛充栋，尤其是在“政治竞标赛”框架下有着丰富的研究成果。但正如周雪光（2012）指出的那样，这一领域争议颇大，未有定论，而脱离“政绩与晋升关系”特别是以“金融权力”为分析对象的研究工作却寥若晨星。

三、研究设计

既有理论既是笔者研究的基础，也是笔者希望超越的思想历程。通过对问题的设定和相应的文献综述，本书的研究设计也就有了大体的构想。以下介绍本书的研究对象、研究问题、研究方法、分析单位与章节安排等五个方面的内容。

① 参见曹正汉：《中国上下分治的治理体制及其稳定机制》，载《社会学研究》2011 年第 1 期。

（一）研究对象

本书的研究对象是县域金融治理的权力运行。关于何为县域金融治理和权力运行，前述内容已有介绍，此不赘述。

（二）研究问题

在锁定县域金融治理的权力运行这个研究对象之后，本书主要探究的是县域金融治理的权力运行的实际情况。也就是说，笔者关注的问题是县域金融治理权力的“**实际如何运行**”情况，而不是“**应该怎样运行**”。

（三）研究方法

本书主要采用实证研究的方法，具体包括访谈法、文献分析法、参与观察法、实地考察法等。本书的素材源于对我国西部某个县的社会科学调查。基于充分保护分析对象的学术伦理要求，书中隐去了该县的真实名称，将其称为“**子县**”；引用的所有案例的人员、地点等也都是化名。

对子县金融治理能够抵近观察，进行实证研究，乃笔者之幸。笔者履职县长助理，深度参与县域金融治理决策、执行县域金融治理任务，并将权力的实践与本书的提问进行结合。与此同时，笔者采用了非结构访谈法，访谈了子县党政机关的主要领导、县属部门负责人、县级平台公司高管、乡镇干部、县域金融机构的负责人等共 159 人，以获得子县金融治理权力运行的数据和信息。笔者还利用县志办公室、县政府职能部门、企业等单位取得有关县域治理的历史资料和第一手原始材料，以及录音、实地考察的照片等，进行综合性分析研究。子县官民热情包容，没有排外思想，笔者挂职两年，可以广泛参与子县治理和社会交往，这是抵近观察的便利条件。参与子县金融工作的酸甜苦辣，丰富了笔者撰写本书的感性认识和实践经验。笔者还采用实地考察法，沿着访谈、文献分析的线索,以及参与观察中的感悟,在相对确定的范围内进一步实地调研、记录现场情况,以便深层次探讨研究现象。

为了进一步验证和解释本书的理论框架和中心命题,笔者在第五章还采用了(政治)经济学建模的研究方法,并在模型的推论上进一步追问本书的理论基点和中心命题。

访谈、参与观察、实地考察和文献查阅,为本书研究素材提供了必要保障。本书采用的访谈编号方式是“#访谈的年月日”。例如,访谈编号“#20180920”,表明是我在2018年9月20日对某个相关人员的访谈(也包括访谈过程中获得的书面证据资料)。

(四)分析单位

本书以子县金融治理的权力运行为分析对象,以“县”为分析单位。本书以“县”而不是“村”或者“乡镇”为分析单位,有以下几个原因:首先,“县”是基层金融治理理想的分析单位。“县”是各级权力的终点末端集中汇集的地方,比“县”高级的治理领域中央权力并没有落地于社会,比“县”等级低的地方不是各种权力汇聚交汇的场域。① 我国正式的权力配置是自上而下的逐级承包,所以,越靠近中南海,权力结构就越简单,而越往基层走,权力结构就越复杂,权力内容越丰富。基层政府除了本级的权力禀赋,还需要同时容纳中央、上级,甚至上两级政府的权力辐射,

① 布尔迪厄(Bourdieu)将“场域”定义为:位置间客观关系的一种网络或一个形构,这些位置是经过客观限定的。“场域”不能理解为被一定边界物包围的领地,也不等同于一般的领域,而是在其中有内含力量的、有生气的、有潜力的存在。布尔迪厄的场域研究都会以一个市场为纽带,将场域中象征性商品的生产者和消费者联系起来。比如本书研究的“(金融)权力场域”,应包括权力金融机构、商业金融机构、县域治理集体,等等;有趣的是,在这个场域中,它们可能既是权力的生产者,又是消费者。参见[法]布尔迪厄:《实践与反思:反思社会学导引》,李猛、李康译,商务印书馆2015年版,第120页。

以及各种类型的非正式制度安排。县域是一个完整、稳定的政治经济范畴,也是一个权力的“大观园”,它成为比较理想的金融权力开展与交汇的决策执行场域。此外,“镇”不宜作为本书研究的分析单位。从行政逐级发包的角度看,乡镇才是最后一级的基层政权,是最终的承包方,但是与县及以上的科层相比,乡镇在机构设置、人事任命和经费来源上都存在不稳定性。① 同时,乡镇政府“责大、权小、能弱”,②尤其不具备金融治理的决策权。因此,“镇”是一个相对完整却不稳定的分析单位。最后,“村”也不宜作为金融权力运行的分析单位。权力运行的研究要求一个完整的权力配置结构。费孝通、苏力(2011)等学者的研究以“村”的乡土内生权威作为对抗正式权力体系的前提,③“被束缚在土地上的中国”建立在国家权力“止步于村”“却步于村”④的基本假设之上。根据

① 参见周黎安:《转型中的地方政府:官员激励与治理》(第二版),格致出版社、上海人民出版社2017年版,第110~111页。

② 徐勇:《乡村治理结构改革的走向——强村、精乡、简县》,载《战略与管理》2003年第4期。

③ 我国地方金融监管与金融分权研究受到经济学理论的深刻影响,其中,比较典型的分析模式,如央地科层博弈、财政分权、政治竞标赛以及软预算约束等理论,都具有强烈的央地对抗分析。具体而言,对抗的视觉发现由于市场取向的分权化趋势势必会使地方政府成为一个更加独立的利益主体,并且具有独立的管理任务与政策目标,这直接会使地方政府寻求租金和追求自身收益的必要性、可能性和便利性大大提高(夏永祥和王常雄,2006)。不过,财政联邦制可能诱使政府支出膨胀(Vo,2010),加快了地方政府暴露“软预算约束”(Kornaiet al.,2002;龚强等,2011;王永钦等,2015)的制度缺陷,但地方政府在财政利益和政治晋升的双重激励下(周黎安,2004),总是有利用优惠政策进行引资的强烈动机,继而引发企业的投资冲动,这一行为会导致市场投资过热(郭庆旺和贾俊雪,2006)。对抗论发现了不同科层之间产生不可忽视的差异、对立和博弈的格局,我国金融法在地方金融监管与分权竞争方面的理论发展大多都是建立在这个前提和背景上的。

④ 参见苏力:《送法下乡:中国基层司法制度研究》,北京大学出版社2011年版,第27~29页。

《中华人民共和国村民委员会组织法》，村民委员会是群众自治组织，而不是最基层的国家行政机关；①所以，“村”的权责体系、分配方式、组织架构与我们的研究范畴有很大差异。

（五）章节安排

本书内容共分导论和五章及结论。笔者将本书的提问分为三个问题：（1）县域金融治理的权力运行模式是什么？（2）县域金融治理的权力“实际如何运行”？（3）如何看待县域金融治理的权力运行？本书章节安排是以上三个问题的内部逻辑的组成部分。第一章探讨了第一个问题，是扇形统合理论的准备。第二、三、四章探讨了第二个问题，都是对扇形统合类型的解释。其中，第二章注重明晰（纵、横）统合主体的基本关系。第三章注重阐释“什么是非正式金融权力”。第四章注重论证“为什么是扇形”。第五章回答了第三个问题。按照上述构想，本书的章节安排为：

导论

首先提出本书关心的问题与意义，然后对金融权力、县域治理与权力运行三个方面的研究做文献综述，最后给出了本书的研究设计。

第一章　扇形统合：县域金融治理权力运行的理论框架

本章是理论概念的准备，并探讨了第一个问题，共分为四节。本章的研究目的在于，建立一个观察县域金融治理权力运行理论分析框架。因此，本章需要探索的问题是，县域金融治理权力运行机制是什么？它同县域治理有什么联系与区别？在实证研究基础上，本章提出县域金融治理的权力运行呈现的几个特点：一是县域金融治理都镶嵌在县域治理工作之中，权力隐而不显；二是县域金

① 村党支部是党在农村的最基层组织。

融治理权力构成纵横分治的格局；三是县域金融治理权力在扇形统合的模式下运行。这三个特点由远及近，概括出县域金融治理权力的存在状态、格局与运行机制。

扇形统合是本书在理论上的创新所在。扇形统合，既是县域金融治理权力运行模式的描述性概念，又是解释县域金融现象的解释性概念。扇形统合能够较好地解释我所描述的特别的县域金融现象。本章将要论证的理论结论或者命题，可以表述为，县域金融治理的权力运行模式是扇形统合。

第二章　纵向统合：县域金融机构

本章的研究目的在于展现扇形统合的类型之一：纵向统合。本章以县域金融机构为分析对象。本章共分为五节：第一节介绍了纵向金融权力（在子县的）的沿与革；第二节阐述了子县权力金融机构的履职统合；第三节阐述了子县商业金融机构的交易统合；第四节阐述了子县农村信用合作社（2016 年后改制为农村商业银行）的倚重统合；第五节阐述了子县政策性银行（农业发展银行）的复合统合。

纵向统合有利于我们明晰中央与县的统合（主体）关系，是承上启下的一章。本章将要论证的命题可以表述为，县域金融治理中，县域金融机构的权力实际是通过纵向统合的模式运行的。

第三章　横向统合："二金"兴与衰（1979～2004 年）

本章的研究目的在于展现扇形统合的另一种类型：横向统合。本章以子县农村合作基金会与县供销社（股金）为分析对象（以下简称"二金"）。本章共分为四节：第一节阐述了"二金"的兴衰，也即非正式金融权力的源与流；第二节解析"二金"的县域行政管理格局，揭示"寄生型"非正式金融权力的制度性基础，即"子县掌执，二金为部"；第三节关注了（依托"二金"的）"交易型”非正式金融权力，它是县域治理集体①实现“转嫁治理成本”战略意图的重要支撑力量，亦即“子县制谋，二金为殿”；第四节讲述在“运动型治理机制”的特殊治理环境之下，子县以一己之力，止息区域性金融挤兑危机的“规则统合”模式，揭示非正式金融权力的“组合性”，即“子县持戈，二金为逝”。

横向统合也是用于描述和解释（县域）非正式金融权力的概念。本章将要论证的命题可以表述为，县域金融治理中，非正式金融权力是通过横向统合的模式运行的。

第四章　纵横统合：县域平台公司

本章的研究目的在于展示扇形统合的第三种类型：纵横统合。本章以县域平台公司为分析对象。本章共有四节：第一节通过探析平台公司发展的契机及演变，建立了“己”的逻辑起点，以解释纵横分治主体“为什么让渡权力”。第二节以“己”的推演逻辑，解释了横向分治主体对让渡权力的“再支配”，以及纵向分治主体对金融交易权力的“再重塑”。第三节将“己”的推演路线向下延伸，通过梳理2008年至2018年间子县围绕平台公司作出的系列决策，提炼出县域金融权力的六个决策节点，厘清了（非正式）金融权力创造的线性逻辑。第四节基于（金融）权力的微观性、结构性特征，推演出“超己”，解释了平台公司“僵而不死”之谜和纵横统合的责任机制。

纵横统合也是用于描述和解释县域中纵横（权力）合作机制的概念。本章将要论证的命题可以表述为，纵横主体共同作用下，县

① “县域治理集体”是我设计的一个权力主体，专门用于研究“横向县域治理权力”，它由县域决策集体和执行集体组成。详见第一章第三节关于“横向的治理权力”的内容，在此不赘述。

域金融权力将在一个蔓延扩散的“扇形”中运行。

第五章 统合协调的逻辑、规律与演变

本章回应了第三个问题,即如何看待县域金融治理的权力运行?本章共三节:第一节建立了一个政治经济学的理论模型,首先回到“纵向统合”这个起点,关注了中央政府与纵向分治主体之间的信息分享机制;第二节在模型的推论上进一步追问,重点关注是什么因素提高了两者的信息成本,同时也非常关注当信息成本较高时县域治理集体的行动规律;第三节追问在当信息成本“无穷大”时,县域治理集体将如何应对?

本章是对第一、二、三、四章关于“扇形统合理论”的经济学视角的回应,进一步揭示了扇形统合的逻辑、规律及其演变。本章的研究方法、术语及分析框架将与传统法学、社会学有较大差异。基于这些研究,笔者发现扇形统合是县域治理冲破金融权力一统格局的行动,或者说,是一种还没被学界所定义的以扇形统合为表现形式的县域金融治理权力。这种权力可以调和制度一统与地方适应之间的动态关系,但也为国家金融治理带来一些不稳定的异常值。本章将要论证的命题可以表述为,扇形统合是县域治理冲破金融权力一统格局的行动。

第六章 结论:从县域金融治理到中国金融法治

结论部分总结出了本书的中心命题:**扇形统合是县域金融治理的权力运行模式,是县域治理冲破金融权力一统格局的行动;同时,它是以扇形统合为表现形式的县域金融治理权力**。子县金融治理,是我国两千多个县域金融治理的一个缩影。一叶知秋,以小见大。它为中央政府对地方特别是县域金融治理及其改革发展和法律化提供了实证样本和有益启示。

本书的命题只在于将自己的研究结果告诉人们:县域金融治

理中权力运行的法治进展很大程度上影响着中国金融法治现代化进程,而当前县域金融的有效治理与依法治理有进一步优化的空间,这或许将成为中国金融法治现代化的考验,以及全面推进依法治国的重点和难点。

每章的结尾都有一则余论,主要是笔者实证研究中的一些工作经历和心路历程。既是笔者的自娱,也是对该章命题的回应。

第一章 扇形统合:县域金融治理权力运行的理论框架

本章的研究目的在于,建立一个观察县域金融治理权力运行的理论分析框架。因此,本章需要探索的问题是,县域金融治理权力的运行机制是什么?它同县域治理有什么联系与区别?在实证研究基础上,本章提出,县域金融治理的权力运行呈现出如下几个特点:一是县域金融治理镶嵌于县域治理工作之中,权力隐而不显;二是县域金融治理权力构成纵横分治的格局;三是县域金融治理权力在扇形统合的模式下运行。这三个特点由远及近,概括出县域金融治理权力的存在状态、格局与运行机制。

扇形统合是本书在理论上的创新所在。扇形统合,既是县域金融治理权力运行模式的描述性概念,又是评释县域金融现象的解释性概念。扇形统合能够较好地解释笔者所描述的县域金融的特别现象。本章将论证的理论结论或者命题表述为，**县域金融治理的权力运行模式是扇形统合。**

一、尚未解释的县域金融现象

有很多金融现象是当前金融学和金融法理论没有研究和不能解释的，需要创造新的理论进行解释，上下求索。

导论开篇部分描述了两则县域金融治理的花絮：一则是县金融办协调工商执法大队，帮县人行取缔"借题发挥"的中介贷款公司。二则是县政府常务会议的"政治礼仪"，说明县金融办和县人行一样，都处于县域治理权力格局的外圈。这两则故事只不过是子县金融治理的冰山一角。

（一）令人费解的县域金融治理现象

改革开放四十余年来，子县出现了很多令人惊讶的金融现象，这些现象是当前县域治理与金融权力的理论框架无法解释的。在这里，笔者列举四种时间跨度较长且具有代表性的金融治理现象。

现象一：力量薄弱的"一行一会"县域分支机构，竟长期稳定地支撑了常态履行子县金融调控、监管等重大职能和县域金融秩序的平稳运行。

子县金融办与县人行取缔违法的贷款中介公司本是一件极不起眼的插曲，但也反映出一个客观存在的现状，即"一行三会"（2018 年国家机构改革后为"一行两会"）的权力分支在县域金融治理薄弱存在。国家（正式）金融权力逐级下沉至行政末梢——县域，"一行三会"的权力运行显现出弱化的状态。改革开放 40 年中，子县人行的机构编制不增不减，一直维持在 20 人至 30 余人。县银监办仅一人驻守，且为市银监局的内设机构，不具备法人资格，也不能单独用银监会（局）的名义对外行使职权。证监会、保监会迄今为止都没有任何派驻机构。长期以来,子县金融行业的监管调控权力机构只有“一行一会”。然而,“一行一会”面对的是一个拥有145万人口,且容纳了汉、回、藏、羌、彝、满、白、土、维吾尔、蒙古、苗等11个民族,面积达2660平方公里的农业大县。①

令人惊讶的是,这“一行一会”却肩负并履行了执行中央宏观金融政策、收集当地国民经济和社会事业发展情况、建设社会诚信体系、保证当地货币流通、经理国库、金融监管、维护区域金融稳定等重大金融职能。那么,是什么在支撑着“一行一会”权力在县域的运行?或者说,“一行一会”的权力分支如何保障职能在县域的正常运转?

现象二:子县银行体系呈现出“国有银行包围县城,农商银行占领乡村”的金融布局(见图1-1),且十分稳定地持续数十年至今。

金融深化背景下,专业银行企业化和地方农商行股份制改革顺应了市场经济的要求,②它们理应处于一种平等的、无差别的行业竞争。但子县的国有商业银行几乎从不在村、镇设置网点;③而县农商行长期在农村扎根经营,它对这片土地无比熟悉,但始终不

① 子县县志编撰委员会:《子县县志:1988~2005》,方志出版社2012年版,第1、162页。

② 宋士云:《中国银行业市场化改革的历史考察(1979-2006)》,人民出版社2008年版,第97页。

③ 除了邮储银行(63个)在乡镇布局还算稍有规模,以及县农业银行在子县“撤区建镇”之前设立了14个网点(但多年无变化),其他国有银行在乡镇均无布局。关于邮储银行的问题,需要特别说明一下。本书没有对“邮储银行”进行专题研究,并非刻意回避。其实从图1-1可以发现,邮储银行在子县农村的金融地位和作用不容忽视;不过,它与农商银行的历史沿革、经营模式、职能定位(服务“三农”)的相似性都很高,以致(金融)权力运行模式也高度相似。客观上,我挂职时恰巧与子县农商行的接触比较多,访谈及过程中获得的书面证据资料也更加齐全;相比(邮储银行)而言,我比较自信对子县农商行的判断,以及以它为统合主体的金融权力运行的机制发现。我曾想过将二者合并为一个分析对象,又恐不够严谨,或是忽略了某些微观基础,所以最终仅选择了“县农商行”(作为研究子县农村金融治理的分析对象)。未能兼顾“邮储银行”,是本书的遗憾,也是未来有待开始的研究。

深涉城区业务。子县商业银行体系中，“国有银行包围县城，农商银行占领乡村”的局面几十年如一日，持续至今。那么，是什么原因导致了这种“割据鲜明而长期均衡的县域银行体系格局”？

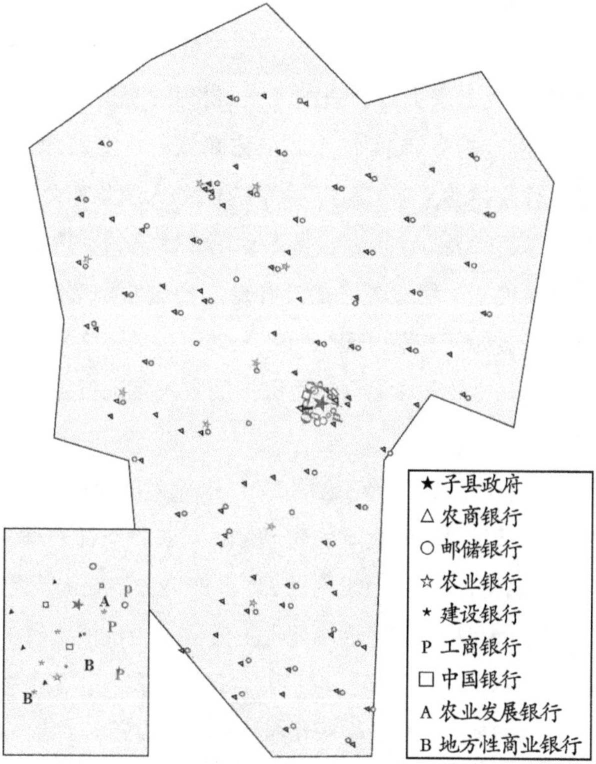

图1-1　子县的银行“割据”①

现象三：没有专门金融机构进行管理的“二金”，不仅维持了十年以上的稳定运营，而且在全国性的金融挤兑危机中平稳过渡。

20世纪80年代中后期，由于农村经济货币化程度迅速提高，

---

① 资料来源：笔者整理、绘制。

在国家权力金融机构的“默认”下，县域内滋生了一种能够比肩大部分（由正式金融权力布局的）县域商业银行的金融组织——“二金”。“二金”一直处于子县的治理和支配下，没有专门金融管理部门调控但飞速发展了十几年。①

1999年，国家开始对“二金”进行全国性政策调整和清理整顿，形成了改革开放以来少有的全国性金融挤兑风波。当时，我国尚未建立统一规范的征信系统，个人征信领域一片空白，无法为“二金”清偿工作提供客观、准确、可共享的债务人信息作为支撑。但奇怪的是，子县却没有出现财金体系动荡或瘫痪的现象，并在短短三、四年间实现了平稳过渡。在没有专门金融管理部门调控调度的情况下，子县如何长期治理“二金”？如何止息挤兑风波？

现象四：如今的县域平台公司虽然债务重重运行困难，却僵而不死。

县平台公司是续“二金”之后，又一个无专门金融管理部门治理，且完全处于子县支配之下的“金融组织”。不一样的是，县平台公司不能吸纳股金，本质上没有什么“造血能力”且资产负债率较高。党的十九大以来，防范金融风险上升到一个前所未有的高度，隐形债务如“悬顶之剑”，不断向平台公司发出警示。但反常的是，县平台公司的资金周转速度很快，净资产规模逐年扩大，看不出“濒危”的趋势。

迄今为止，中央也没有像处置“二金”那样对待平台公司，而是急药慢攻，②反复治理，但痼疾难除，总体上，使平台公司维持着一

① 子县县志编撰委员会：《子县县志（1988～2005年）》，方志出版社2012年版，第584页。

② 提倡平台公司市场化转型、深化国有企业改革等。

种僵而不死的状态。这是为什么?

上述四个现象大体涵括了改革开放四十年里县域中令人费解的县域金融治理现象。第一个是(县域)“一行一会”的权力运行,第二个是县域银行体系的割据,第三个是农村合作基金会和供销社的兴衰,第四个是县级平台公司僵而不死。这四个现象看似各不相干,实则背后有着千丝万缕的联系;而县域金融权力,似一种“粘合剂”,毗连上与下,左与右,官与民,政与经,今与昔,虚与实,里与外。若能参透其中“玄机”,就不难理解上述现象了。这些现象之所以令人费解,是因为现有的治理理论和金融学以及金融法理论,都还不能很好地解释它们何以发生。

(二)县域治理理论不能很好解释县域金融现象

为了解释上述令人费解的现象,笔者尝试用现有的县域治理理论去观察和解释。县域治理理论对县域如何进行治理有多种理论界说,笔者以新近较有影响的几个理论框架来尝试解释县域金融治理。

“政治行政化理论”是县域治理的一种理论框架。政治行政化理论指出,县域治理表现出很强的动员模式特征,县级治理机关往往通过政治影响力而进行全体动员,核心目标可能是处理突发性事件、解决重大的历史遗留问题,制定领导阶段性发展策略等。①相似地,周雪光(2012)从组织学的角度提出“运动型治理机制”,②解释了中央权力叫停、常规权力的纠偏过程,不过周雪光的分析对象是中央政府。对本书的研究而言,“政治行政化”和“运动型治理机制”框架有利于解释县域金融治理中的一些现象,例如,为止息

① 樊红敏:《县域治理改革与实践》,载《郑州大学学报(哲学社会科学版)》2013年第1期。

② 周雪光:《运动型治理机制:中国国家治理的制度逻辑再思考》,载《开放时代》2012年第9期。

1999 年股金挤兑事件，县政府专门成立了应急领导小组；再如，2016 年，子县一家房地产公司由于资金链断裂导致所开发项目停工，引发房屋买受人、承建附属设施包工头、农民工等群体上访事件，为避免大面积的银行按揭“断供”，县政法委书记牵头组建了专门的工作领导小组，以协调、解决此事。“政治行政化”和“运动型治理机制”理论可以解释运动式治理，即政府为了完成阶段性核心目标的治理任务而采取的动员治理模式，它具有临时性、非常规性、非连续性的特点，且成本较高。但是，县域金融治理不是运动治理，它是一个长期性的治理任务，需要的是稳定的、低成本的治理模式。

值得一提的是，“政治行政化理论”被“动员式社会治理”所替代，后者指出县域治理是一种嵌入科层机制结构的动员式社会治理，这在一定程度上修正了原有的分析框架，①但仍然没有突破对（领导小组、联席会议等）临时性治理机制的研究范畴。本书研究表明，权力格局的变化往往源于国家重大政策、制度的变革，而县本级的权力行使或者权力的临时组合，并不会改变县域金融治理的制度性权力基础。长期看来，县域金融治理的权力格局是衡定的、静态的。

“行政—政治—公司”三位一体统合治理机制则是另一个县域治理理论模型。折晓叶（2014）等敏锐地发现，地方政府除正式行使行政权，还可以通过行政统合和对企业的控制，延伸出一些非正式的权力运行模式；这种治理方式类似于一个大公司的利益共同体机制，虽然颇有成效地解决了县域资源配置问题，但也容易引发

① 樊红敏、周勇振：《县域政府动员式社会治理模式及其制度化逻辑》，载《中国行政管理》2016 年第 7 期。

新的社会纠纷。[①] "行政—政治—公司"三位一体统合治理机制,对笔者分析子县通过支配平台公司与商业金融机构"不谋而合",从而实现"以金融资源转移治理成本"的观点很有借鉴意义,但其解释张力有限。第一,该模型中的公司机制是基于本地项目公司对县政府的绝对行政隶属,而金融机构(的县域分支)对当地可能存在依赖,但不是强制服从。例如,在本书的研究中,国有商业银行也出现过"集体婉拒"地方政府的案例。因为在县域之中,有多种力量制约着商业银行的(权力)运行,地方政府其实无法随心所欲地对它们进行干预。第二,该模型将"公司机制帮助政府规避某些(因征地、拆房纠纷而带来的)法律风险"的弊端夸大了。笔者承认,如果没有平台公司的这个"缓冲地带",县级政权也许会直接"裸露"在一些巨大的治理责难面前,尤其是社会维稳方面。但是,该模型缺乏对"权力的责任机制"的解析,因此,也没有发现,临时转嫁给平台公司的责任(及风险),最终还是会集中转化为县域治理的管理责任(及风险),它们间是一种唇亡齿寒的"统责"关系。综上,"行政—政治—公司"三位一体统合治理理论及其指导下对县域金融治理的想象,并不符合县域金融治理的现状。

这里不具体展现本书运用县域治理理论的分析过程,笔者想告诉人们的是,县域治理的理论框架能够解释一部分县域金融现象,但是,有相当一部分内容还不能得到很好的解释。

(三)金融法的权力理论"根本没下县"

当笔者把目光投向金融学或金融法学的金融权力理论时发现,金融权力理论仍然不能充分地解释县域金融现象,因为这些理论根本没有涉及县域这一层面。也就是说,金融权力理论"根本没

---

① 折晓叶:《县域政府治理模式的新变化》,载《中国社会科学》2014 年第 1 期。

下县”。

金融法学的金融权力理论更加注重调节对象、关系，以及金融权力的行业性，这些研究分析了金融权力的类型及其配置，为本书研究建立了一个“一行两会”权力分支的纵深运行的逻辑基础。但是，理论界对“一行两会”金融权力运行的末端研究是空白的，无法能解释其县域分支为何能够以绵薄的（正式）金融权力承担起若干重大的金融治理任务。

经济学中财政分权理论“指导”的金融分权，建立了一个权威体制下金融治理的权力运行框架，这些理论从逻辑上说明了县域治理中的经济权力具有金融事务的内容。但其对分权后的权力运行研究是不足的：第一，金融分权的研究涉及的地方政府普遍是指省（市）级地方政府，对县域金融权力的关注严重不足，不能解释县体制如何配备了实质性的金融权力。第二，金融分权化理论注意到了地方对金融进行干预的权力运行的自发性。但是，金融分权化与金融行业的集（分）权互动的研究出现了断裂，也就不能解释纵向金融权力在县域治理中的真实运行状态。第三，“中国式金融分权”关注到了中央、地方、市场、民间多个权力运行的主体，①但忽略了多个主体之间实际上存在重叠统合的权力运行方式。人们对县域金融治理主体的想象并非错误，而是不完全。

总之，现有的县域治理理论并不能完全解释县域金融现象，而金融权力理论又没有下县，县域金融治理就基本上处于理论研究的交叉空白地带，虽然重要但受到了不应有的忽视。既然如此，笔者需要在既有理论的基础上，尝试着自己去建立理解县域金融现象的理论框架。

---

① 洪正、胡勇锋：《中国式金融分权》，载《经济学》（季刊）2017年第2期。

二、县域金融治理的权力状态：隐而不显

从逻辑上说，县域治理是金融治理的基础。但当笔者在县域治理中去寻找金融治理的内容时，发现金融治理镶嵌在县域治理工作之中，处于一种隐而不显的存在状态。

（一）隐而不显的内涵界定

隐而不显是对县域金融治理及其权力运行的描述。我们往往直观地认为县域金融事务是独立的、专门的事务，即有一份叫金融事务的工作任务摆在那里，然后有专门的机构去承担这一块的事务。笔者最初也是这种想法，然而笔者的亲身经历和调研数据表明这是一种误解。

县域金融治理及其权力的存在状态是隐而不显。“隐而不显”，是指金融事务嵌入在县域治理中，它首先不是独立的专门的工作内容，其次，县级政权没有专门的机构来处理它。也就是说，县域治理中并没有专门的金融事务或者金融工作，也没有专门的金融事务处理机构，而是隐没于县域治理中。

还有人也许要说，那金融办呢？县金融办的存在似乎是隐而不显的例外。但是，如果熟悉子县金融办短暂存在历史及其机构与职能以后，我们就会发现，县金融办的存在也并不能完全算是一个例外，它最多算是县域金融治理没有专门机构的例外，并没有破除前述“金融治理及其权力运行隐而不显”的假设。

专栏1：子县金融办

子县金融办存在的四年，短暂而又饱受争议。

县金融办的日常成员有主任一人、副主任一人，（乡镇借调）工作人员一人，人员配置少，但需要列席的会议

却非常多。2015年5月，中共子县县委机构编制委员会（以下简称县编委）印发了《关于县政府财经办公室更名等事项的通知》，将县财经办公室更名为县金融办，作为县政府办公室的“挂牌机构”。新增金融办的职能包括：贯彻执行国家和省、市、县有关金融工作的方针、政策和法律、法规；分析研究全县金融业运行情况，拟定全县金融业发展规划和年度工作计划；贯彻落实省、市、县金融工作部署，加快金融资源的引进聚集，协调解决发展改革中的问题和困难；承办县政府交办的其他事项。①

县金融办是中华人民共和国成立以来，中央赋予县域金融职权的少有现象。然而，在2019年2月，县编委印发《子县机构改革方案》，将金融办的金融工作职责划入县财政局，挂县金融工作办公室牌子，县政府办公室（以下简称县政府办）不再挂牌。②

子县金融办的机构设置不独立，与县政府办常常存在“混用”现象。子县政府的每一位县级领导都有一名“跟线主任”协助办公。“跟线主任制”是一种不成文而恪守科层的惯例。具体而言，正科级政府办主任是县长的跟线主任，副县长的跟线主任由若干个副科级政府办副主任担任。其中唯一例外的是，常务副县长的跟线主任由正科级金融办主任担任，因此，也不可避免地导致了

① 参见中共子县县委机构编制委员会《关于县政府财经办公室更名等事项的通知》(2015年5月)。

② 参见子县县委机构编制委员会《子县机构改革方案》。

"混用"。①

金融办"监管本位"不突出,②因而备受诟病。名义上,县金融办是独立履职的金融管理机构,但实际业务和机构都难以与其他治理任务割裂。子县金融办的许多工作都是围绕县(融资)平台公司进行的,它帮助平台公司周旋于县级领导、县属主管部门、乡镇和金融机构之间,反而没有形成自己的核心治理任务。③

有趣的是,这些"诟病"在县金融办主任看来,似乎有其正当的本土渊源。"各县(区)的常务副县长分工多有差异,但财政和金融一定由常务分管。各金融机构经常需要寻求常务副县长的综合协调,但县域之中,常务副县长工作十分烦琐,分身乏术。而跟线主任常伴领导身边,也习惯他的日常作息,有更多机会转达金融机构的诉求。"金融办主任说道。④

在县金融办主任看来,那些备受诟病的"混用",恰恰是县域金融治理中高效的信息分享机制。而且,县域编

① 县金融办的前身是县财经办。2011年,子县印发了《子县人民政府办公室主要职责内设机构和人员编制规定的通知》,将子县财经办的职责予以确立。县财经办设主任、副主任,其中,县财经办主任一直作为历届常务副县长的跟线主任,似一种"传统",被金融办沿袭下来。

② 中央鼓励区县基层的政府设立金融办的初衷是为了弥补地方性金融组织和分业监管的真空,不过在实践中金融办的"监管本位"并不突出。子县金融办存续期间,也是县平台公司成为子县重要的融资工具的时期,而县金融办的许多工作往往围绕着"融资"进行。不可否认,县金融办的确展现了县级地方政府"为发展而融资"的一个侧面。

③ 金融办看似职责众多,但与多个部门存在职能重叠,实践中工作没有聚焦点、缺乏显示度,本质上是一个"大而空"的机构。

④ 访谈编号:#20190201。

制紧张、事务烦琐，上至县级领导下至一般办事员，在实际工作中都不太讲究精细化分工，常以“万金油”自嘲。

（二）金融工作隐身何处

虽然县域金融治理隐而不显，但它的确存在。那么，它隐身在哪里呢？笔者尽可能地收集子县自1993年到2018年的《政府工作报告》，但由于资料年代较远，未能取得1997年、2002年、2003年的资料，本书1993～1996年的政府治理工作采纳的也是《子县年鉴（1993－1996）》中县政府的工作概述。

笔者梳理并对比了子县县政府历年的工作要点，发现在政府工作中的金融治理有两个特点：第一，金融事务隐而不显，我们只能感受到金融治理可能存在，但很少能从字里行间中发现；第二，即使出现“金融”的字眼，也必定与财政、税务的运行紧密交融，没有形成专门而独立的内容反映金融治理任务，如图1－2所示。

通过实证，笔者的确发现这样一个规律：在子县政府治理中，没有专门的金融治理任务，金融嵌入在县域日常治理任务之中。

（三）金融工作不显之显

县域治理中金融工作的内容如何才能显现？实际上，根据上一节的县域治理要点的思维拓展图，笔者可以归纳出历年县域治理的四个重点领域：意识形态、安民抚农、产业发展、公共事业。以下，将分别演示这四个领域在县域金融治理的显现路径。

1. 意识形态

2017年，子县县委书记在县委第十三届第六次全会第一次全体会议上传达中央指示精神，并对县委常委会工作做了七个方面的报告。其中，“防控金融风险”作为打好“三大攻坚战”的一项重要政治任务被写入报告。就县域而言，金融风险防控具体指企业债务、政府债务与房地产市场等风险的防范化解工作。值得注意的是，金融事务可以作为一种“政治意识”，以党委重要工作的形式植入县域治理之中。

- 1993~1996：(1)农村、工业、财贸经济发展；(2)重点基础设施和产业建设；(3)科技、教育等各项社会事业；(4)政府党建；(5)社会主义民主政治建设；(6)经济体制改革；(7)对外开放。
- 1998：(1)农村、工业经济；(2)基础设施和产业建设；(3)财政、金融运行；(4)城乡市场；(5)对外开放；(6)科教文卫等各项社会事业；(7)民主法治建设。
- 1999：(1)农业、工业经济增长；(2)固定资产投资；(3)企业改革；(4)财贸工作；(5)对外开放；(6)科技、教育等各项社会事业。
- 2000：(1)农业农村、工业经济；(2)财政金融；(3)固定资产投资、基础设施建设；(4)城乡居民收入；(5)城乡市场建设和改革；(6)科教文卫等各项社会事业；(7)民主法制。
- 2001：(1)农村、工业经济；(2)第三产业发展；(3)财政金融；(4)基础设施建设；(5)体制改革；(6)对外开放；(7)城乡居民收入；(8)科技、教育等各项社会事业；(9)精神文明和民主法制建设。
- 2004：(1)一、二、三产业发展；(2)财政金融；(3)基础设施建设；(4)对外开放和招商引资；(5)科教文卫等各项社会事业；(6)人民生活水平；(7)民主法制。
- 2005：(1)一、二、三产业发展；(2)招商引资；(3)财政金融；(4)体制改革；(5)城市形象建设；(6)社会事业；(7)民主法制。
- 2006：(1)一、二、三产业发展；(2)招商引资；(3)人民生活与政务服务水平；(4)社会事业；(5)民主法制。
- 2007：(1)一、二、三产业发展；(2)基础设施建设；(3)财政金融运行；(4)体制改革；(5)社会事业；(6)民主法制。
- 2008：(1)二、三产业发展；(2)新农村建设；(3)城市面貌；(4)固定资产投资；(5)提升民营经济活力；(6)财税金融运行；(7)社会事业和居民生活水平；(8)生态环保；(9)城乡和谐。
- 2009：(1)二、三产业发展；(2)新农村建设；(3)民营经济；(4)抗震救灾；(5)科教文卫等各项社会事业；(6)固定资产投资；(7)财政金融运行；(8)体制改革；(9)生态环保；(10)依法行政和提升政务服务水平。
- 2010：(1)灾后重建；(2)一、二、三产业发展；(3)社会事业；(4)生态环保和可持续发展；(5)基础设施建设；(6)民主与法制建设；(7)政务服务水平。
- 2011：(1)灾后重建；(2)一、二、三产业发展；(3)社会事业；(4)基础设施建设；(5)民主法制与政府党建。
- 2012：(1)灾后重建；(2)一、二、三产业发展；(3)基础设施建设；(4)生态环保；(5)政务服务水平；(6)社会事业与民生工程。
- 2013：(1)产业发展；(2)项目投资；(3)体制改革；(4)生态环保；(5)社会事业；(6)民主法制与政府党建。
- 2014：(1)一、二、三产业发展；(2)财政金融运行；(3)新型城镇化建设；(4)项目投资；(5)生态环保；(6)社会事业与民生工程；(7)政府党建。
- 2015：(1)一、二、三产业发展；(2)城乡统筹；(3)基础设施建设；(4)生态环保；(5)社会事业与民生工程；(6)依法行政与政府党建。
- 2016：(1)产业发展与转型；(2)体制改革与对外开放；(3)基础设施建设；(4)脱贫攻坚；(5)社会事业与民生质量提升；(6)依法行政与政府党建。
- 2017：(1)产业发展与结构调整；(2)生态环保；(3)深化改革；(4)脱贫攻坚；(5)基础设施建设；(6)依法行政与政府党建。
- 2018：(1)一、二、三产业发展；(2)深化改革；(3)招商引资；(4)城镇及基础设施建设；(5)生态环保；(6)脱贫攻坚；(7)社会事业；(8)依法行政与政府党建。

资料来源：《子县年鉴》、子县政府工作报告（1993 年 ~2018 年），笔者整理。

图 1-2　子县政府历年工作要点（1993 ~ 2018 年）

2. 安民抚农

县级政府是行使治民权的最主要的政府。[①] 因此,安民抚农是县域治理中十分重要的组成部分,但该方面的金融治理措施在政府工作报告中显现不足。本书将在第三、四章详细阐述,在此存而不论。

3. 产业发展

产业发展与金融支持的联系最为紧密,也最容易发觉。笔者以子县 2015 年关于"工业经济持续回升"的专项回顾为例,《县政府工作报告》中记录了"县政府设立 2000 万元县级企业应急转贷资金,为 54 户企业提供 7769 万元应急转贷资金支持,同时为县级企业争取市应急转贷资金 1.3 亿元",同时还记载了"县政府处置 6 宗闲置土地共 145.91 亩,办理土地使用权抵押登记 83 宗,实现融资 10.66 亿元",以及"××食品公司在上海股权交易所 Q 版成功上市"等金融事务。[②]

4. 公共事业

公共事业是负责维持县域公共服务基础设施的事业,涉及新农村建设、城乡统筹等广泛领域的投融资。公共事业与财政预算联系紧密,而金融则是扩大了县本级的支出弹性,所以,金融与财政时常结伴而行,并称"政府投融资"。例如,在 2014 年的县政府工作回顾中关于"财政金融运行平稳,开放合作局面良好"的专题中记载:"政府投融资工作进一步规范,新增融资 6.5 亿元,实现担保 2.5 亿元。"[③]在笔者看来,公共事业领域的金融事务主要表现为与本级财政共同支持县域基础设施建设。以 2013 年关于"项目投

---

① 曹正汉:《中国上下分治的治理体制及其稳定机制》,载《社会学研究》2011 年第 1 期。

② 参见《子县县政府工作报告》(2015 年)。

③ 参见《子县县政府工作报告》(2014 年)。

资稳步增长”的专项为例:“创新项目资金筹措思路,发挥政府引导资金杠杆作用,落实5000万元工业及园区发展专项资金;规范政府投资项目BT融资建设管理,年内实施BT建设项目14个,吸纳社会资金9.5亿元。”①

本节隐而不显从隐身何处和不显之显加以归纳分析,对县域金融治理及其权力状态进行宏观描述,这只是观察县域金融治理权力的第一步。那么,县域金融治理有哪些权力呢?这正是下一节要探讨的内容。

三、县域金融治理的权力格局:纵横分治

县域金融治理有哪些权力?只有回答了这个问题,才能进一步观察权力是如何运行的。县域金融治理的权力格局可以概括提炼为“纵横分治”,它描绘出(纵、横)金融权力“应该是怎样的”,是权力的制度性基础。

权力的制度性基础,是本书关键的逻辑原点;它与“权力的微观性基础”②一并,是贯穿笔者立论始终的一对重要关系。在第二、三章,笔者以“天地”为谋篇立骨,抚今追昔,在权由天赋和地孕的立意中诠释当代县域金融权力运行的制度性基础,突出的是一个“静”。天地不仁以万物为刍狗,(权力)制度性基础如“天地”一般,对待万物是一样的。顶层的制度设计者,不对哪个县特别好,

① 参见《子县县政府工作报告》(2013年)。

② 我的研究发现,(县域)金融权力运行主要受到“制度性”和“微观性”两方面影响。权力的制度性基础决定了大部分金融权力的静态格局,说明了权力“应该是怎样的”;但还有一些事物,动态地冲击着县域治理(权力)的理论边界,它解释了权力“实际是如何运行的”,这便是“权力的微观基础”。我准备在第四章专题讨论。下一节关于“为什么是扇形”的篇幅,也将简要介绍。

也不对谁特别坏，虽不似老子提倡那般“随其自然”，但一切犹如随风入夜，润物无声。所以长期看来，权力的制度性基础，是静止的。纵横分治，便是这样一种静态的权力格局。

（一）县域的纵向金融权力

县域纵向金融权力（也即第三章所喻的“天之权”）是指在国家金融管理机构、商业金融机构总部派驻在县域中的享有金融调控、金融监管和金融交易权的分支机构。之所以定位为“纵向”，是因为这些权力是通过逐级派驻向下延伸到县域的分支机构，他们的“人、财、物”接受纵向的管理，不受县级政府的约束。有学者将这种纵向设置的体制称为“纵向割据型的行业法规制构造体制”。[①] 因此，提到“金融权力”，我们会首先联想到金融调控权力和金融监管权力。如果将权力局限于国家权力（power），这种理解并无可厚非，但是，对于描述县域金融治理权力来讲，还应该包括国有商业金融机构（县域分支）的金融交易权利（right）。这样做有三个实际原因：一是我国“金融产权高度国有化和金融资源配置行政化”的基本格局不曾动摇。二是我国国有商业金融机构具有从中国人民银行剥离的历史沿革，迄今仍接受人行的宏观指导和监督。三是它们对于县级政权而言，都是中央派驻县域的“外来”机构。

毋庸讳言，本书所界定的县域纵向金融权力和经济学的看法相似，却不同于法学。按照本书对权力的分类，县域存在三类纵向金融权力：

第一类是金融调控权，在经济法中亦称宏观金融调控或金融宏观调控权。[②] 金融调控权是中国人民银行在国务院的领导下享

① 杨东：《论金融法的重构》，载《清华法学》2013年第4期。

② 刘蕾：《金融调控权研究》，中国民主法制出版社2013年版，第10页。

有的,并通过立法设置中国人民银行县级支行实现在县域的纵向布局。在计划经济体制下,金融调控权的对象往往是信贷规模,借由综合信贷计划和现金收支计划来实现宏观调控目的;而在市场经济体制中,金融调控作为国家宏观经济调控中的一个重要组成部分,有其特有的金融调控关系和调控工具。例如,为实现特定的经济目的,中央银行运用货币政策对有关的金融变量实行调节和控制。在县域金融治理中,中国人民银行县级支行是(指导)执行金融宏观调控权的机构。

第二类是金融监管权。中国银保监会和中国证监会享有对大部分商业金融行业实施监管的权力。① 我国中央金融监管权力的分支主要布局在省、自治区、直辖市以及计划单列市以上。具体而言,除中国人民银行和(原)中国银监会外,中国证监会在地级市和区县尚未设立任何分支机构,(原)中国保监会也仅仅是在苏州、烟台、汕头、温州、唐山五个地级市设立监管分局,区县亦没有设立办事处。② 因此,现行体制没有对子县的证券和保险业监管进行纵向分布,银监办是唯一的行业金融监管机构。为进一步简化理论概论,本书将享有上述两种金融权力的国家金融管理机构统称为"权力金融机构"。

第三类是金融交易权。比较具有代表性的是,国有商业银行总行通过设置县级支行,实现对县域(银行业)金融交易权的纵向布局。由于我国的金融产权和金融资源配置都处于高度国有化和

① 之所以定义为"大部分",主要是考虑到还有一些混业经营的金融业态,可能会游离于分业监管的权力运行范围之外。从广义上讲,金融混业经营是指所有金融行业之间经营关系,即银行、保险、证券、信托机构等金融机构都可以进入相互的业务领域甚至非金融领域,进行多元化经营。

② 中国保险监督管理委员会:《派出机构概括》,载原中国保险监督管理委员会官网,http://bxjg.circ.gov.cn/web/site0/tab5196/,2019 年 4 月 7 日访问。

行政化的中央垄断之下，所以，本书将国有商业金融机构的县域分支也视为一种纵向的金融权力。

值得一提的是，在深化金融改革的背景下，很多省、市政府也开始投资设立地方商业银行，并在县域布局分支机构。笔者将这些不受县级行政权力约束的金融分支机构均归入纵向的金融（交易）权力。

（二）横向的县域治理权力

除上述纵向的金融权力之外，县域本身还涉及若干金融治理任务，虽然这些金融事务隐而不显，但毕竟是存在的。由此，笔者提出一个假设：与纵向金融权力相对应，还有一种横向的县域治理权力（亦即第三章所喻的“地之权”），它是县体制支撑国家治理的一种制度安排，而县域金融权力就隐藏于其中。

横向，指县级政权通过统筹若干个的县属主管部门、乡镇、（县属国有）企业等平行治理单元，对辖区进行治理。接下来，笔者将逐步解析横向县域治理权力的主体与（运行）轨迹。

1. 权力主体：县域治理集体

横向县域治理权力的主体是县域治理集体，它由县域决策集体和执行集体组成。

“四大家”是县域治理集体的微观基础。“四大家”，即党委、政府、人大、政协，它们的决策者即“四大班子”构成了一个完整的县域决策集体。① 同时，“四大班子”根据职能分工，将治理任务分解到若干个平行的组成单元——县属主管部门、乡镇、（县属国有）企业等，这些单元的集合组成了县域执行集体。实践中，“四大班子”

① 严格来说，这样的称呼并不准确。“四大家及其班子”的说法弱化了法院、检察院的地位。而事实上，按照政治学中权力分割和制约的原理，法院、检察院跟人大、政协一样，都具有监督政府的职能。他们同样是重要的“一家”司法机关。本书对“四大家”的运用仅有利于概念的提炼和统一。

对县域金融治理的参与程度各有差异,如图 1 –3 所示。

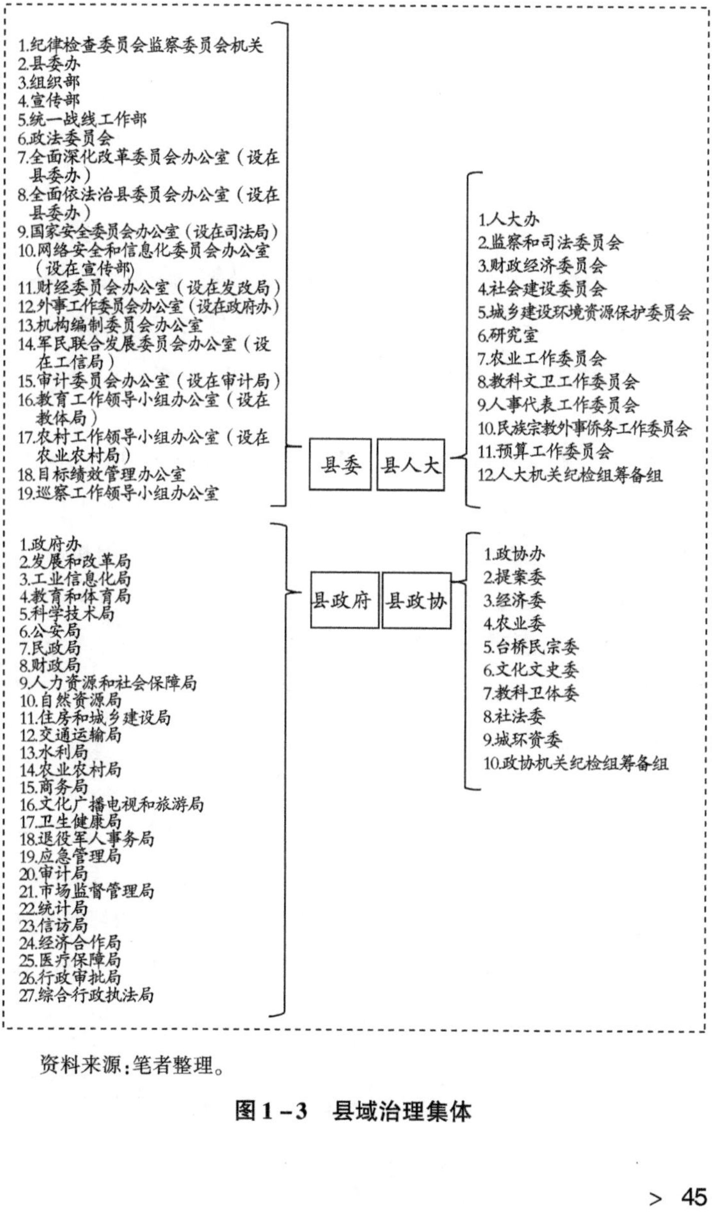

资料来源:笔者整理。

图 1 –3　县域治理集体

(1)县委。县委是中国共产党县一级委员会的简称,领导县一级人民政府,是"四大家"之一。根据党章规定,县委书记是党的县级地方组织(委员会)负责人。作为"四大班子"之一,县委常委会是当地政治生活的集体决策机制,是(县域)权力决策周期内政治辐射信号的最高值。子县共有11名县委常委为"县委班子"成员,其中,3名常委与县政府有职务交叉(县长、常务副县长、常委副县长)。子县县委主要工作部门共19个(见图1-3),其中没有专门的金融工作部门,但重大的经济、金融事务必须上呈县委常委会决策。在"班长"——县委书记的领导下,县委作为党在县域政治生活中的最高领导机关,县委常委会作为县域最高集体决策机制,对于县域(金融)治理拥有决策引领的作用。

(2)县政府。县政府是治理县域事务的政府组织。2019年3月完成县级机关机构改革后,子县政府共设置了27个工作部门(见图1-3)。县政府是县域金融治理的直接操盘手,但机构设置中却没有专门的金融管理部门。前已述及,金融办是新中国成立以来中央唯一正式赋予县级地方政府金融职权的体现,而存续不足四年的时间。2019年2月,子县政府又回归到一种无专门金融管理部门的状态。

(3)县人大。根据《中华人民共和国全国人民代表大会和地方各级人民政府组织法》的规定,1982年2月设立子县人民代表大会常务委员会。① 县人大常委会主要行使县行政区域内有关政治、经济、教育、科学、文化、卫生、民政、民族等工作重大事项决定权,对同级政府、法院及检察院行使监督权;由县长、人民法院院长、检察院检察长分别提议,行使对县政府各委、办、局主任、局长和法院副院长、审判委员会

① 子县地方志编撰委员会:《子县县志(1911-1987年)》,×省人民出版社1992年版,第206页。

委员、正副庭长、审判员、检察院副检察长、检察委员会委员和检察员任免权。县人大常委会设主任、副主任和委员。县人大常委会下设11个工作部门(见图1－3)。县人大没有专门的金融管理部门，它参与金融治理的主要实践为，县人民代表大会财政经济委员会(以下简称县财经委)和预算工作委员会对本级预算、决算的监督。①

(4)县政协。政协是中国共产党领导的多党合作和政治协商的重要机构。县政协由中国共产党和各民主党派、无党派民主人士、各人民团体、各界爱国人士共同组成。县政协下设10个部门(见图1－3)，无专门的金融管理部门，且对县域金融治理的参与较少。

为什么需要专门提炼一个“县域治理集体”的概念？笔者发现大多数研究常以“政府”作为第一人称，这是对权力主体的狭义理解。在权力运行研究中，“政府”很难厘清权力的决策与执行。举一个常被学界诟病的案例——“政府向(融资)平台公司划拨土地，用于发行债券”，对于类似案例，人们往往只关注到它的决策者；然而，对谁在执行？存在哪些执行者？它们的权力运行轨迹是怎样的？如果运用“政府”这个主体，只能笼统地回答。此外，“政府”不是权力决策的唯一或最高级形式，我们不应回避这个问题。例如，在县域治理中，“县委常委会”才是最高级别的议事决策机制，它可以将集体决策的责任和义务扩大至区域内的领导干部；“政府”与这个机制有交叉，但不是全部。因此，本书提炼了“县域治理集体”，它能够严谨地刻画出权力运行的轨迹和边界，是笔者研究横向县域治理权力的逻辑基础。

2. 权力(运行)轨迹：行政发包制的结构性断裂

实践中，笔者对行政发包制的运行轨迹产生了一处疑虑，因为

① 参见新《预算法》第83条“全国人民代表大会及其常务委员会对中央和地方预算、决算进行监督”。

“县”以下已经不再具备(纵向)行政发包的经济承接能力了。从行政逐级发包的角度看,乡镇才是最后一级的基层政权,是最末端的承包方。但是,乡镇与县及以上的地方治理集体相比,它的机构设置、人事任命和经费来源都存在不稳定性,①已经不能视为一个完整的区域治理范畴。而且长期以来,乡镇基础设施较差,总体上对经济资源的吸引力、聚集力较低,其产业结构主要由传统农业和低端制造业组成,结构单一,且转型缓慢。因此,乡镇只是理论上的最终承包方。

乡镇的积弱,客观上压缩了县的行政纵深和发包的空间,导致行政发包机制在县域出现结构性断裂。由此,笔者可以初步绘制出一个横向县域治理权力的运行轨迹,如图 1 –4 所示。

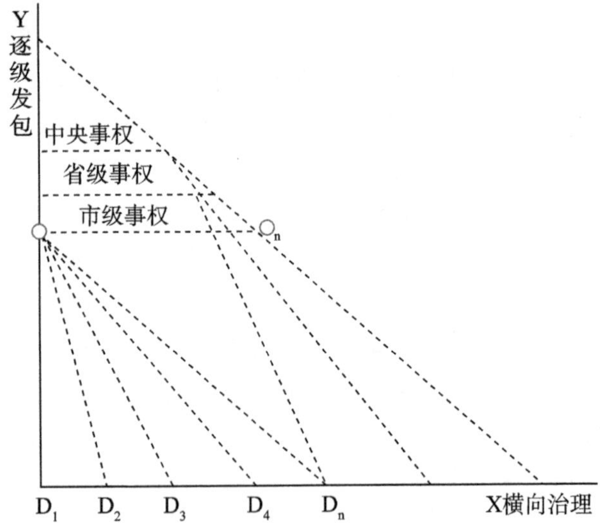

图 1 –4 (纵、横)权力运行轨迹

① 周黎安:《转型中的地方政府:官员激励与治理》(第二版),格致出版社、上海人民出版社 2017 年版,第 110 ~ 111 页。

Y 轴代表逐级发包和权力的纵向布局,中央与各级地方事权泾渭分明。沿着市级事权之下水平分布的若干个 o(原点),代表(若干个)县域决策集体。县域决策集体根据职能分工,将治理任务分解到若干个负责执行的县属主管部门、乡镇或平台公司(D_1-n),这些执行主体横向分布在 X 轴上。笔者将原点与 X 轴上的各个执行单元连接起来,衔接轨迹形成的最大的三角面($o-D_1-D_n$)代表了(一个)县域治理的全部任务,金融事务尽然隐没于这个空间。理论上,横向县域(金融)治理权力的运行轨迹也锁定在其中。

(三)纵横(权力)分治

笔者发现,县域金融治理分别存在纵向金融权力和横向县域治理权。基于以上的研究,这两种权力是分设的,因此,笔者把这种状况概括为"纵横分治",它描绘出(纵、横)金融权力"应该是怎样的"。纵横分治,是"中央纵向派驻,县级横向管理"的一种治理格局。纵向分治是权力/商业金融机构的派驻分支在县的治理权力布局;而横向分治则是县域治理集体对区域金融治理的行政实践。

值得注意的是,横向分治首先是一个逻辑上的分析框架,其次才是一个描述性概念。横向分治是分析框架,是指金融治理虽然实质存在,但并非一目了然地呈现在眼前,需要我们进行观察之后运用理性进行仔细分辨,才能清晰地知道它的存在。也就是说,横向分治是需要揭示才会显现出来。此外,横向分治是一个描述性概念,它是实际存在的,并不是笔者的虚构;它也并非专门的金融治理机制,而是融合于县域综合的政务之中统一进行治理。形象地说,横向分治类似于血液之于人的身体,虽然不停地在体内循环不止,但表面看来却无声无息。

笔者进一步简化了图 1-4,以便观察纵横分治下的"静态权力布局",如图 1-5 所示。

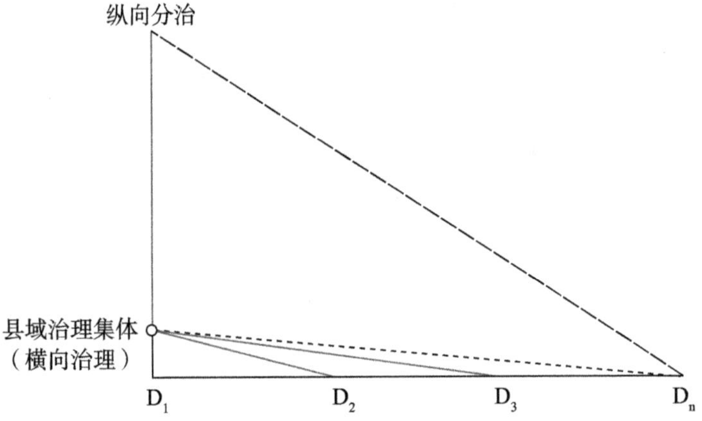

图1－5　静态权力布局

“纵横分治”描述的是县域金融治理权力的存在状态，或者说，它是一种“制度性权力基础”。它的价值首先在于明确了金融分权在县级的分配形态，丰富了金融权力的研究内容，突出关注了县域金融治理的研究空白，同时它也统筹了两种金融治理的研究，能够为完整诠释县域金融治理提供比较全面的视野。

四、县域金融治理的权力运行：扇形统合

县域金融治理的权力状态是隐而不显的，县域金融治理的权力格局是纵横权力分治，但这都是对于县域金融治理权力的静态呈现。本节要描述的是县域金融治理的动态权力运行，旨在归纳提炼出县域金融治理的权力运行理论——扇形统合。

（一）扇形统合理论能很好解释县域金融现象

笔者发现，所有县域金融现象都是县域金融治理的权力运行结果，县域金融事务之所以这样产生、发展和消失，都是县域金融权力推动的结果，而县域金融权力的运行则是不同金融权力独立

或者相互作用的运行结果。终于,笔者发现"扇形统合"是县域金融权力运行的真实状态。无论纵向还是横向权力主体,无论哪一种县域金融事务的治理,都具有扇形统合的特点。它既是县域金融治理权力的运行模式,也是解释独特的县域金融现象的理论框架。

扇形统合理论与县域治理的"三位一体的统合治理理论"不同,也与金融法的"横向统合规制理论"有本质的差异。"三位一体的统合治理理论"将县域治理的权力具体拆分为行使正式权力的行政机制、"正式权力非正式行使"的政治机制以及政府权力控制下的公司机制,该理论的权力运行主体始终特指"(县级)政府",①这对于刻画(县域)纵横分治的权力运行轨迹和边界而言,还不够完整。此外,"横向统合规制理论"旨在平衡金融消费者与机构间权力不平等的趋势,该理论的主体具体指金融消费者,②不适用本研究的分析对象。而扇形统合理论突破了上述局限。

扇形统合理论可以解释本书提出的县域金融现象。例如,为何权力配置薄弱的"一行一会"能够长期承担县域金融的宏观调控和信息收集等职能。县域之中,权力金融机构在独立履职的情况下,纵向权力是"单线垂直"运行的;而当它无法进行独立履职时,纵向权力则是在一个"扇形"权力区间中运行。这个权力区间是纵、横权力的动态运行轨迹。因此,笔者观察到,"一行一会"有时会求助于横向的权力集体,共同处理县域金融事务,以弥补纵向权力的薄弱。

扇形统合理论也可以解释,为什么"二金"会在没有专门金融

① 折晓叶:《县域政府治理模式的新变化》,载《中国社会科学》2014年第1期。

② 杨东:《我国金融消费者保护统合立法体系的构建——以日本的立法经验借鉴为视角》,载《社会科学》2013年第8期。

管理机构调控的情况下长期稳定运行，并通过非正式金融权力转嫁治理成本。这也是扇形统合中相对极限的一种情况。我们可以将纵、横权力视为观察县域金融权力运行的两个变量，选择这个案例，是为了在保持纵向力场衡定的情况下，分析(横向)非正式金融权力运行的特点。

扇形统合理论还可以解释，为什么大量(融资)平台公司债台高筑却僵而不死？回答这个问题，也是为了揭示县域金融治理的权力运行轨迹为什么是“扇形”。县域金融治理中，权力并非始终沿着“两点一线”的理想轨迹运行，即不总是囊括在一个三角面内；由于权力膨胀和责任的扩散，县域金融治理的范畴不断扩大，使(纵、横)权力行走在一个蔓延开的“扇面”之中。

笔者发现，扇形统合理论能很好地解释四十多年来县域金融的独特现象，在第二、三、四章里，扇形统合理论还会得到分类的描述和论证。本节以下文字，笔者将讨论扇形统合理论的内涵。

(二)什么是“统合”？

统合是权力和权威的有机团结。

县域金融治理中，分设了纵向金融权和横向治理权，它们相互之间不存在“强制对方服从”的权力基础，我们也可以认为，纵横分治在制度设计上本来是互不合作的。但实证发现，纵横权力主体不仅在合作，而且十分活跃，以至于相互交融到“隐而不显”的状态，让我们难以发觉、辨别。这是为什么？

俞可平(2016)为我们提供了一个极好的切入点，他认为强制服从和自愿服从是权力与权威的实质性区别。[1] 由此，笔者怀疑

---

① 俞可平：《权力与权威：新的解释》，载《中国人民大学学报》2016 年第 3 期。

“它们的合作，是否基于权威使（纵、横）某一方因信服而产生的顺从？”这种怀疑并非毫无根据，例如，相对的信息优势可以强化县域治理集体的权威，使（县域）商业银行产生“依赖”；又如，子县治理集体从不怠慢以“众筹”为生的县银监办，且始终迁就着它“化缘”的惯例。但矛盾的是，这些权威其实都建立在分设的权力之上，即便看似（在权位和职务上）不能约束对方。这又是为什么？

笔者提炼了上述既冲突又敦睦的现象——统合。

统合，在汉语中没有多么丰富的注释，常简单译为“统一”“综合”，或者直接视为“统”与“合”的组合词条。反观“统”与“合”的底蕴就要深刻得多。“统”有纲、①治、②状、③掌、④嗣续⑤之音；“合”有聚、⑥并、⑦对、⑧洽、⑨共同⑩之义。其实，两者都意在推动一些“变量”⑪走向趋同。

在本书的研究中，这种“变量”特指权力与权威。“统”是权力和权威走向趋同的动态过程，“合”则是它们趋同后的静态存在。

---

① 纲纪、准则。参见《荀子·臣道》：“忠信以为质，端悫以为统。”

② 管理、治理。参见《列子·天瑞》：“昔者，圣人因阴阳以统天地。”

③ 形容一种形状，如袖统、统袜、统靴。

④ 执掌、统领。参见《荀子·强国》：“若其所以统之，则无以异于桀纣。”

⑤ 世袭相承的系统。参见《荀子·解蔽》：“求其统类。”

⑥ 聚集、聚合。参见《论语·宪问》：“桓公九合诸侯，不以兵车，管仲之力也。”

⑦ 合并、兼并。参见《史记·张仪列传》：“秦之所以不出兵函谷十五年以攻齐、赵者，阴谋有合天下之心。”

⑧ 校对、比照。参见《孟子·离娄下》：“地之相去也，千有馀里；世之相后也，千有馀岁；得志行乎中国，若合符节。”

⑨ 和睦、融洽。参见《诗·小雅·常棣》：“妻子好合，如鼓琴瑟。”

⑩ 一起、一并。参见《儒林外史》第二十八回：“那人道：‘不拘那一位。我小弟有二三百银子，要选一部文章。烦先生替我寻一位来，我同他好合选。”

⑪ 此处的“变量”，特指理论的未指定术语的符号，也可以理解为理论的对象。

通过“统合”的凝聚，权力与权威将由“机械团结”转变为“有机团结”。实践中，还有一些看起来与“统合”十分类似的概念，如“统筹”，一个中央政府的常用词条，其本质是一种制度性的“强制号令”。但不适用于（县域）纵横分治的权力基础。又如，市场主体之间不以权位和职务为前提的“联合”，但也不符合笔者研究权力运行的初衷。

因此，笔者提炼了“统合”这个概念，它是（纵、横）权力与权威的有机团结。图尔干（Durkheim，1984）在讲述欧洲社会从农民社会向现代社会转变时提出，由于分工越来越精细，人与人之间的差异性也不断扩大，使社会成员之间的相互依赖性越来越强，社会内部的凝聚力也相应地由“机械团结”转变为“有机团结”。① 某种意义上，权力的统合也正是源于当代金融权力配置的精细化进路，扩大了纵、横分治的主体差异，客观上强化了它们间的依存度，形成“有机团结”。因为“统合”，纵横主体相互克服了制度设计的权力约束，开始合作；因为“统合”，“强制支配”与“自愿服从”间那种细微却又不可调和的矛盾趋于缓和，进而开辟出更加广阔的权力运行空间。

（三）扇形统合的主体

扇形统合的主体不固定，是多元的主体，复合的主体。金融法学的既有理论对金融治理权力主体有非常明确的指向，这种指向也有相应的立法基础，如金融调控的权力主体是中国人民银行，又如证券行业监管的主体是中国证券监督管理委员会，还如金融交易的主体是银行、保险等金融机构，这种理论的界说几乎见诸于每一本金融法教材。② 在此理论框架下，人们对县域金融治理主体的

① Durkheim, Emile, *The Division of Labor in Society*, New York: Free Press, 1984.

② 参见朱大旗：《金融法》，中国人民大学出版社 2015 年版，第 5～6 页。

想象，被限制于这些权力金融机构的县域分支。

但是，经历县域治理的亲身体验和参与观察之后，我们就会发现，既有理论及其指导的对县域金融治理权力主体的想象，并不能全面反映县域金融治理的主体现状。人们对县域金融治理主体的想象并非错误，而是不完全。前文中提及的“纵横分治”是一种静态的权力格局，所以，其主体也是相对固化的，而县域金融治理实际上是一个动态的扇形统合机制。扇形统合的（权力）主体，既可以是一行两会或国有商业金融机构的权力分支，也可以是县域治理集体的决策或执行单元。

县域金融治理中权力的主体，根据具体的事务来确定为一个或若干个，具有动态的、多元复合的特点，可以分为统合主体和参与主体两种形式。具体的金融治理事务决定主体的形式，表现为“一事一统”。例如，县人行是收集、提供当地经济运行情况的统合主体，但由于它无法独立行使职权而寻求县政府协助，县政府则是参与主体。又如，县域治理集体是改良政策性金融支持从而推进县域“土坯房改造”工作的统合主体，县农发行是参与主体。而且，在同一金融治理工作中，统合主体也可以有若干个，比如为贯彻落实国家扶贫小额贷款政策，县人行与县域治理集体都是统合主体，县农商行是参与主体。总之，纵、横权力的交织互动才是县域金融治理中权力运行的真实形态。

笔者截取并突出了图1－5（$o-D_1-D_n$组成的）三角面，即县域治理的全部事务，同时以I_1-n代表（权力/商业）金融机构的县域分支，将分析对象进一步聚焦到县域金融治理的权力运行。由此，可以更加直观地观察到县域金融治理权力的主体呈现出“一事一统，多元复合”的特点，如图1－6所示。

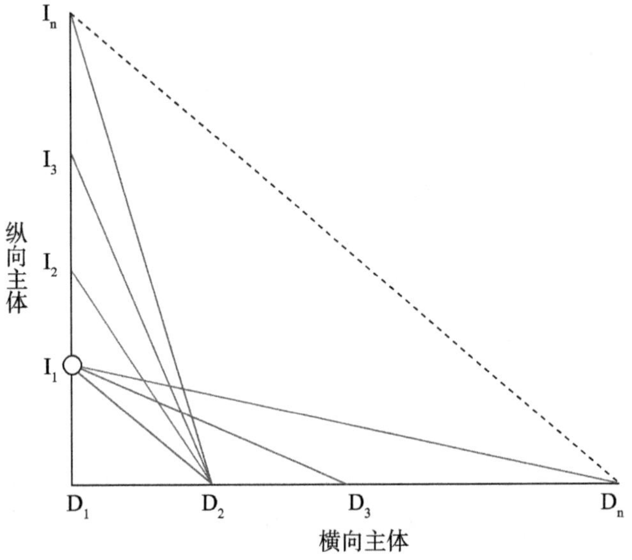

图 1 –6 "一事一统,多元复合"

(四)扇形统合的客体

扇形统合的客体是县域金融工作,这种金融工作体现为一系列的县域治理事务。当说到金融治理时,人们往往会根据金融理论的板块来确定治理的对象。例如,研究金融调控,学者们一般都会谈到货币政策及其运行。① 又如,研究金融监管的学者,一般会联想到监管机构对违法行为的查处。② 还如研究金融交易的理论时,学者一般会想到银行、保险、证券业务开展。然而,扇形统合中的金融治理事务不仅仅是经济法与金融法理论上所展现的金融调

① 杨松:《重建国际货币体系的三步走战略》,载《商业研究》2011 年第 4 期。

② 董世坤:《金融监管机构第三方侵权责任:欧盟经验与中国借鉴》,载《辽宁大学学报(哲学社会科学版)》2013 年第 5 期。

控、监管和交易,也不限于学者后来提出的横向统合规制。①

扇形统合的金融治理事务既包括但不限于上述所说的金融工作或业务,还有下述这些内容:第一,县域治理集体与县人行在县域信用体系建设方面的协作;第二,县银监办协助县政法委书记处理银行涉嫌非法投诉事件(也属于政府信访事件)第三,与农业发展银行共同优化金融政策措施,如后文提及的子县"土坯房改造";第四,制定本土的金融机构考核激励办法,以及对国有商业金融机构县级分支的协调、平衡行为;同时,县域农村金融治理还有一些不可或缺的重要事务,如子县还借助县农商行星罗棋布的村镇网点,执行国家扶贫小额贷款政策②、传播金融知识等。总之,扇形统合的客体往往是县域治理过程中所涉及的金融工作。

这些金融工作不仅仅局限于经济法中的金融监管、调控和交易,而是以整个县域治理事务为范围,囊括在一个由纵横权力运行轨迹圈定的三角形面内。这也是理论上县域金融权力的运行空间。

但是实证发现,县域金融权力并非总是运行在一个理想的三角面内。实践中,由于权力的扩张和责任的扩散,县域金融治理的范围不断扩大,并持续冲击着县域(金融)治理的理论边界,而权力的运行轨迹更类似于一个蔓延后的扇形空间。这是为什么?在回答上述问题之前,我们首先需要理解县域中的金融权力有哪些"科目"?这也是以下的主要研究内容。

(五)扇形统合的权力

县域金融治理中,扇形统合的金融权力形式多元。当前的理

---

① 参见杨东:《我国金融消费者保护统合立法体系的构建——以日本的立法经验借鉴为视角》,载《社会科学》2013年第8期。

② 参见中国银监会与财政部、中国人民银行、中国保监会和国务院扶贫办联合印发的《关于促进扶贫小额信贷健康发展的通知》(银监发〔2017〕42号)。

论研究在县域金融治理的权力运行方面存在若干不足和困境,其根本原因是缺乏一个金融权力运行的理论框架。本书研究与主流经济学说提倡的金融分权理论框架不一样:第一,本书金融权力的理论框架不是权力分配的框架,而是更加注重权力运行;第二,本书金融权力的内容包括但不限于金融分权的概念,主要体现为对半正式与非正式金融权力的补充。同时,我国金融权力的研究众多,但均未“下县”,这是金融权力分析框架的不足。扇形统合是不同形态的金融权力之间的代替和并存机制的突破口,有助于我们解释县域金融治理的权力运行。

实际运行中的县域治理金融权力主要有正式金融权力、半正式金融权力、非正式的金融权力三类科目。

1. 正式的金融权力。正式的金融权力是国家垂直管理的“大一统”金融体系下,国家法律直接赋予了的立法型金融权力和国家金融政策直接赋予了的政策型金融权力。

立法型金融权力是通过全国人民代表大会立法,并以成文的法律直接赋予了的正式金融权力,其权力机构的设置、运行都有明确的立法依据。通过金融法的调节对象①大致推导出三种立法型金融权力:金融调控权、金融监管权和金融交易权。行使金融调控权和监管权的执行主体是国家金融主管部门,即权力金融机构,包括了中国人民银行、国家外汇管理局、中国银行保险监督管理委员会、中国证券监督管理委员会等。同时,由于我国的金融产权和金融资源配置都处于高度国有化和行政化的中央掌控之下,且银行、保险、证券等主要金融业都有明确的立法依据,所以,

---

① 参见朱大旗:《金融法》(第三版),中国人民大学出版社2015年版,第5~6页。

本书将国家对金融机构的实质控制也视为一种立法型金融权力，权力运行的主体是（国有）商业金融机构。立法型金融权力是一种常态权力形式，通过立法型金融权力的构建可以窥见中国现代金融体系的总体框架。权力金融机构和商业金融机构是立法型金融权力的主要掌控者，但这种权力在延伸过程中呈现逐级弱化的状态。

政策型金融权力是国家经济、金融主管部门及其他国家机关、机构，在成文的金融立法以外，通过制定政策来干预金融事务的一种权力行使，其机构或组织的设立、运作与消灭都是以国家金融政策为依据。政策型金融权力的决策主要由国务院、国家发展和改革委、财政部、中国人民银行以及金融行业监督管理部门制定，必要时相关职能部委也会参与。政策型金融权力是一种非常态的权力形式，通常体现为对现下金融事务治理的调整或补充。政策型金融权力对县域治理集体具有绝对的激励与约束，但由于权力形式的非常态性，其权力的运行和状态并不稳定。

2. 半正式的金融权力。半正式的金融权力是体制赋予的地方性金融权力。半正式的金融权力有一个重要的体制背景，即"政治集中—经济分权"结构下中央政府对经济发展权力的下放。我国经过多年的改革和实践，已经初步确立了以国务院、国家发展和改革委员会、财政部和中央银行为主，以银行业监督管理委员会和国家税务总局为辅，必要时由相关职能部委共同参与的宏观调控机构体系。①

除了中央政府之外，关于地方政府是否具有（金融）宏观调控

① 参见国家对市场经济的法律规制课题组：《国家对市场经济的法律规制》，中国法制出版社2005年版，第50~69页。

权学界存在分歧。[①] 反对者认为，宏观调控决策权必须集中于中央，由中央国家机关享有，地方不享有宏观调控决策权，但省级政府可以享有执行的权力。支持者认为，"地方政府必须拥有其管辖范围内可能关涉整体的国民经济事务管理、调控权"，[②]显然，"经济分权"理论支撑了后者的学说。

税收、借贷及发行货币是三种比较具有典型性的经济管理权力，我们也可以根据政府的组成部门划分出相应的经济管理权力，但金融权力始终比较模糊。经济分权学说结合了我国的实际情况，认为地方政府除了无权制定货币和税收政策外，可以通过产业规划、地方预算、公共投资和转移支付等手段对本区域的经济进行调控，所以地方政府在一定范围内也是(金融)调控的主体。正因如此，经济分权的制度赋予了一些地方性金融权力，即金融分权。此外，行政发包制的相关理论扩大了半正式金融权力的解释张力，它认为中央与地方存在"双头垄断"的特点，以解释信息和财政约束下的"集中—分权"内生制衡关系，[③]进而推导出地方政府作为"承包方"对"发包方"实际拥有较强的交涉力。这也是半正式金融权力的制度基础之一。

半正式金融权力的优势在于，地方政府可以通过本级行政权力制定区域金融支持政策，也可以在辖区内直接干预市场主体，配置金融资源，以获取金融资源的相对竞争优势。例如，地方性城商行从事跨区域经营、金融资产交易所和产权交易市场等区域性金

① 参见薛可鹏：《经济法基本范畴研究》，北京大学出版社2013年版，第139～140页。

② 史际春、肖竹：《论分权、法治的宏观调控》，载《中国法学》2006年第4期。

③ 参见周黎安：《转型中的地方政府：官员激励与治理》(第二版)，格致出版社、上海人民出版社2017年版，第66～69页。

融市场建设、民营银行的筹建等。[①] 但是，这些形式在县域中并不多见。实际上，金融权力对于不同层级的地方政府本来就存在差异，在立法层面，《中华人民共和国预算法》（以下简称《预算法》）明确举债主体仅限于省级政府，[②]划分了省与省以下地方政府在借贷方面的金融权限。

3. 非正式的金融权力。非正式金融权力是法律与体制均未明确赋予的金融权力，它是扇形统合权力运行机制衍生的地方性金融权力。非正式金融权力往往没有坚实的法制基奠，而且缺乏半正式金融权力的制度基础与实施条件，其权力的正式性没有明确定义。

专栏2：（县域）非正式金融权力的理论框架

非正式金融权力是一种"寄生型"权力。由于县域金融权力获取在法律与制度方面的障碍，非正式金融权力只能间接行使；那么寄生于一个合法的宿体，是权力运行的先决条件。因此，宿体与非正式金融权力将形成一种"共生体"，宿体的强盛将巩固权力的运行，而宿体的衰亡也将削弱，乃至消灭非正式金融权力。基于以上约束条件，笔者发现，在改革开放四十年的制度变迁中，权力宿体以三种形式出现过：农村合作基金会、供销社和（融资）平台公司。

非正式金融权力是一种"交易型"权力。"交易"是地方治理集体力图打破既存金融权力格局的行动，旨在以金融资源转嫁区域治理成本。笔者最早在县域之中发现

① 参见洪正、胡勇锋：《中国式金融分权》，载《经济学》（季刊）2017年第2期。

② 参见《预算法》第三十五条。

了这种权力形态。20世纪80年代中后期至90年代末，随着农村生产力的解放，县域经济治理的空间迅速扩大，县体制迫切地需要一个可支配的金融交易工具。“交易型”非正式金融权力完美地突破了正式、半正式金融权力的制度约束，成为县域治理集体不可或缺的金融治理助力。

非正式金融权力是一种“组合型”权力。它由地方治理集体支配，对既存地方经济权力进行组合、补充，促使地方经济分权具备了实质的金融配套，提升了本级预算弹性。此外，“组合型”非正式金融权力不局限于“交易”的范畴，它可以脱离“宿体”运行，将调整对象由“金融交易关系”转变为“金融调控监管关系”，从而演变为一种（县域）金融管制权力。但实现这一转变的前提是，它要处于一种“运动型治理机制”①的特殊治理环境之下。

由于正式和半正式金融权力的供给不足，非正式金融权力在县域治理中十分常见，而既有的经济与金融分权研究少有涉猎。关于县域非正式金融权力运行的研究，本书将在第三章作专题研讨。

（六）为什么是“扇形”？

本书研究发现，（县域）金融权力运行主要受到“制度性”和“微观性”两方面影响。纵横分治是权力的制度性基础，它也决定了大部分金融权力的格局；因此也可以认为，“制度性”说明了权力“应该是怎样的”，它是本书第二章和第三章的主要内容。然而在

---

① 周雪光：《运动型治理机制：中国国家治理的制度逻辑再思考》，载《开放时代》2012年第9期。

实践中,还有一些事物持续冲击着县域治理(权力)的理论边界,使县域金融治理权力的运行轨迹并非总是囊括在一个理论上的三角面内,而更类似于在一个蔓延扩散的"扇面"之中。这便是"微观性"对金融权力运行的影响,它可以让我们洞悉权力"实际是如何运行的"。解释权力的"微观性",需要回归到"人的因素",一个关于"己"的推演逻辑,笔者准备在第四章专题讨论("人之权")。以下,仅作简要阐述。

"人的因素"是以"己"为中心,与他人所联系、互动而形成的社会合作机制。君子求诸己,①孔子先承认了一个"己",然后推己及人。在(金融)权力运行的研究中,"己"是学者们不容易关注到的,尤其是法学研究。法学人最关注公权力的"制度性",如"权力在阳光下运行,把权力关进制度的笼子",这个愿景强调了人民群众监督权力运行的制度性构建,因为公共权力从根源上是广大人民让渡的。但是,公权力是一个极其宽广的概念,比如我们根本无法量化人民群众在自己的权力函数中让渡了多少比例,才形成了当下的金融权力体系,这也使我们对一些权力的本源只能笼统地回答。

因此,笔者准备采用一个折中的"权力计量方法",并由此提出一个假设:在"人民让渡→公权行使"的基础上,观察一个"**接受权力让渡的'己'的再让渡**"的阶段。从两方面来认识这个"己":其一,"己"是个人,但他是已经被赋予(被让渡)权力的个人,如县长、局长、行长、(平台)公司董事长等,这些"己"能够代表机构行使权力,却不完全等同于机构的个人。其二,"己"不必然以个人的形态出现,也可能是"被赋予权力的个人"代表的(纵、横)机构;但又区别于那种各司其职、按章办事的(制度化了的)机构,这里更强调

① 参见《论语·卫灵公》。原句为:"君子求诸己,小人求诸人。"

“个人理性对于机构行为的微观性影响”。笔者将这一类人以及由他们所代表的机构之间的合作,视为一种权力再让渡,“扇形”便是在这个机制中生成的。

值得注意的是,我们不能将这些“己”直接视为制度,它们只是衔接制度、构建制度的公式,也是纵横分治主体的(权力运行的)一种微观行动逻辑。以己推人,更多的是对当代(金融)权力运行的反思,以及对本书系列假设的回应。我们国家进步的速度太快了,但文化是稳定的,很少有新的问题;所以,笔者尝试从传统文化的角度去“倒查”(金融)权力运行的微观基础。

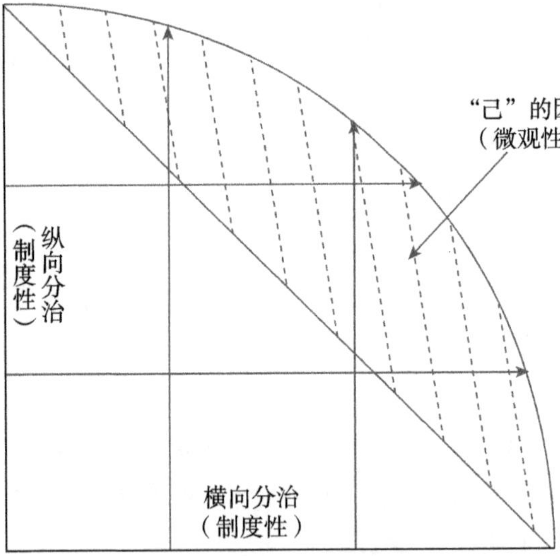

图1-7 蔓延扩散的“扇形”

由于“己”的因素,“扇形”有一个不确定阴影空间(扇面与三角面的差异部分),它是权力膨胀、决策延伸和责任扩散而导致的治理负荷,也是一个(金融)权力运行的不确定空间。至于如何看待这个"不确定空间"，将是本书第五章的内容。

五、余论：入县

一次闲聊，书记感慨道："对于一个农业大县而言，我对金融的认识不是金融产业，不是要孵化银行、保险、证券这些金融产业。"①

在我的印象中，书记不是一个守旧的人。恰恰相反，他算得上深谙金融之道，还时常鼓励基层干部要多学习金融知识，用金融武装治理头脑。对一些"顽固"的治理任务，他往往引导我们多想几个、甚至多想十几个"金融解决办法"。可惜常常事与愿违。县，总是或这或那的缺乏实施条件。

才踏入这片土地时，踌躇满志，总是想着用多么高级的理论知识、多么复杂的交易结构，去帮助子县金融治理。我曾调研过若干本地企业，希望它们按部就班地上市；也曾夙夜孜孜，绘制土地增减挂钩的有限合伙基金架构图，但均未实现。

有那么一段时间，我为县域治理中严重缺乏金融权力而感到深深惋惜。

在我离开时，依然心系子县金融治理。满脑子都是"这笔贷款怎么还？""那笔担保物怎么凑？"两年后，发现自己"变土了"。

两年中，我频繁地接触金融机构，有本地的，也有千里之外的。国家(正式)金融权力"下县"的状态与当今中国金融业的辉煌有天壤之别，它们逐级下沉至县域末梢，开始萎缩弱化；同时，与我一样"变土了"。权力金融机构，为了完成使命，与子县无间合作。商业金融机构，为了做好一笔业务，卸下了"资本大佬"的台面，与子县"精打细算"。

① 访谈编号#20190330。

两年中，但凡下乡，我都会去当地的档案室搜寻农村合作基金会、供销社股金的资料。大部分文件是手写的，泛黄的纸页，还夹杂墨香。一些资料在 1998 年的大水中被淹毁，还有的档案室被多年前一场大火焚灭。看似没过去多少年，但似乎也没多少人把那段“二金”兴衰史讲得明白。没人会想到，那是他们最早的金融权力。

两年中，我的工作太多围绕着（融资）平台公司开展，更像它们董事长的助理。欢声、争执、博弈、妥协、合作无处不在。那时的我，本就是子县金融权力运行的一段插曲。

第二章　纵向统合：县域金融机构

权由天赋。

历史上，儒教文化长期扮演了“天赋君权”的布道者，帮助历代君王借助天意来加强中央权力，治理万邦，并在世袭中积淀而成为传统。中国“大一统”纵向（金融）权力的制度基础，根植于中华数千年古老文明，它启示笔者从更为深厚广阔的历史背景中，探究县域金融治理权力运行的沿与革。

“天赋”，这里指基于包括县域金融治理在内之国家治理意图，而为公共权力提供制度性基础的体制机制。“天”乃是中国传统政治哲学的基本命题，董仲舒针对汉武帝的策问，首谈“天人关系”，为汉建立大一统帝国提供了根本性的理论依据。随着自然科学和唯物论的演进，“天”的至上性被削弱，而以“天”为本，处理纵横政治关系、解释公共权力运行的逻辑，却延续了下来。

“普天之下，莫非王土，率土之滨，莫非王臣”。[①] 但对基层治理，“皇权不下县”，[②]而是通过上下分治[③]的机制，委托县官治理。县因财力拮据，为了用最低廉的官僚成本维持统治体系，县官又不得不利用乡绅的权威进行“简约治理”。[④] 当代中国国家行政权力已经延伸至县、镇，并通过村民委员会、社区等群众组织协助基层治理。无怪乎，当今中国的国家（金融）治理体系和治理能力及其治理成效都是亘古未有的。

改革开放40多年来，中国金融业已今非昔比。从全球范围内来看，中国金融业增加值占GDP比值从2015年开始超过美国、英国、日本和德国等国家。[⑤] 在2020年《福布斯》“全球上市公司2000强排行榜”前十名中，中国的金融机构占据半壁江山，[⑥]其中，“宇宙行”（中国工商银行）连续8年蝉联榜首。

然而，笔者在子县之见闻，国家（正式）金融权力“下县”的状态

---

① 参见《诗经·小雅·谷风之什·北山》。

② 许多学者将“皇权不下县”作为在探讨当代基层治理的一种“定式”。参见姚洋：《作为制度创新过程的经济改革》，格致出版社、上海人民出版社2008年版，第17页；李志明：《空间、权力与反抗——城中村违法建设的空间政治解析》，东南大学出版社2009年版，第71～73页；陈义平、徐理响主编：《当代中国的基层民主建设》，安徽人民出版社2014年版，第38页。这可能有失偏颇。我比较赞同胡恒对“皇权”的定义，即“皇权不下县”其实是一种狭义理解，特指国家正式委派官职或行政机构的物理布局，而广义上的“皇权”应是无所不在。参见胡恒：《皇权不下县？——清代县辖政区与基层社会治理》，北京师范大学出版社2015年版，第31页。

③ 参见曹正汉：《中国上下分治的治理体制及其稳定机制》，载《社会学研究》2011年第1期。

④ [美]黄宗智：《集权的简约治理原则——中国以准官员和纠纷解决为主的半正式基层行政》，载《开放时代》2008年第2期。

⑤ 详见Wind咨询，2015年，中国、美国、日本、英国、德国金融业增加值占GDP比重分别为8.4%、7.2%、4.4%、7.2%和4.4%。

⑥ 中国工商银行（第1位）、中国建设银行（第2位）、中国农业银行（第5位）、中国银行（第10位）与平安保险集团（第7位）。

与当今中国金融业的辉煌有云泥之别。“天赋”的金融权力逐级下沉至县域末梢,显现出萎缩弱化的状态。县人行不能完全独立履职,县银监办需要“众筹”才能维持基本运转,证监会、保监会迄今为止都没有任何县级派驻机构。笔者还观察到,县域银行业的割据分明、保险业的有心无力、证券业的暗流涌动等。然而,现有金融学和金融法学理论未能充分地解释上述图景,正式金融权力“下县后,如何运行”的黑箱尚未被打开。如果我们能够观察到国家金融管理部门在县域的治理参与,这就为地方,尤其是基层金融监管和金融调控总结了经验教训;为政府在县域金融市场的运行中发挥更好作用提供了启示。

因此,本章的研究目的在于解释扇形统合的类型之一:纵向统合。从扇形统合的权力运行模式看来,县域纵向金融权力是在上级派驻在县域中的享有金融调控、金融监管和金融交易权的分支机构。抚今追昔,笔者发现,改革开放40余年,我国金融体系改革健动不息。计划经济时代人民银行的“大一统”体系逐步分化。国家通过立法,一方面,建立了以一行两会为代表的权力金融机构,行使金融调控和监督管理权;另一方面,垄断了金融产权和金融资源配置权,设立了以银行业、保险业、证券业为代表的高度国有化的商业金融机构,并将商业金融机构置于权力金融机构的纵向管理之下。如此,形成了当代金融领域的“天赋”权力体系。

之所以定位为“纵向”,是因为县域中的这些金融权力都是沿着自上而下的轨迹运行,它们的物理形态往往是逐级派驻延伸到县域的金融分支机构,他们受上级领导和管理,不受县域治理集体的行政约束。有学者将这种纵向设置的体制称为“纵向割据型的行业法规制构造体制”。① 不过,这些纵向的权力分支随着行政级

① 杨东:《论金融法的重构》,载《清华法学》2013年第4期。

次的下沉，显现出逐步萎缩弱化的状态，尤其是权力金融机构，直至县域，已是“强弩之末”。然而多年来，县域却呈现相对稳定的金融治理秩序。这是为什么？权力金融机构是如何维持这种相对的稳定？商业金融机构又是如何与县域治理集体相处的？因此，本章需要探索的问题可以归纳为：**县域金融治理中，县域金融机构(的权力)“实际如何运行”**？

在实证研究的基础上，笔者发现并提炼了这种扇形统合的类型——纵向统合。具体而言，在县域金融治理中，纵向分治的主体会以履职、交易、倚重为目的主动与县进行统合，笔者将其称为纵向统合。纵向分治的主体既有权力金融机构，亦包括了商业金融机构，这也是本章的分析对象。本章分为五节：第一节介绍了纵向金融权力(在子县的)的沿与革；第二节阐述了子县权力金融机构的履职统合；第三节阐述了子县商业金融机构的交易统合；第四节阐述了子县农村信用合作社(2016 年后改制为农村商业银行)的倚重统合；第五节阐述了子县政策性银行(农业发展银行)的复合统合。本章注重厘清“纵与横”的统合主体关系，将要论证的命题可以表述为，**县域金融治理中，县域金融机构的权力实际是通过纵向统合的模式运行的**。

一、纵向分治：天之权，健动不息

权无常式，分久必合，合久必分。子县金融，沿革如斯。

新中国成立以来，国家金融体系改革不断超越当下，向上、向前进取。在 1978 年以前，我国金融体系为计划金融体制，所有从事金融业的部门和机构都是中国人民银行的下属机构。[①] 1983 年，国

① 参见王瑞敏：《由乱而治：中国人民银行与地方政府的关系》，载《现代商业》2008 年第 8 期。

务院颁布《关于中国人民银行专门行使中央银行职能的决定》，中国人民银行开始向现代中央银行转型，[①]“大一统”的金融体系逐步分解为权力金融机构和商业金融机构：“一行两会”构成了我国金融业分业监管的格局，行使中央金融调控权和监督管理权；国有独资商业银行为主体，与多种金融机构共同组成了我国的商业金融机构体系，被置于权力金融机构的管理下，垄断了金融产权和金融资源配置。随着中国金融法制日臻完善，立法型金融权力从无到有、从有到优，自上而下从中央延伸到地方基层。

笔者为了理解基层的纵向金融权力运行，深入子县实地考察发现，基层治理集体对于顶层金融权力更多是顺从、接纳，但权力的物理形态仍不可避免地趋于弱化。本节将讨论的主要问题是：**随着立法型金融权力四十年的演进，子县的金融体系发生了什么**？

（一）元权：一行独存（1950～1977年）

笔者首先考察的是中国人民银行1959年至1978年期间在子县的存在状态。该期间，中国人民银行的存在状态可以用“一行独存”来形容，即在计划经济体制下，中国人民银行子县支行（以下简称县人行）作为唯一的金融机构，统管全县金融事务。[②] 据子县县

① 中国人民银行原行长吕培俭回顾，1983年9月，国务院颁布《关于中国人民银行专门行使中央银行职能的决定》。依据这个决定，人民银行从1984年1月1日开始，不再承办工商企业信贷和城镇储蓄等专业银行的业务，成为专门行使中央银行职能的中央银行。这是改革开放后银行体制的一次重大改革。参见吕培俭：《我国中央银行体制确立的回顾》，载《中国金融》2009年第16期。

② 期间，中国农业银行子县支行和中国人民建设银行子县支行有一段恢复设立的短暂历史，但受到县人行的极大约束。中国农业银行子县支行，最初于1956年4月15日从人民银行划出农村金融业务设行，1957年7月1日并入县人民银行。1964年1月26日又划出分设，1965年12月2日复并入县人行。1962年成立中国人民建设银行子县办事处，主办××电厂修建工程及其他基建拨款业务，兼办3县的基建拨款事宜。1964年××电厂竣工，办事处撤销，基建拨款由县人行办理。

志记载,1950年,中国人民银行省北分行(化名)和县军管会组成接管旧银行的军管小组,接管中国农业银行子县办事处、省银行子县分行及子县银行的全部资产,建立县人行。1968年11月5日,县人行成立革命委员会,1978年12月28日,撤销革命委员会,恢复县人行原机构职能。①

从1950年中国人民银行子县支行成立,直到1977年中国人民建设银行子县办事处恢复,这27年间,子县人行独自承担了子县全部的金融治理职能。笔者将子县这段时期内的金融治理格局总结为"一行独存",将这种金融权力的状态称为"元权"。

"万物所资,皆由元出,以见乾元之大。"②元者始也,"元权"是扇形统合中一种极限的权力运行方式,它始于我国计划经济体制的特定环境,金融权力呈单线垂直的轨迹运行,在整个治理场景中几乎没有横向权力的参与。"元权"既是一切金融权力的总和,也是笔者研究金融权力运行的逻辑起点,乃物之本,事之始。随着银行体系的专业化、商业化演进,这类极限的纵向权力运行机制逐步瓦解。不过,这仅仅是一个新的开端。

(二)分权:一行分化(1977~2004年)

1. 多专的分立(1977~1993年)

1979年10月,邓小平在全国省委第一书记座谈会上,提出银行应该抓经济,要把银行真正办成银行,为金融改革指出了方向。③随即一系列改革,使"一行开始分化,多专开始建立"。"一行"开始

---

① 子县地方志编撰委员会:《子县县志(1991~1997)》,×省人民出版社1992年版,第574页。

② [清]胡煦:《周易函书》第二册,中华书局2008年版,第494页。

③ 参见文炳勋:《新中国金融体制的历史演进》,载《中共党史探究》2006年第4期。

分化，指的是中国人民银行按照专业领域划分业务，相继成立中国农业银行、中国银行等国有专业银行。[①] 在中央，1979 年 2 月，中国农业银行恢复设立；1979 年 3 月，中国银行从人民银行中分离出来；1984 年，中国工商银行成立。

对于健动不息的国家正式金融权力变迁，子县展现出柔顺性、接纳性的品格。子县从 1977 年开始，拉开县人行专业化进程的序幕。1977 年 3 月恢复建设银行县办事处，行政隶属当地政府，业务由地区建设银行中心支行直接领导。1979 年 1 月，办事处升级为支行。1980 年 1 月 1 日，中国农业银行县支行恢复机构，主管支农资金，办理农村信贷，并对农村信用社实行业务领导。1984 年 1 月 1 日起，县人行开始加挂工商银行的牌子，1986 年 7 月 1 日正式分设工商银行。1991 年 9 月 21 日，中国银行县级支行正式成立。

1993 年前的 16 年间，子县金融环境稳定、金融服务供给和金融市场开拓等治理任务，几乎都处于县人行和若干专业银行的管理范畴。虽然“元权”的极限运行模式受到分化，但县域金融权力运行总体上还是处于一个相对纯粹的“纵向权力主导”时代。

2. 多商的建立（1993～2004 年）

“多商”，是指以我国专业银行改制为转折点，保险、证券等金融机构加速商业化进程，并逐步开拓金融市场业务，形成了相对成熟的区域性布局。

邓小平 1992 年初南方谈话以后，我国第一次提出建立以国有

① 参见宋士云：《中国银行业市场化改革的历史考察（1979－2006）》，人民出版社 2008 年版，第 97 页。

商业银行为主体的金融组织体系的改革目标。① 1993 年 12 月国务院印发《关于金融体制改革的决定》(国发〔1993〕91 号)明确了与社会主义市场经济改革方向一致的金融改革的主要内容:“建立以中央银行为核心的金融宏观调控体系,建立国有商业银行为主体、多种金融机构并存的金融组织体系,建立统一开放、有序竞争、严格管理的金融市场秩序。”此后,国有专业银行开始转变为国有商业银行,只承担商业性的业务,不再按专业领域划分业务。② 如此,除中国建设银行、中国工商银行、中国农业银行和中国银行四大行以外的全国性商业银行,如华夏银行、上海浦东发展银行、海南发展银行、中国民生银行相继成立。③

1993 年,子县按照国家统一部署,域内的国有专业银行开始商业化转型,保险、证券等金融机构(县域分支)的改革接踵而至。笔者选择性地列举了当时的一些标志性事件:第一类是银行业。1996 年,子县农村信用合作社联合社与子县农行脱钩,独立成为合作金融机构。2003 年 11 月 8 日,市商业银行县级支行成立,标志着地方性商业银行的入驻(县域);第二类是保险业。1996 年 5 月,根据《中华人民共和国保险法》(以下简称《保险法》)规定,财产险、人寿险分业经营,中国人寿保险公司子县支公司因此重组,分

---

① 参见文炳勋:《新中国金融体制的历史演进》,载《中共党史研究》2006 年第 4 期。

② 参见王宇:《中国金融改革开放四十年》,载《西部金融》2018 年第 5 期;刘向民:《我国金融法治建设四十年》,载《中国金融》2018 年第 15 期。

③ 华夏银行于 1992 年 10 月在北京成立;上海浦东发展银行是 1992 年 8 月 28 日经中国人民银行批准设立;海南发展银行成立于 1995 年 8 月,是海南省一家具有独立法人地位的股份制商业银行,其总行设在海南省海口市,并在其他省市设有少量分支机构;中国民生银行是中国大陆第一家由民间资本设立的全国性商业银行,成立于 1996 年 1 月 12 日。

别设立了财产保险和人寿保险股份有限公司子县支公司;①第三类是证券业。1996 年,省证券市场营业部设子县服务部,标志着子县证券业的兴起。在往后的许多年里,子县的商业金融机构不断完善、扩张,演变为一个丰富多样的纵向金融交易权力布局。2004 年前的这 11 年,是子县的"多商"时代。

自"多商"时代起,金融权力的天平开始逐渐向横向治理集体倾斜。金融机构的商业化演进不可避免地分裂了正式金融权力的集聚形态,"纵向权力主导"的县域金融治理模式开始褪色。此外,在同业竞争和资本激励的驱使下,商业金融机构变得越发"主动",频繁寻求与县域治理集体的互动,纵横权力间的博弈也逐渐明朗化。纵横(金融)权力此消彼长便是从"多商"时代开始的。然而,这不过是另一个开端。

(三)散权:分业隐现(2004 年至今)

随着商业金融机构的不断扩张,防范系统性金融风险越发重要,迫切需要国家加强对金融行业进行专业化监管。为此,我国开始探索银行、保险、证券、信托"分业经营、分业管理"的方式。②

---

① 子县最早的保险机构,是省银行信托部子县汇兑所。1937 年,受上海兴华、太平、安平、丰盛等保险公司重庆支公司委托,代理建设、邮包及兵险业务。南京民国政府时期,子县设置了保险业务代办机构,承办建筑、盐运、火灾、邮包、木船运输保险及简易人身保险、员工团体寿险、猪只耕牛保险等,但均在子县解放时停办。中华人民共和国成立后,县人行保险代理处开始营业。1951 年 1 月升格为特约代理处。1952 年 10 月建立中国人民保险公司子县支公司,隶属县政府和省分公司领导,并为省分公司代管其他两个县的保险业务。1956 年 11 月更名为中国人民保险公司子县公司,该公司于 1958 年 4 月并入县财政局(设保险科),又于同年 9 月划归县人行(设保险股)。1959 年 1 月,根据省人委指示,停办保险业务,撤销机构,清理退保。1981 年 3 月,根据中国人民银行通知恢复保险业务,人员和机构编入县人行信贷股。1982 年 8 月,设立中国人民保险公司子县支公司。

② 参见胡仁彩:《金融业混业经营》,载《商业研究》2006 年第 3 期。

成立于1992年的国务院证券委员会和中国证券监督管理委员会,[①]预示着国家开始酝酿构建现代化的分业监管体制。1998年,中国保险监督管理委员会(以下简称中国保监会)成立。2003年,根据第十届全国人民代表大会第一次会议批准的国务院机构改革方案和《国务院关于机构设置的通知》(国发〔2003〕8号),又设立了中国银行业监督管理委员会(以下简称中国银监会)。至此,我国形成了"一行三会"(2018年国家机构改革后为"一行两会")的权力金融机构格局,并延续至今。

笔者从子县观察发现,国家分业监管体系的"物理布局"几乎没有延伸到县域,金融行业监管机构并非每个地方治理集体必需的行政配置。例如,中国保监会只在全国各省、自治区、直辖市、计划单列市设有36个保监局,以地级市为单位的保监局寥寥无几,[②]子县没有设置中国保监会、中国证监会任何派出机构。得益于人口大县的优势,子县银行业较为繁荣,而获得市银监局在子县设立了办事机构,这为观察县域金融监管权力运行提供了珍贵的样本。2003年12月,市银监局子县办事处(以下简称县银监办)成立,主要职责是根据《中华人民共和国银行业监督管理法》对子县辖区内银行业金融机构进行监督管理。[③] 不过多年来,子县银监办仅一人驻守,不具备法人资格,也不能单独以银监会(局)的名义对外行使

① 1998年4月,根据国务院机构改革方案,国务院证券委与中国证监会合并组成国务院直属正部级事业单位。由此,集中统一的全国证券监管体制基本形成。

② 中国保险监督管理委员会内设15个职能机构和2个事业单位,并在全国各省、自治区、直辖市、计划单列市设有36个保监局,在苏州、烟台、汕头、温州、唐山市设有5个保监分局。

③ 子县县志编撰委员会:《子县县志(1988-2005)》,方志出版社2012年版,第309页。

职权；笔者将其称为“一办”。①

中国人民银行子县支行、若干商业金融机构县级分支和一个不能独立行使职能的银监办，即“一行一会多商”，构成权力金融机构和商业金融机构布局在当代子县的纵向金融体系。或者说，“一行一会多商”是当代纵向金融权力在子县的“散权”布局形态。

“乾，上出也。”上出者，向上而超出之，即不断地上达，由低维时空向高维时空上升，超越所置身的现成性。② 金融改革，健动不息。子县“一行一会多商”权力格局，这又是一个螺旋上升的新起点。

二、履职统合：县域权力金融机构

权为钦差，是中央派驻县域的“外来”力量。

在信息闭塞的古代中国，君王既想以最廉价的成本获取信息、解决问题，又不愿权臣做大；所以，君王派心腹担任钦差大臣，承天命行权，但事毕后又立即撤销。③ 如今，这些矛盾没有那么突出了。现代的信息技术和财政实力支撑国家机器建立起纵向常态化的分支机构，既不至于过度分权，又能够担负起一个相对稳定的信息传递机制，如子县的“一行一会”。

本节的分析对象是权力金融机构的县域分支，它们由中央派驻，行使特定的金融管理职能，不受当地支配；它们与历史上的钦差有云泥之别，或者说，“差事”还是“钦定”的，但“大臣”已经不是了。

① 2018年3月，根据《国务院机构改革方案》，将中国银行业监督管理委员会和中国保险监督管理委员会的职责整合，组建中国银行保险监督管理委员会。根据中编办确定机构改革方案的顺序，银保监会县级派出机构的“三定”方案需要在省级派出机构明确后才能确定。直至笔者离开子县之日，银保监会的县级派出机构还没有挂牌。

② 陈赟：《〈易传〉对天地人三才之道的认识》，载《周易研究》2015年第1期。

③ 钦差（大臣）尤在明清两代盛行，君王因此不设宰相，使皇权空前强大。

“一行一会”是子县权力金融机构的物理形态,可理解为一种“质”。古人判分“质”有刚柔,为天地阴阳气聚。① 受近代机械主义与唯物论的影响,人们将“气”理解为能量与信息的总体,其形式始终处于聚散无常、往来无尽的变化中,气聚而质形,气散而质解,②“质”因气之聚散成就了央地权力金融机构布局的物理差异。

因此,我们看到,在科层能级低下、信息成本高昂的子县之中,国家权力金融机构不断弱化,只剩了“一行一会”;尽管如此,改革开放40余年里,“一行一会”肩负起了诸多重要金融职能,子县总体上保持着相对稳定的金融治理秩序。稳定的背后,则是权力金融机构和县域治理集体在履职尽责上的通力合作。笔者将上述权力运行的模式提炼为:履职统合,这是(县域)权力金融机构以履职为目的,主动与当地治理集体进行的纵向统合。

本节探究的是,**县域权力金融机构(的权力)“实际如何运行?”**

(一)一行:烂柯人

传说西晋有一农者,名王质,因观仙人下棋,废寝忘食。看着看着,他发现身旁的树叶一会黄一会绿,也不知道变了多少回。王质起身拾斧,才发现斧柯已朽,只剩下一饼锈刃,原来百年已逝。③

笔者采访完市县两级行长、工作人员,然后又林林总总得了许多材料,差不多三个月的子县银行业调研,县人行给笔者一种恍如隔世

① 质与气,源于中国古代农业社会对天象、时令等自然现象运行规律的朴素科学分析。(宋)张载《横渠易说·说卦》:“阴阳,气也,谓之天;刚柔,质也,谓之地。”阐述了质与气的区别。(宋)黎靖德《朱子语类》卷十二《易十二·系辞下》:“刚柔者,阴阳之质。”阐述了质与气的关系。

② 陈赟:《〈易传〉对天地人三才之道的认识》,载《周易研究》2015年第1期。

③ 南朝梁任昉《述异记》:信安郡石室山,晋时王质伐木至,见童子数人棋而歌,质因听之。童子以一物与质,如枣核,质含之而不觉饥。俄顷,童子谓曰:“何不去?”质起视,斧柯尽烂。既归,无复时人。

的感觉。县人行,从新中国成立之初的军管小组演变而来,经十年“文革”,受开放洗礼,曾“一行独存”集合全域金融权力,又步步分权、散权,而今“大权旁落”,甚至在一些领域已不能独立履职。在笔者看来,县人行就是当代(县域)金融治理的“烂柯人”,饱经沧桑巨变。

根据《中华人民共和国中国人民银行法》(以下简称《中国人民银行法》),①中国人民银行是中华人民共和国的中央银行。中国人民银行在国务院领导下,制定和执行货币政策,防范和化解金融风险,维护金融稳定。子县人行是中国人民银行的派出机构,②负责维护辖区的金融稳定、指导国家宏观金融政策落地和执行,以及承办有关业务。改革开放四十余年来,子县人行的机构编制不增不减,一直维持在20至30余人,但其权力及所处的金融治理环境已经翻天覆地。笔者根据不同的独立程度和能量、信息禀赋,划分出三个履职类型的梯次:独立型履职、求助型履职、依赖型履职。

1. 独立型履职

独立型履职,是指县人行在履职过程中,不需要对任何横向治理主体进行统合,可以完全独立行使纵向金融权力的履职形式。独立型履职是纵向权力体系赋予子县人行“强能量强信息”的表现,主要包括:央行评级、对地方法人金融机构的再贷款等。

央行评级,是县人行对县域内银行机构的一种考核办法。“一行三会”(2018年后为“一行两会”)的格局形成后,人行对金融机构的监管职能随之剥离,央行评级机制是人民银行履职中为数不多的直接监管举措。央行评级首先是一种调控机制,重点关注银行的宏观审慎要求,以及考察金融机构对中央金融政策执行情况,

① 参见《中国人民银行法》第2条

② 参见《中国人民银行法》第13条。

旨在防控金融系统性风险。此外,央行评级是一种激励机制,如对于评级较高的银行,可以获得“降息降准”的奖励,而评级偏低的银行将面临追加存款保证金的“惩罚”。

不过,央行评级的权力决策与执行是分设的。金融机构的信用等级由中国人民银行总行统筹决策,县人行没有直接调控或激励的权力,只能将当地的评级结果逐级上报作为决策参考,并执行上级的决定。就县人行而言,央行评级仅仅是一种“对上建议权”。

县人行对地方法人金融机构的再贷款,是另一项比较具有代表性的独立型履职。地方法人金融机构,有地方农商行、城商行等;相对国家独资、控股的大型金融机构而言,它们的规模小、门类多、彼此独立。

值得注意的是,再贷款虽然能够独立履职,但权力运行的空间实际上非常有限。据县人行行长介绍:“我们再贷款的对象仅限于子县农商行,方向必须是‘支农支小’。①”究其原因,主要是县域行政纵深狭窄、金融资源聚集度较差,限制了权力的扩张。

此外,县人行能够独立运行的金融职权还包括反洗钱、经理国库、稳定货币流通等。

2. 求助型履职

求助型履职,指的是县人行总体上能够开展常态化的独立履职,但在遇到特殊情况的时候,需要对横向治理主体进行统合的履职类型。

收集、提供国民经济运行和社会事业发展情况,是比较典型的求助型履职。县人行金融管理部是进行统计、调查的主要履职部门。

---

① 访谈编号#20190101。县人行再贷款是直接的货币投放,就县域而言,一般会限定于支持当地的小微企业和涉农事业发展。

金融管理部内设若干调查队，它们的主要任务是采集当地金融市场的原始分析数据，为权力金融机构制定宏观金融政策，提供最基础的技术支撑。调查队的工作是常态化的，县人行将采集到的数据源源不断地向上级单位供应，尽可能客观地反映一个地方的经济运行全貌。

县人行副行长说："人民银行的货币政策对国民经济运行具有重大的影响力，所以，格外地注重数据的真实性和客观性。一般而言，上级都是要求我们自主调查，通常不会简单直接地采纳地方统计数据。"①

然而，当县人行在执行一些大型、紧急的调查任务时，由于受客观条件约束，不得不寻求县政府及相关部门的协助。

县人行副行长说："我们经常会接到临时性的紧急调查任务，比如国家突然需要了解某一个指标，人行体系必须立即在全国范围内开展随机调查，一般要求 2～3 天内完成样本采集。例如，去年（2018 年）临时接到一个关于'农村居民收入'的快速调查，上级要求采集 200 个样本。这种临时性调查，我们人手不够、民情不熟。所以，我们一方面在内部紧急抽调人员，另一方面必须请求县统计局协助制定调查方案、增派人手采集样本。"②

不难发现，人行上下机构呈现逐级萎缩弱化的趋势。县人行在履职过程中，即使能够保持常态化的运转，但其应急能力、动员能力都受到极大的约束。

3. 依赖型履职

依赖型履职，指的是县人行处于能量匮乏、信息闭塞的治理场域中，无法独立进行履职，必须辅以纵向统合才能完成的履职类

① 访谈编号#20190101。
② 访谈编号#20190101。

型,比较典型案例是社会信用体系建设。

推动社会信用体系建设,是中国人民银行的一项重要职责。信用体系对社会主体进行甄别,揭示信用优劣,警示信用风险,并通过法律法规的顶层设计来褒扬诚信,惩戒失信;而这一切都建立在社会主体的基础信息采集之上,得益于若干个县级人行的点滴贡献。不过,这项工作涉及行业众多、数据采集口径繁杂,县人行根本无法独立履职,所以,十分依赖本土治理集体的配合。

2019 年 1 月,县人行在子县承办了一次政府、银行和企业的三方座谈会,旨在推广一种(由市人民银行自主研发的)在线融资对接服务平台。① 会前,县人行行长多次邀请子县县级领导出席,并希望县发改局、科工信局、工商局、金融办等部门参会。笔者有幸作为县政府代表参加了这次座谈会,并借此机会对市人行副行长就县域信用体系建设做了一次访谈。

市人行副行长说:“信用体系建设涉及的主体分为个人与企业两种类型。以收集企业信息为例,县级人行与当地金融机构所能直接掌握的信息,仅限于曾经合作的客户,信息采集的全面性严重不足。所以,我们这次的活动也有意通过平台的搭建,提高企业主体‘供给’信息的主动性。同时,我们更希望与政府的公共服务平台进行数据对接,全面提升信息的广度和深度。”②

在信用体系建设方面,县人行对子县治理集体的期望很高。县人行副行长说:“征信管理局是中国人民银行的一个职能部门,目前只建立了企业信用信息与个人信用信息两个板块。在企业信

① 据与会人员介绍,该平台一方面是为了推进中小企业信用体系建设、产融结合,解决银企信息不对称问题,发挥信用促进信贷的积极作用。另一方面是为了拓宽人行与政府的信息分享渠道。

② 访谈编号#20190131。

息方面，主要依靠地方政府及有关执法部门的配合。目前，我们已经采集了法院执行方面的信息，而我们一直希望获取公安涉案涉诉、工商部门的正负面清单，甚至是企业水电气方面的信息。”①

（二）一办：众筹下的制衡

中国银行业监督管理委员会统一监督管理银行、金融资产管理公司、信托投资公司及其他存款类金融机构，维护银行业的合法、稳健运行。② 子县银监办于2003年成立，在县域范畴内履行上述的职责。

县银监办是国家银行业监管体系在县域设置的派出机构办事处。值得注意的是，并非全国的县级辖区都驻有银监办，据说是因为子县人口超过百万，当地银行业相对繁荣，所以，市银监局对该区域的银行业监督工作比较关注；这是能量与信息在空间分布上，具备相当程度的集中化和凝度后，被纵向赋予金融权力而成“质”的一个实例。③ 不过，县银监办机构配置十分薄弱，常年只有一人（银监办主任）驻守，甚至连经费、场地都需要向县政府和县人民银行筹集，是一个靠“众筹”才能维持基本运转的弱势部门，但十几年来，县银监办的监管效力似乎从未被动摇；对于子县治理集体而言，它一直是不容忽视的纵向制衡力量，笔者将这种现象提炼为“众筹下的制衡”。

1. 一贫如洗

县银监办的工作条件十分简陋。县银监办的办公场所位于原

---

① 访谈编号#20190131。

② 参见国务院办公厅《关于印发中国银行业监督管理委员会主要职责内设机构和人员编制规定的通知》（国办发〔2003〕30号）。

③ 为探寻子县银监办成立的渊源，我访问了县人行、县银监办、县金融办等机构的相关负责人，但没能获得一个统一的官方回复口径。因此，文中提及的“人口因素”是笔者根据访谈内容和经验进行的主观推测。

县人行旧址。2003年,县人行按照国家金融改革部署,将银行业监督的职能划转到县银监办,然后举家搬迁,与县银监办分开办公。县人行保留了旧址产权,免费提供作县银监办工作场地,至今未向其收取租金。笔者在实地调研时也观察到,银监办的办公设施十分陈旧、简陋。

县银监办主任说:“这个场地是2003年人行在职能划转时提供给银监办的,我们只有使用权,没有所有权。办公室还是十几年前的样子,从来没有装修过。我们甚至请不起清洁工,平时的保洁工作都是自己做。”①

自2003年子县银监办成立以来,一直只有办公室主任一人驻守,没有其他工作人员。县银监办主任说:“县银监办不能独立发文,内设机构也没有资金账号,没有公章,所有履职都是在市银监局的指导和安排下进行的。”②

目前,我国的银行业监督体系还没有实现(中央—省—市—县)四级行政区域的全面覆盖,③子县银监办实际上还负责管理一个邻县的事务。与县人行不一样的是,县银监办是一个内设机构,而不是派出机构;或者说,县银监办只是市银监局的内部工作科室,不具备法人资格,不能单独用银监会(局)的名义对外行使金融监管权。因此,增派工作人员对县银监办的意义并不大。

2. 化缘

子县银监办成立以来,经费开支十分拮据,常年求助于县政府

---

① 访谈编号#20190201。

② 访谈编号#20190108。

③ 原中国银监会在全国22个省、4个直辖市、5个自治区以及5个计划单列市共设有36个派出机构。

支持。2018 年,笔者亲身经历目睹了市银监局副局长带队来子县政府"交流",表示希望县财政在经费上给予一些支持。

县银监办主任说:"实际上,银监体系向地方政府'化缘'的行为已经持续数年,其范围不仅仅限于县域,省、市银监局每年也会对地方政府申请资金支持。"①

类似的情况,人民银行体系也曾出现。

县人行副行长说:"向地方政府'化缘'是无奈之举。随着公务员待遇的上升,我们系统的待遇跟不上了。尤其在基层,很多优秀的年轻人不愿意留下来。不过,总行近年来改善了我们人员待遇上的一些问题,并明令禁止各支行向地方政府寻求资助,以保持人民银行的独立性。但银监方面就比较困难了,地方政府至今还延续着资助它们的惯例。"②

3. 浅谈权力的微观性基础

在纵、横权力主体的支持下,县银监办总算拉扯起了一个像样的门面。由于它在物质上太脆弱了,简单地看,作为国家正式金融监管权力的象征,很难想象它能发挥多大作用。然而,这却是一个认识上的误区。

2016 年,子县一家房地产公司由于资金链断裂导致项目停工,房屋买受人、承建附属设施包工头、农民工等集体上访。上访群体不仅到县委、政府群访,还专程到市银监局上访,投诉县商业银行对开发商审查不严。市银监局紧急对涉及案件的商业银行进行了调查,并未发现银行在履职过程中有存在渎职行为。但是,鉴于上访群体的坚持,县银监办主任主动拜访,并向县政法委书记分析了

---

① 访谈编号#20190201。

② 访谈编号#20190131。

上访事件可能导致的后果:如果出现连续三个月的大面积“断供”①,即使银行没有履职失责,县银监办也有权上报市银监局,停止县域内商业银行的所有按揭业务,将严重损害子县金融形象和市场秩序。县银监办主任的建言引起子县治理集体的高度重视,由县政法委书记牵头组建了专门的工作领导小组,在县银监办的协助下,解决纠纷、处置资产、督促履约、恢复建设,使突发舆情得到迅速控制。

上述案例,使笔者想起春秋时期,天地人各有其道。《周易》以“三才”的运行轨迹及其错综复杂的关系,来理解事物信息与变化。笔者并非《周易》热衷者,但《周易》“天—地—人”坐标式论证方法,对一个维度的分析对象进行多重尺度解剖的思路,却启发笔者引入“人的因素”,观察“众筹”下的子县银监办是如何发挥“制衡”治理功能的。假设上述案情按部就班地发展,子县将陷入一种制度性的“中规中矩”的被动。所幸银监办主任主动“求变”,县政法委书记当机立断,这些“人”使得子县金融权力运行的轨迹变得完全不一样,有效化解了重大舆情事件。这些“人的因素”,笔者称其为权力的微观性基础。实际上,纵、横能量与信息的聚合众筹,皆为权力的制度性基础,却各有限制。例如,国家立法赋予了正式的金融监管权力,地方财政保障了权力运行的物质基础,不过这个结果是静止的;而变化气质者,唯人能之。② “人的因素”作为权力的微观性基础,成为观察(金融)权力运行的另一个尺度。“人的因

① (房贷)断供,通常指投资因重大变故导致经济状况恶化,无力承受每月的**月供**而违约。此处案例中的“断供”,并非购房者自身经济能力的恶化。

② 《荀子·礼论》说:“天能生物,不能辨物也;地能载人,不能治人也;宇中万物,生人之属,待圣人然后分也。”诚如前篇谈及,我并非“三才”思想的热衷者,但的确受到了这种方法论的启发。顶层、基层的制度性基础与参与者的微观行动,都是我观察(金融)权力运行的坐标和(多重)尺度。

素”是非制度性的,它隐没于权力的制度性之中,往往在解决一些突发矛盾时才会显现出来;即便如此,它对县域银行业治理的纵向制衡,一直存在。所以我们看到,子县尽管财力拮据,却始终保持迁就着县银监办“化缘”的惯例。如此,显形的国家金融纵向权力监督与隐形的当地“人的因素”,保障了改革开放40余年里子县总体上相对稳定的金融治理秩序。这也是权力金融机构与县域治理集体在履职尽责上通力合作的缩影。

三、交易统合:县域商业金融机构

权为交衡,是相互牵制、反复博弈、交叉感染的一种微观社会结构。

福柯(Foucault,1999)提出了一种后现代的权力观,他认为,现代是由各种规则和关系形成的一个“全景监狱”(panoption),每个人犹如马戏团中的驯兽,既是操练对象又是操练工具,受到了无处不在的支配;这些形式看似微不足道,却正在侵蚀一些国家正式、重大的机制,实施自己的程序。①

这种权力观契合了笔者对于“多商时代”的假设,子县纵横权力格局的此消彼长,便是从“多商时代”开始的。在本节,笔者将以县域商业金融机构的“交易统合”为主线,对权力主体的微观性分析稍作深化,同时也非常关注这些微观结构是如何一步一步侵蚀彼此的(权力)制度性基础。

交易统合,指的是县域商业金融机构在同业竞争与资本激励的驱使下,以金融交易为目的,主动与县域治理集体进行统合的行

① ［法］米歇尔·福柯(Michel Foucault):《规训与惩罚:监狱的诞生》(修订译本),刘北成、杨远婴译,生活·读书·新知三联书店1999年版。

为。为尽可能地展示县域商业金融机构的全貌，本节列举了商业银行、保险和证券三类主要的金融行业。

本节探究的是，**县域商业金融机构(的权力)“实际如何运行**？”

(一)银行：三相之力

子县之中，有三种力量操纵着商业银行的(权力)运行，它们相互博弈、妥协、合作，彼此之间始终保持着一种默契和自觉。笔者将这种均衡提炼为：三相之力。

相，有很多词条意义。助也、[①]治也、[②]选择也，[③]都是“三相之力”应有之意。从权力交织互动的角度，笔者更偏爱一种自然科学的理解：相是系统中物理性质和化学性质完全相同的均有部分，相与相之间存在明显的相界面，多相系统中若由若干个相平衡共存，则形成一个非均相系统，如含尘气、泡沫液。权力均衡与相面共存有异曲同工之妙。

县域商业银行“实际是如何运行的？”接下来，是笔者对“三相之力”的实证研究。

1. 县府权威

“中正无邪，礼之质也。”[④]居中则贵，儒家礼制以“中正”之位为尊，其附属物呈“环围”[⑤]之势，彰显“中正”的权威。也许是一种巧合，四大国有商业银行(工农中建)在子县均有布局，而它们与县政府的平均直线距离均不超过一里，势如“众星拱月”，形成

① 参见《易·泰卦》：辅相天地之宜。

② 参见《左传·昭九年》：水屬也，火水妃也，而楚所相也。

③ 参见《周礼·春官·瞽人》：上春相瞽。

④ 参见《礼记·乐记》。

⑤ 环围，起源于中国农耕文明，旨在营造一个稳定、和平的环境，防止敌族入侵，以保障生产经营，分享区域治理红利。

了一个有趣的“环政府”地理格局如图 1 – 1 所示。笔者研究县域商业银行“实际如何运行”的逻辑起点，正是从这些看似毫无科学根据的“地利”环境开始的。

春江水暖鸭先知。①

县域治理集体占据的“地利”优势，其实是在一定程度上拥有信息垄断的地位，并诱发（县域）商业银行逐鹿信息资源，以实现巩固自身权威的意图。“地利”，特指在社会关注度较低的县域之中，当地治理集体因职务便利获得的相对信息优势如县域招商信息。子县在招商引资过程中，县经济合作局（原招商局）掌握着企业入驻的信息；而这些信息零碎多变，没有固定的分享机制，是县域治理集体“垄断”的资源。

县工商银行副行长说：“县域商业银行应该比市域商业银行更依赖当地政府，因为市域产业信息比较对称，而县域信息要相对封闭一些。”②

市域银行间的信息竞争相对较小，这不仅仅是副行长的经验性猜想。我的研究发现，市与县的资源禀赋差异显著，市域招商引进的产业通常比县域更加优质，也更容易引起社会关注，客观上促进了信息的对称传递。因此，市域银行间的角逐通常直接面向企业主体，而政府不是最主要的关注点。

对于商业银行与地方政府的关系，国内学界已经有很多探讨，

① 很形象展现了乾坤交替、天地互通的自然演变规律，就像冬天会冷，夏天会热，它不会错位。因此，天地不唱而合，大地本身是没有优先级的。实际上，“鸭先知”指的是，天地间微观个体所获得的信息，可能存在差异，信息优越性即为“地利”。

② 访谈编号#20190213。

地方政府也因为干预商业银行而备受诟病;[①]一些国外研究也表明,政府官员为了获取选票支持,有动机推动银行扩大信贷规模或降低贷款利率,以刺激就业。[②] 但这一领域争议颇大,未有定论。在笔者看来,“地利”的确强化了县域治理集体的权威;[③]但又有别于政治上的“强制权力”,(县域)商业银行“受命于天”,它们对县域治理集体的依赖、服从,不是以制度性的权位和职务为前提。

2. 逐利欲望

“一旦有适当的利润,资本就胆大起来。”[④]县域商业银行从不掩饰自己逐利的欲望,但需要我们在具体的县政治理事务中去挖掘它们。

商业银行承揽县域治理业务,是一个分享、角逐“治理红利”的过程。其中,比较典型的是财政业务。我国的财政转移支付按照居民人口规模和经济社会发展水平进行拨付,子县是典型的农业人口大县、财政弱县,所以,子县每年获取的转移支付往往是一般财政收入的6~7倍,而这也成为各商业银行争相揽取子县财政业务的动因。值得注意的是,县域银行间博弈经过多年的竞争,传统财政业务的角逐已经形成一种相对固定的静态格局,进入壁垒的

---

① 姚耀军、彭璐:《地方政府干预银行业:内在逻辑与经验证据》,载《金融评论》2013年第4期;余明桂、潘红波:《政府干预、法治、金融发展与国有企业银行贷款》,载《金融研究》2008年第9期。

② Dinc, L., *Politicians and Banks: Political Influences on Government-owned Banks in Emerging Markets*, Journal of Financial Economic, Vol. 77, 2005.

③ 权威与权力的共同特征是使人服从,但权威是对方的自愿服从;权力受限于职位,而权威则可以超越职位而发挥作用。如“人走茶凉”指的就是“权力受限于权位”的现象。参见俞可平:《权力与权威:新的解释》,载《中国人民大学学报》2016年第3期。

④ 这是马克思在《资本论》中关于资本逐利性的名言,转引自托·约·登宁(T. J. Dunning)《工联和罢工》。

成本很高。

县农业银行副行长说:“子县每年有数十亿转移支付,能够沉淀下来的主要是社保资金和额度不大的维修资金,差不多十亿左右。虽然各大银行揽取社保资金业务的动机很强,但在多年的竞争博弈中,基本格局已经形成,争取的空间并不大。”①

笔者发现,县域商业银行其实更青睐一些“动态”的治理业务。县域治理中,有一类并非常态持续被固化的治理事务,具有“一事一议”的特点,它的“不稳定性”点燃了商业银行逐利之欲,促使利益相关者始终处于动态博弈的状态,笔者将此类事务称为“动态业务”,如棚户区改造项目②就是比较典型的“动态业务”。之所以定位“动态”,有两方面原因:其一,此类项目审批和国家及省级资金补助不是县级地方事权,对子县而言,它是需要逐年争取的动态治理事务,③具有不稳定性。其二,近年来,政府采购办法及相关监管政策的频繁变革,致使该类项目很难以一种固定的治理事务稳定下来。④

---

① 访谈编号#20190129。

② 棚户区改造是重大民生工程,我国在财政投入、建设用地、税费和信贷等方面都给予了大力支持,项目收支有相对稳定的(上级)预算保障,在实践中受到商业银行的广泛推崇。

③ 自2009年起,子县政府每年都会召集发展改革局、国土资源局(现自然资源局)、住房城乡建设局等县级主管部门编制、申报棚户区改造项目。

④ 中央对地方政府采购和监管方面的关注度较高。2017年5月,财政部发布《关于坚决制止地方以政府购买服务名义违法违规融资的通知》(财预〔2017〕87号)将大量的基础设施建设工程类型从政府购买服务的清单中剔除,地方政府不能再对被剔除的采购类型编制预算,同时也限制了商业银行对政府预算外的金融支持。《关于坚决制止地方以政府购买服务名义违法违规融资的通知》是对我国《预算法》、《中华人民共和国政府采购法》的补充,旨在限制地方政府举债规模。不过,棚户区改造项目仍属于政府采购的合法范畴,这也使商业金融机构在此领域的竞争越来越激烈。

实践中,“动态业务”打破了相对固化的资源配置格局,刺激了县域银行间的动态博弈,将逐利的欲望根植于商业银行的权力运行之中。

3. 金融监管的“旁系血脉”

2018 年,子县迎来了有史以来最大的一次招商引资活动,产业方是一家新能源汽车企业,计划在子县投资建设百亿规模的新能源电池基地。为筹办这次招商盛会,子县政府出台了许多产业扶持政策,并呼吁当地商业银行予以支持。但令人意外的是,子县域内的各家商业银行反应“冷漠”,集体婉拒了当地政府①的“盛情邀请”。

是什么力量压制了欲望与权威？为此,笔者对子县各个商业银行进行了专题访谈,归纳出一个相对统一的口径:“总行有(内部)管控,这个项目不在主要信贷支持的目录内。”②

为弥补了县域金融监管权的积弱,权力金融机构责令商业金融机构总部建立起一套森严的内部管控机制,使县域治理集体无法随心所欲地干预商业银行。前篇谈到,金融监管权在县域末梢并非全然失去效力,但客观上受到了极大的削弱,导致县域中的纵向金融治理能力和条件都十分有限,往往只有“对上建议权”,如央行评级、申请暂停按揭等。有趣的是,县域纵向金融权力是自上而下赋予的,而相应的责任则是自下而上传递的。这种权责运行轨迹显然对高层权力金融机构造成了沉重的负荷。因此,处于金字

① 也有学者认为,大型商业银行和股份制银行在全国范围内开展业务,业绩不会受制于某一个地区,在与政府博弈中有较强的谈判能力。参见纪志宏、周黎安、王鹏、赵鹰妍:《地方官员晋升激励与银行信贷——来自中国城市商业银行的经验证据》,载《金融研究》2014 年第 1 期。

② 访谈编号#20190131、访谈编号#20190209。

塔顶端的权力金融机构，责令商业金融机构总部建立内部管控机制，以缓解纵向权力逐级弱化和权责不对等的情况。

实践中，内部管控机制尤其注重人事管理和资源配置，有着自上而下的统一规定。这些规定以“内部通知”、“窗口指导”以及案例中“引导性目录”等形式，传递、渗透到商业金融机构运行的各个环节，覆盖了所有的部门和岗位，关系从业人员的进入、考核、提升、流动、分配等核心激励因素。

不过，内部管控机制较之“天赋”的立法型权力，毕竟霄壤有别，顶多算是个“旁系血脉”，缺乏绝对的法治威慑。内部管控措施在一定程度上抑制了商业银行的短视与冒进，但它游走于法律与规范之间，远不及权力金融机构的直接监管效力。同时，县域治理集体始终作为一种外生权威，也刺激着商业银行的竞争与博弈，所以，商业银行“打擦边球”的情况依然存在。

总体上，县府权威、(县域商业银行的)逐利欲望与金融监管的“旁系血脉”，达成了一种“三相之力”的均衡，使彼此之间始终保持着一种默契和自觉。这也是县域商业银行的(交易)权力运行的真实形态。

(二)保险：春风不度玉门关

当县域商业银行(交易)统合方兴未艾，正在积极谋求参与到更多的治理领域时，保险公司则远离“纷争”，在子县自由竞争、优胜劣汰，当地治理集体也很少关注它们。

长期以来，县域保险行业接受政治信息机会较少，利益表达渠道狭窄，在县域金融治理中显得无力、无助、无奈；然而，与汗牛充栋的银行业研究文献相比，当代社会科学对此的研究工作却寥若晨星。无论从哪个角度看来，县域保险业都处在“春风不度玉门关”的状态。

县域保险业“实际是如何运行的”？这将是笔者接下来讨论的问题。

1. 无为而治

自1981年中国人民银行恢复保险业务以来，县域治理集体很少干预保险业的运行，长期“无为而治”。得益于长期稳定的金融治理秩序和人口大县的优势，子县保险业在民间其实非常活跃。子县境内共有县财险、县寿险、平安、中华联合、太平洋等14家保险支公司，以及永安、安邦等8家保险营销服务部。但与商业银行不同，县域保险公司很少与当地政府交往。

县寿险支公司总经理说：“县上的保险公司并非都是持牌机构，严格来讲，应该分为支公司和营销服务部。如果营销服务部经营得好，可能会升级为支公司；支公司如果运作得不好，将被降为营销服务部，甚至撤出本地。当地政府对我们基本上没什么影响。”①

研究发现，保险资金运用对稳健审慎和安全性的要求很高，②客观上限制了保险业参与县域治理的空间，这是“无为而治”的根源。我国“金融产权高度国有化和金融资源配置行政化”的基本格局未曾动摇，正式金融权力轻清上扬，始终由中央政府支配；然后根据金融市场配置资源的规律，逐步下放权力，与地方治理结合成“质”。如此，县域金融权力的界限，如阴阳气化的结果，③泾渭

① 访谈编号#20190202。

② 参见原中国保险监督管理委员会：《保险资金运用管理办法》（中国保险监督管理委员会令2018年第1号）。

③ “元气初分，轻清阳为天，重污阴为地”。古人将天地为视为一气运化的阴阳结果，又以“人的因素”上合阴阳，其动机多少有些功利主义；然后他们解释“刚者阳之质，而刚中非无阴；柔者阴之质，而柔中非无阳”，以刚柔互济之道，圆滑地判分事物的运行与功能。所以，“阴阳气化的结果”亦不过是一种人为义理。

分明。

对保险资金运用监管的严格,有其合理性和历史必然性。20世纪八九十年代,保资使用混乱,不良资产比例很高,因此,1995年公布的《保险法》对资金运用规定得非常严格,仅能存放银行和买国债。直到2012年,(原)保监会发布《中国保险监督管理委员会关于保险资金运用监管有关事项的通知》(保监发〔2012〕44号),才适当提升了保险机构投资的自主权,但其行业形象始终以“稳健”著称。

政保业务算是个例外。政保业务是政府采购的保险项目,以政策性农业保险(以下简称农险)最为常见。每隔三年,子县政府依法对农险进行公开招标;与社保基金的情况相似,农险的竞争格局也相对固定。而且,农险仅仅是若干财产保险的一支,没有任何一家保险公司纯粹依靠政保业务为生。

实际上,县域保险公司也在尝试“有所作为”,但成效不佳。笔者调研的过程中,县财险支公司总经理十分热情地介绍了几种政保业务,都是为地方政府“量身打造”的产品,涉及安全生产、环境保护、食品安全等重大责任领域。他特别指出:“这些都是县上高度重视的风险防范领域,但是都没有购买保险。”①

2. 保险前置

子县的“春风”为何吹不进保险业?甚至“漠视”重大治理领域的风险防范?起初,这些提问方式极大地限制了笔者对县域保险业运行的思考。直到笔者开始反思“子县到底在恐惧什么?”实际上,县域治理集体更愿意将有限的财力用在风险的事前预防上,而不是风险暴发后的补偿上。

① 访谈编号#20190211。

规避风险是中国科层体制的突出特点。① 笔者发现，地方政府对风险的计算和处理方式，迥异于保险业分摊损失的合约安排。"摸着石头过河"是改革开放的智慧之一，这在很大程度上反映了中央治理集体的心路历程：在经验不足的情况下要大胆探索、稳步前进，提前做好保险措施；即使决策错了，也可以把由此带来的负面社会影响降至最低，治理便有了从头再来的基础。因此，中央治理集体与保险行业很容易走到一起，这也是中央大力推行各项政保业务的原因。② 不过，县体制作为行政治理的末梢，它们对风险处置更加谨慎。前文提及的安全生产、环境保护、食品安全等领域，的确是国家关注和地方重视的责任领域，但对子县干部而言，这些责任领域的容错率无限接近于零。这些重大领域若出起乱子来，非同小可，将为县域干部带来难以估量的责任，而保险的意义在于降低后事的负面效应，没有任何政保产品险种可以弥补这种风险。

例如，相信剪刀能够驱鬼的人③，不一定真的认为有鬼，但心中恐惧，所以，不自觉地去迎合。子县将有限的财力用在风险的事前预防上，并非刻意规划，它与设计得巧夺天工的政保产品相比，显得十分笼统、缺乏系统性；但是，它击中了子县的梦魇，适应了县域，也就决定了资源的配置方式，以及权力的运行轨迹。因此我们看到，在重大责任领域面前，地方治理集体并非漠视，而是采用了

① 参见周雪光：《运动型治理机制：中国国家治理的制度逻辑再思考》，载《开放时代》2012 年第 9 期。

② 2014 年 8 月 10 日，国务院印发《关于加快发展现代保险服务业的若干意见》（国发〔2014〕29 号），明确鼓励政府通过多种方式购买保险服务。

③ 一些农村地区还延续着有用剪刀来辟邪的方俗，如一些刚出生的孩子，突然回娘家，因人生路不熟，大人让他们佩戴剪刀驱鬼。其中不乏文化人的实践，即便他们知道没有鬼，还是要驱除心理上的恐惧，不自觉地去迎合。

“保险前置”的治理态度。

（三）证券：洄游的红鲑

笔者在加拿大留学时，曾十分着迷红鲑洄游的景象。大约每年 7 月至 10 月，数以万计的红鲑鱼从太平洋逆流而上，到佛雷瑟（Fraser）河上游河段繁衍后代。回流之路中，红鲑需要不停地跳跃才能达到下一个海拔层梯，过程中它们的身体会不停地撞击河床上的石头，导致血管破裂而亡，无数的尸体堆积在湖面，腥臭难当，一片凋零。只有经历过层层难关的红鲑才可以抵达平静的亚当斯（Adams）河段产卵。孵出的小鱼苗又将重新回到海洋，沿着父辈走过的路成群洄游，天道循环，生生不息。

在子县股票交易业态凋零的表象下，隐藏着一个繁荣的资产证券化发行市场。每年 3 月至 6 月都会有若干个证券公司集中拜访子县，它们不受属地限制，争相营销各类证券化产品。即使没有合适的业务，它们也会不厌其烦地延续着这个“传统”，似红鲑洄游，如期而至。

与银行、保险很不一样，子县证券业是没有“质”的。证券公司几乎从不在子县设置常驻机构。对证券公司而言，子县如同平静的亚当斯（Adams）湖面，不过它们终要回到浩瀚的大海之中；但笔者通过它们发现了一种“纵向感染”的效应，可能会触发县域金融资源和权力格局的重塑，这也使县域金融治理的权力运行轨迹变得更加复杂。

县域证券业“实际是如何运行的”？以下，是笔者的实证研究。

1. 凋零下的繁荣

与银行、保险相比，子县的证券业显得极不发达。1996 年，市证券营业部在子县设立服务部。多年来，服务部作为市证券公司的一个代管机构，不能独立运行。

县服务部的业务经理说:“子县老百姓的投资观念很淡薄,正因如此,我们的机构也一直扩大不起来。县上虽有百万人口,仅三万多人开户,而且僵尸账户的比例很高。老百姓对证券公司的理解就是‘炒股’,至于‘理财’他们都认为是银行做的事。子县类似的服务部还有一家,但体量更小、业务更窄,大概只有一千多户,顶多算个‘窗口’。”

但是,这并不是子县证券业的全貌。实证发现,在股票交易业态凋零的表象下,其实隐藏着一个十分繁荣的县域资产证券化市场。与银行、保险业不同,县域证券业没有明显的属地限制。每年3月至6月都会有一个“洄游期”,若干证券公司集中拜访子县,争相推销“企业债”“项目收益债”等证券化产品。

专栏3:证券公司的“洄游期”

证券公司为什么选择每年的3月至6月“洄游”?笔者认为有三方面因素所致:

历年中央经济工作会在年末(11月至12月)召开,总结当年成绩,研判经济形势,并制定来年的宏观经济发展计划。由此,各部门、地方才有了配置经济、金融资源的根本依据。笔者将这个过程估算为1个月。

来年初,各地召开人民代表大会,听取政府、法检两院等工作报告,以及财政局受当地政府委托汇报的“本年财政预算执行情况和来年预算草案”等,并审议提交大会的各项议案。然后,各级地方配置资源的决策才具备了合法性、可执行性。系列程序(包括前期与本级人大各专项办公室的磋商)约耗时1月。为保障全国人民代表大会(如期)举行,地方人代会常在春节前后召开。

> 子县与大部分县级地方都有"过年关"一说。发放民工工资、置换往年债务等支付压力骤增。同时,随着春节人口大量返乡,维稳、安全生产等治理压力扑面而来。每年春节前后都是子县最难熬的时候。在笔者看来,一个县大约需要1~2月才能渡过"年关"。
>
> 只有在"年关"之后,县才能全副心思地投入到经济建设中。而这个时间恰巧就是每年的3月至6月,成为证券公司最适合拜访(县)的"洄游期"。

赴子县开展业务的证券公司来自全国各地,虽然有十分密集的统合行为,但始终不在县域内设置任何办事机构。这是为什么?

笔者的研究发现,县域之中,"可预见现金流"的金融资源十分有限,客观上限制了证券机构的物理延伸。2017年,子县(平台公司)成功发行第一支公募债,组券工作由时任子县县长部署,依然耗时3年。这是子县迄今唯一的成功案例。但由于公募债对净资产的要求很高,子县在很长一段时间内丧失了发行债券的能力。正因如此,证券公司在县域内常设机构的成本是很高的。

然而,上述窘境并没有阻断证券公司的"洄游"。每年从各地前来拜访子县的证券公司如期而至,即使没有合适的业务,它们也会不厌其烦地为当地干部分析金融环境、传授融资策略,维系着与县域治理集体的长期合作关系。

2. 纵向感染

经年累月,证券公司的"洄游"潜移默化地影响着子县干部的治理观。笔者将这种现象称为"纵向感染"。

“纵向感染”的效力,由“用于支付金融交易成本所需扩大的资本规模”决定。与县域商业银行相比,证券类业务对(净)资产规模的要求更高,对(金融)资源配置的影响更加深刻。因此,它虽然没有常设县域机构,但却有更大的概率改变县域金融权力的既存格局。

2017 年,县工投公司成立不足一年,在资源和(金融高压)政策的双重约束下,公司运行举步维艰。一家从未在子县开展过业务的证券公司,却长期保持着与县平台公司的联系。无意间,证券公司了解到工投公司正在谋划一个产业孵化园,该项目将兴建若干个标准厂房,并向新入驻子县的企业出租。产业孵化园,可以视为一个“能够产生可预见现金流的资产”,有条件进一步转化为可出售和流通的证券。那年冬,工投公司正式向县政府提出申请,启动了(产业孵化园)项目收益债的组券工作。

不过,发行债券需要大量(固定)资产作为反担保物,而成立之初的工投公司并不是最合适选择。在子县平台公司之中,工投公司成立最晚、资本实力最弱,基本不具备发行条件。此外,当时子县干部对平台公司存在“一统式”和“并驱式”不同思路的治理分歧,增加了公司归集资产的难度。“一统式”,是指举全县之力将资产归集到一个平台公司,以追求杠杠效益的最大化;“并驱式”,是指将资产平均配置到(三个)平台公司,旨在分散地方债务风险。这种分歧的本质是县域金融资源和权力配置的博弈。

有趣的是,证券公司这一次的“洄游”,意外地打破了当时权力僵持的局面。在证券公司的极力游说下,大部分子县干部受到“感染”,治理理念走向趋同。工投公司作为“发起人”,获得了这次组券的机会。

由于种种原因,直至笔者离开子县之时,这只债券都没能成功发行。但是,工投公司以此为契机,归集了大量土地资产作为发行债券的反担保物,一跃成为子县土地资源最多的平台公司,重塑了子县金融资源和权力配置的格局。

四、倚重统合:县域农村信用合作社

权为世及,是血缘和地缘的传承。

在东方传统社会中,血缘和地缘关系构成了农民生活世界的坐标。① 近一个世纪里,子县农村信用合作社行以血缘为圆心、地缘为半径,绘制了它们心目中的金融地图。

2016 年 12 月,子县农村信用社完成股份制改造,②组建了子县农村商业银行。笔者有意区分了县农商行与其他县域商业金融机构,因为两者的历史沿革、权力运行模式都有很大的差异。

基于本节问题提出的时代背景,接下来的内容将主要以"县农商行"作为分析对象的名称,但笔者希望人们铭记它的前身,并以此作为探析"县域农村金融治理及其权力运行"的逻辑基础。

县农商行是"天赋"的金融权力中最接地气的。与县城里的商业银行相比,农商行具有明显的"本土性""草根性",它与县域治理集体类似于一种相互倚重的统合关系,笔者将其视为县域农村商业银行的"倚重统合"。

① 参见廖申白:《交往生活的公共性转变》,北京师范大学出版社 2007 年版,第 33、34 页。

② 根据《国务院关于印发深化农村信用社改革试点方案的通知》(国发〔2003〕15 号)和中国银行业监督管理委员会印发的《农村商业银行管理暂行规定》和《〈农村合作银行管理暂行规定〉的通知》(银监发〔2003〕10 号),各地农村信用社符合组建农村商业银行、农村合作银行条件的,经银监局同意后,可着手筹建前期工作。

(一)血缘:农村金融血脉网络

"行其田野,视其耕耘,记其农事。"①笔者起初很难想象,这是子县农商行金融治理工作的常态。

民国二十五年(1936年),子县成立第一家信用合作社,信用社以发放贷款、吸收存款、通融农村资金为基本业务,②在这片土地上繁衍了80余年。2016年12月,省银监局正式启动子县农村信用社向股份制商业银行改制,按照《公司法》和《中华人民共和国商业银行法》(以下简称《商业银行法》)运行。为了适应现代金融管理体系的需要,农村信用合作社的产权制度、组织形式、经营机制以及法人治理结构都发生了深刻变化;但它根深蒂固的群众基础,以及与子县广袤农村的血缘关系,从不曾割舍。

县农商行自上而下都由子县本地人构成,人事流动也固定在县域范围之内。为了与当地农户保持长期稳定的熟人关系,农商行的客户经理需要常年驻扎在对口的村镇。更有趣的是,许多最基层的业务人员甚至是就地招聘的,所以农户对他们既是"业务网",也是"亲缘网"。

县金融办主任说:"若论业务齐全程度,农商行不及国有商业银行;论金融政策支持力度,农商行不及政策性银行。但长期以来,农商行扎根于本地、服务于本地,金融影响力渗透到县域经济的每一个角落,它对子县的贡献完全不亚于前二者。"③

子县老百姓的金融观念淡薄,但县农商行的群众基础却异常的

---

① 《管子·八观》,原句为"行其田野,视其耕耘,记其农事,而饥饱之国可以知也。"

② 子县地方志编撰委员会:《子县县志(1911~1987年)》,×省人民出版社1992年版,第571页。

③ 访谈编号#20181123。

好。“小额农户信用贷款”是县农商行的常规业务之一,各网点每两年会对全县农户进行一次评级授信。农商行的客户经理常年驻扎于村镇,与本土百姓交往密切,他们熟悉农户的习性、亲缘、经济背景,甚至庄稼作物,因此,有条件对农户作出个性化的信用及风险评估。评级公示后,农商行客户经理负责安抚不符合条件的农户,他们相处融洽,甚至比县信访局的工作人员还要“接地气”。在错综复杂的农村基层,子县迄今也未发生一件涉及小额农户信贷的上访事件。

县农商行在农村金融治理的贡献远不限于此。

县农商行副行长在接受采访时谈到:“为推进农村信用体系建设,我们与政府共建了信用乡、信用村、信用户。同时,我们每年都会与人民银行联合开展两到三次的反假、反洗钱行动。农商行还在全县各村开办金融夜校,保证每年每村都有一次授课。此外,还有很多琐碎的农村金融工作,比如农村的人民币形象维护、对农村工商个体户的小额现金配送等。”①

但凡子县举办大型的公共活动,笔者都能找到县农商行的身影。他们一方面传播金融知识,另一方面宣传自己的信贷产品;产品是结构简单的信用贷款,知识是最基础的信贷规则。农商行认为,“农户的信用是极好的”,农户则认为,“农商行是最值得信赖的金融机构”。两者之间的信息分享机制既简单又畅通,且十分稳定。②

如果我们将国有商业金融机构聚集的城区视为子县金融的心脏中枢,那么,县农商行则是子县金融的血脉网络。

① 访谈编号#20192013。

② 费孝通先生在《乡土中国》中,深情并敏锐地发现了乡土社会的信用并不是对契约的重视,而是发生于对一种行为的规则熟悉到不假思索的可靠性。所以对于子县农人而言,国有商业金融机构、金融法,乃至国家(正式的)金融治理体系等笼罩万有的“真理”,他们并不是那么在意。

（二）地缘：乡间金融治理平台

熟悉，是从时间里、多方面、经常的接触中所发生的亲密感，是无数次的小摩擦里陶炼出来的结果①。在笔者看来，“地缘”是实现“熟悉”的最基本的微观基础，它在很大程度上决定了子县农村金融治理的信用契约机制。

在子县，农商行与国有商业银行呈现一种“割据鲜明而又长期均衡”的地缘格局。县农商行很少介入子县城区业务，但它们的分支机构渗透到县域的每一个乡镇，星罗棋布的乡村营业网点支撑了它在子县农村地区的银行业主导地位。所以，县农商行的交易统合很少，对县域治理集体的交易性依赖也相对较小。

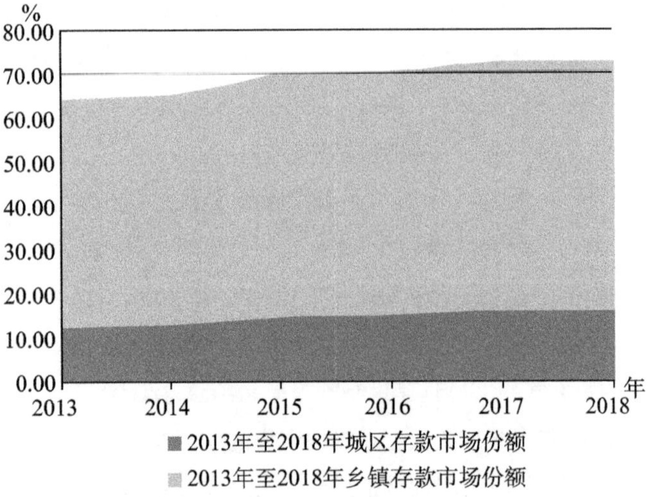

图2－1　子县农商行城区存款市场份额与乡镇存款市场份额对比（2013年至2018年）②

① 费孝通：《乡土中国》，北京大学出版社2012年版，第14页。

② 数据来源：笔者根据2013～2018年的《子县年鉴》整理所得。

得益于农村信用合作社的传承，截至2016年改制，县农商行共有营业网点105个，在岗员工600余人，是子县“底子最厚”的金融机构。在子县的银行体系中，除了邮储银行（63个）和农业银行（14个）在乡镇布局还算稍有规模，其他国有银行在乡镇均无布局。经年累月，这些都成为子县农人判定（金融）生活世界的理性基础。

正因如此，县农商行提供了一个近乎完美的乡村金融治理平台。2014年，国务院扶贫办、财政部、人民银行等部门联合发布了《关于创新发展扶贫小额信贷的指导意见》（国开发办〔2014〕78号）（以下简称《指导意见》），县农商行、县农业银行、邮储银行等涉农金融机构是主要的承办单位，负责对全县的建档立卡贫困户评级授信，并在核定的额度和期限内发放“免担保、免抵押”的信用贷款，与当地政府的贴息、风险补偿政策相呼应。

中央政策在到达县域以后，实施起来其实非常琐碎，需要辅以大量的基础工作。在《指导意见》出台前，建档立卡的贫困户几乎没有任何信用评级，不在传统信贷的支持范围内。由于历史原因，子县不是国家级贫困县，但县域人口基数大，实际扶贫任务十分艰巨。此外，贫困户的经济背景复杂，金融观念淡薄，甚至不能区分贷款与补助；而且，一部分承办机构（如县农行）又多活跃于城区，对乡土民情并不熟悉，增加了精准扶贫的工作难度。

在这个过程中，县农商行为子县提供了丰富的治理策略，协助当地治理集体圆满地完成了任务。

农商行副行长在接受采访时说：“建档立卡的贫困户一般都不符合信贷支持条件，但中央政策出台后，我们降低了评级授信的标准，对建档立卡户重新评级。评级授信的工作由农商行各网点自行开展，评级结果统一公示，县上负责抽查。当然，即便是降低了评级授信标准，也存在完全不符合授信条件的个体，需要我们动员当地网点的工作人员与他们做好沟通解释,安抚群众情绪。”①

对于许多世代守在这方土地上的人而言,他们对金融的理解就是农商行的信贷,对金融法的理解就是农商行的规矩,而对国家金融体制改革的认识,就如同农人所遇四季更替,周而复始,不分秦汉,代代如斯。由此,子县人将自己对金融的朴实理解,直接转化为实际的金融交易行为,奠定了县农商行在非城区银行业的“地缘性”金融主导地位。

如果我们将子县农村喻作一方沃野,那么,县农商行(农村信用合作社)早已在这片土地上辛勤耕耘了近百年,它是子县乡间金融治理不可或缺的治理平台。

五、复合统合:县域政策性银行

权为耦合,是纵向统合意图之间相互依赖、相互约束的复合过程。

物理学上,耦合是指两个实体相互依赖对方的一个量度,笔者在金融权力运行的研究中,也发现了一种“耦合性”。具体而言,当一个金融机构兼具复合(两个或两个以上)的统合意图时,其中一个意图的实现,依赖于另一意图的达成。这种权力的运行模式比较契合“国家政策性银行”。

县农发行是子县唯一的政策性银行(分支)。

县农发行,是“天经地义”的集大成者。我们常以“天经地义”来形容事物的顺理成章、不容置疑,而忽略了“天之经”与“地之义”其实呈现的是两种不同的真理。“经”是放之四海而皆准的常道,国家的宏观经济政策可以是“经”,具有普遍性、开放性、贯通性。“义”是大地上的真理,如子县与中县的土壤各不相同,具有特定

---

① 访谈编号#20190213。

性、适宜性、匹配性。实践中,“天经地义”并非我们想象中那么理所当然,所以国家成立农发行,旨在耦合两种不同属性的真理,这也使这个金融机构的权力运行变得复杂起来。子县治理中,县农发行一方面肩负着支持“三农”的政策性金融职责,另一方面也有金融交易的需求;过程中,县农发行帮助当地获取金融资源,建立起相互倚重的亲密关系。这一系列统合意图层层递进,具有复合性。

笔者将这种权力运行模式称为“复合统合”。

(一)天经:大事在农

“夫民之大事在农。”①中国自古以农立国,“农”不仅是产业结构,还是社会基础。所以在现代化的治理体系中,专门成立了农发行,以帮助国家的金融治理意图,适应乡村分布广、地域差异大、风俗民情迥然不同的“大地”。服务三农,是农发行体系坚定不移的“天经”,也是权力耦合运行的前提。

基于前文的分析基础,笔者发现这些纵向金融主体的统合目的相对单一,如农商行与县域治理集体的相互倚重不会以交易为目的;又如,商业银行的交易、竞争行为往往没有政策性履职的意图。县农发行则是一个特例。

笔者在子县参与“土坯房改造”时,亲身目睹了一次复合统合。受特殊自然和社会环境制约,居住在“一方水土养不起一方人”地区的人群成了扶贫的难点。当地政府和金融机构难以就地帮助其摆脱贫困命运,只能将他们搬迁至相对宜居的地区。② 在此背景

---

① 《国语·周语上》。

② 根据中共中央、国务院的总体部署,国家发展和改革委员会2016年印发的《全国“十三五”易地扶贫搬迁规划》指出,要通过改善迁入区的交通、医疗、通信、教育等公共服务设施,拓展贫困人口就业渠道,着力解决贫困人口脱贫问题,以期实现2020年与全国同步建成小康社会的目标。

下,子县对易地扶贫搬迁工作高度重视,将其作为脱贫攻坚的头号工程。值得注意的是,子县干部对易地扶贫搬迁的理解不限于“穷山恶水”,“土坯房改造”也纳入了搬迁的计划。2017 年,子县先后开展了三次全县土坯房排查,锁定了 16 万余户的土坯房(占全市土坯房的 80% 以上),并制定了土坯房改造的三年攻坚计划。由于历史原因,子县不是贫困县,但人口基数大,贫困人口的绝对值实际上比许多贫困县都多!所以土坯房改造工程投资巨大,县域本级财力在短期内难以负担。故事的结局是,县农发行通过“扶贫过桥”贷款的方式,向子县提供了十数亿元的金融支持,保障了子县土坯房改造的推行。

县农发行的统合意图是多元的、有层次的,但必须建立在“农事”的基础之上。因此,复合统合的第一层次必须是“履职统合”,按照国家的法律规范和方针政策,承担特定的政策性涉农融资职责。在此基础上,县农发行才具备了交易统合的条件。接下来,便是相互倚重的统合关联了。起初,子县农村危房改造的需求与顶层设计的统一支付标准并不完全契合,笔者也是那时才意识到,“天经”与“地义”并非想象中那么理所当然。2019 年春,笔者与县农发行接触频率非常高,有那么一个月,甚至天天在一起磋商资金“落地”的细节。在大大小小的会场中,县农发行都被“奉为上宾”,如今回想起来,多少有些功利思想作祟。若不是恰巧碰上了土坯房改造,也许这种的倚重程度会打些折扣。

(二)地义:方土风情

离开子县前夕,笔者听办公室的人念叨:“陈行长提拔到 M 市作副行长了。”陈行长是子县农发行行长,我们因土坯房改造项目结识,他不是子县人。M 市与子县所在的市南北相望,笔者专门打听了一下,陈行长也不是那个地方的人。

在笔者看来,县农发行并非最能迎合“地之义”的金融机构。每次与县农发行接触,他们的工作人员总把自己打整得干干净净,一般都穿着合体的西装。县农信社、邮储行则不一样,笔者完全感受不到那种上天赋予金融行业的“靓丽气质”;即便是他们的领导,土味打扮,或方言乡音,都夹带着子县泥巴的味道。若按照前篇对权力与商业金融机构的分类,笔者很难对农行归类,它确实很特殊,如一位皮肤白皙、妆容精致的都市丽人,手持镰刀锄头,踏着十厘米的高跟鞋漫步田野,美得格格不入。

复合,让农发行变得“严谨”起来。即便是国有商业银行,一旦下了县,也“市侩”起来,而县农发行不会。

根据县人行的统计数据显示,截至 2018 年 12 月,子县农发行的存贷比位居县域银行之首。但实践中,县农发行市场化程度低、网点布局少、业务单一,指标传达的信息显然是可疑的。为此,笔者专程开展了调研,发现了农发行存贷比的“虚高”现象。具体而言,为保持农发行的政策性定位,我国对农发行吸纳存款的范围进行了严格限制,仅允许办理涉农企事业单位存款、协议存款及同业存款。因此,农发行体系只能将(交易)业务的重心放在贷款上,导致存贷比虚高。

陈行长在接受采访时谈到:“吸储的重要性,我们上上下下都心知肚明,但这条政策红线是整个农发行体系始终没有逾越的。正因如此,我们的业务重心主要放在贷款上。”①

县农发行在履职与交易之间,存在一种约束性的耦合,使其在很大程度上失去了植根于子县方土风情的经济和社会基础。访谈中笔者还了解到,农发行的经营具有明显的属地化特征。一般而

---

① 访谈编号#20190213。

言，各个区县的农发行不会跨区域开展业务，这是一种内生的、自发的行动规律。但比较尴尬的是，县农发行“重贷款轻存款”的政策性交易约束，限制了它在农村扩张的自然动机，因此它在地方扎根不深，缺乏群众基础。方土风情，强调与大地所关联的时空条件，如血缘地缘，具有匹配与否的问题。在笔者看来，农发行虽然服务于“三农”，但在广袤农村的土地上却“少了些耕耘”。

六、余论：朋友

子县官民热情包容，没有排外思想，我挂职两年，可以广泛参与子县治理和社会交往，也交了很多朋友。

三人行，必有我师。与市人行副行长交谈后，我有一些问题始终想不明白，他们为什么会关注（水、电、气）那些细枝末节的东西？所以带着疑问请教了一位朋友。

科林（化名），是县科工信局经济运行股副股长，子县的一个“小角色”。因为年龄相仿，他也没把我当领导，我们相处起来很自在。他告诉我：“一个企业的经营状况与其能耗是紧密联系的，‘水电气’可以推导出企业的真实生产和效益状况。我们长期服务于本地企业，的确对他们很了解。”①

一直以来，县科工信局陪伴企业兴起、发展与衰落，拥有着长期而稳定的“友谊”，近似于一种熟人关系。县域治理中，这样的熟人关系还有很多，它们共同栖生于同一片治理秩序之中——横向的县域治理（权力）体系。而纵向金融权力，一直在努力地融入这个体系。

“其实，就连我们问及企业‘水电气’，他们都非常紧张。因

① 访谈编码#20190113。

为能耗可以推算出产能、税收等核心财务指标。‘水电气’并不是细枝末节的信息，它可以将企业一览无遗地暴露出来，更甚于账面信息。我们支持人行的工作，但也不愿意看到县上的企业困难……①”科林欲言又止。

我恍然大悟，纵、横合作原来是相机性的。

如果将县科工信局与县域金融机构视作一种“同事关系”，那么，它与本地企业更类似于一种“朋友关系”。就如同日常生活中，我们对同事有援助义务，而对朋友还兼备了道德义务。所以，纵与横不总是“铁板一块”。无疑，这是一种“地方保护主义”，但我仍有一些看法。

子县本土企业以小微企业为主，它们生存往往源于企业负责人日日夜夜的耕耘与制度夹缝中的精打细算。（县人行）采集工作无意触碰到企业“敏感点”，可能导致小本经营的成本骤升、资金链断裂等。我想，这是朋友都“不愿意看到的”。

由于“相机性”的加入，我觉得县域金融机构与子县间的统合，还将处于一个长期的“磨合期”。如何使（纵、横）统合意图更加契合？或许是我未来有待开始的研究。

---

① 访谈编码#20190113。

第三章　横向统合:“二金”兴与衰(1979 ~ 2004 年)

权由地孕。

瞿同祖(2011)在感慨“州县官处于一个相当为难的位置”时,生动地再现了清代县官与地方士绅间既合作又矛盾的尴尬关系,以及县域治理中正式与非正式权力相互依赖维持现状的历史痕迹。① 与朝廷赋予的正式权力相比,士绅就是非正式权力。当代中国,历史意义上士绅已经转变为基层政府官员或准官员,与正式的科层体系完全融合为一个集团。不过,非正式权力则延续了下来,散布在县域治理的不同领域。

① 参见瞿同祖:《清代地方政府》(修订译本),范忠信、何鹏、晏锋译,法律出版社 2011 年版,第 307 页。

本土性或地方性，是当代非正式金融权力与古代士绅权力的共同特征。任何一种权力的产生和运行都有其深刻的社会根源。当代的非正式权力虽与晚清大相径庭，但其社会根源又每每相同，即中央对地方的资源供给不足。在传统中国，君王并不直接管治民众，而是任用县官治民；至于县官用何种方式管理民众，那是他们需要学习、摸索和历练的事情。[①] 所以，地方(县)官也称"父母官"；在笔者看来，"地方"也是孕育、承载非正式(金融)权力的父母。

改革开放初期，县域金融资源稀缺、金融权力缺失，它一边承受着巨大的(金融)治理压力，一边支撑着"中国奇迹"。县是如何做到的？对于这方面的研究工作，需要我们以视野的广度和历史的纵深，直击县域金融治理的机制内核，亲自耕耘这片孕育权力的土地。如果我们能够追溯早期非正式金融权力的源与流、兴与衰，这就为国家未来进行地方金融治理制度建设以及权力架构改革提供了实证样本。

本章的研究目的在于解释扇形统合的另一种类型：横向统合。从扇形统合的权力看来，横向治理权是县域治理集体落实中央意图进行区域治理的一种制度安排。从主体看来，横向分治首先是一个逻辑上的分析框架，其次才是一个描述性概念，所以横向(金融)治理权虽然实质存在，但并非一目了然地呈现在我们眼前。因此，为聚焦观察横向统合的存在，本章选取了一个县域治理中相对"极限"的分析对象和研究环境——"二金"，即在整个治理场景中几乎没有纵向权力的参与。20世纪80年代中后期至90年代末，

① 参见曹正汉：《中国上下分治的治理体制及其稳定机制》，载《社会学研究》2011年第1期。

子县农村经济货币化程度迅速提高,县域治理对(本土)金融供给的需求越来越大,催生了农村合作基金会和供销社(股金),并称"二金"。随后由于全国性的经营管理不善和政策调整,1999年,国家开始对"二金"进行清理整顿,引发了改革开放以来少有的全国性金融挤兑风波。

之所以定位为"横向",是因为本章的分析对象尽然隐没于县域事务之中,对这个金融事务的治理完全依附于横向的(县级)行政管理,并衍生出一种未被学界定义过的横向非正式金融权力,偶尔也些许偏离一统制度安排。在第一章"扇形统合的权力"中,笔者设计了一个金融权力运行的理论框架,解释了非正式金融权力是法律与制度均未明确赋予的权力形式,而是扇形统合机制衍生的地方性金融权力。通过对1979～2004年间"二金"兴衰史的观察和实证,笔者确认,"二金"是改革开放初期诞生于县域的一种非正式金融权力,这也是目前笔者可追溯到的最早的(县域)非正式金融权力。

"二金"在发展初期得到了政策性金融权力的支持,但纵向权力主体对它的管理始终处于一种非常态化的治理状态。实践中,这种非正式的金融权力完全由县域治理集体支配。那么,在没有专门的金融管理部门介入情况下,子县如何运营众多基金会、供销社(股金)?早期的非正式金融权力"实际是怎样运行的"?因此,本章需要探索的问题可以归纳为:**县域治理中,非正式金融权力如何运行**?

在实证研究的基础上,笔者发现并提炼了这种金融权力运行的类型——横向统合。具体而言,在县域金融治理中,横向分治的主体以区域有效治理为目的而进行的权力统合,笔者将其称为"横向统合"。本章共分为四节:第一节阐述了"二金"的兴衰,也即非正式金融权力的源与流;第二节通过解析"二金"的县域行政管理格局,揭示"寄生型"非正式金融权力的制度性基础,即"子县掌执,二金为部"；第三节关注了(依托"二金"的)"交易型"非正式金融权力，它是县域治理集体实现"转嫁治理成本"战略意图的重要支撑力量，亦即"子县制谋，二金为殿"；第四节讲述在"运动型治理机制"的特殊治理环境之下，子县以一己之力，止息区域性金融挤兑危机的"规则统合"模式，揭示非正式金融权力的"组合性"。本章将要论证的命题可以表述为，**县域治理中，非正式金融权力是通过横向统合的模式运行的**。

一、横向分治：地之权，厚德载物

权无常青，列往世之兴衰。

改革开放后，国家抱着试一试的态度，提升县域对农村闲散资金配置的自主能力。20世纪80年代中后期至90年代末，在中央的"默认下"，子县农村合作基金会和供销社(股金)飞速发展，并称"二金"。"二金"不属于国家正式金融权力，但它也是笔者能够追溯到的最早的非正式金融权力(宿体)。"二金"的源与流、兴与衰，为我们明晰横向的权力运行架构，以及县域厚德载物的接纳性品格，提供了宝贵的史实样本和实践启示。

(一)因时：在天成像

笔者初次接触子县政务时就发现，在机关里工作的人，为人做事都是围绕"精神"开展的。一个人有讲话精神，一群人有会议精神，"为贯彻落实……精神"是一切治理任务的开端和前提。在子县，对"精神"理解到位的人，会被称赞为政策水平高，通常领导会比一般办事人员领悟得更准确，因为"精神"的本质是一种信息密度，并受到科层等级限制，自上而下递减。子县离京城万里之遥，"精神"下县后，其实已经非常稀薄了，往往是一份文件，或是一句话；至于"精神"具体是如何形成的，子县干部不完全了解，这也是他们需要学习、摸索的事。对于一个庞大的国家治理体系,“精神”成为中国基层干部指导实践的重要工具,似一种“天象”,①需审时度势。

“器械者,因时变而制宜适也。”②为贯彻落实党的十一届三中、四中全会精神,集中精力加快农业发展,③中国的农村经济体制改革在20世纪80年代拉开帷幕。子县因时制宜,大刀阔斧地调整产业结构,纠正了长期以来的“重工轻农”。不过,如何承接这些“改革红利”(农村闲散资金),成为一个难题。于是,“二金”悄然现世。

1982年,我国开始在农村地区全面推行家庭联产责任承包制(“包干到户”),子县同全国各地农村一样,原来作为人民公社基本核算单位的生产队,成为以土地公有制为基础的分散经营和统一经营相结合的地区性合作经济组织。合作经济分户承包土地,通过自主经营,包干上交国家税金和集体提留。与此同时,在保持土地公有制不变的前提下,子县将大部分的集体山林(除个别生产队实行统一经营外),划为社员责任山或自留山。山上林木折价给社员,长期经营,允许继承,可以转让。为进一步调动群众营林积极性,子县以1962年落实的林权为基础,在全县范围内对国家、集体和社员的山林权属进行核实,由县人民政府换发林权证,权属长期不变。其后,耕牛、农机具等生产

① 天象源于古人务农的直观经验,结合传统农业循环往复的特点,呈现一种相互转换的朴素科学观。“相互转换”意味着大地上的真理,需要与天象形成对照,正如基层治理集体在实践中的“贯彻”“落实”,都是对顶层设计“精神”的义理连接。

② 《淮南子·氾论训》。

③ 1979年9月25日,中共十一届四中全会通过《中共中央关于加快农业发展若干问题的决定(草案)》,明确加快发展农业生产,逐步实现农业现代化。

资料也同时折价分配到户。由此，子县农村经济迎来了翻天覆地的改造。

家庭联产承包责任制等系列改革措施，纠正了长期存在的管理高度集中和经营方式过分单调的弊端，使农民在集体经济中由单纯的劳动者变成既是生产者又是经营者。[①] 子县欣然接受着这一系列安排，尤其是乡镇企业的异军突起，农村开始破除传统、单一的农耕经营观念。

专栏4：农村生产力的解放(1979～1987年)

子县推行了政社分设的管理体制，推动原来人民公社、生产大队所办的企业，向集体企业和专业性合作经济组织转型。其中，涉及农副产品加工、建筑、建材、纺织、裁缝、交通运输、商业、饮食服务等多个轻工业领域的生产和经营。1985年底，全县共有乡、村集体企业1298个，从业人员20,928人。1987年乡镇企业数量达到1699个，从业人员29,003人。[②] 随着农村生产力的解放，一些打破地域、行业和产权限制的新型经济合作组织，如雨后春笋般涌现，在劳动力、资本、技术等多方面开展联合。这些经济联合组织，不改变财产关系，承认各自独立的经济利益，联合资源，体现自愿互利原则，具有较大的灵活性。[③] 1987年，全县联合经济组织已发展到44个。在商

① 参见石传刚：《中国农业产业化经营与家庭联产承包责任制》，载《中共贵州省委党校学报》2007年第2期。

② 参见子县地方志编撰委员会：《子县县志(1911～1987年)》，×省人民出版社1992年版，第332页。

③ 参见徐镇南：《温州农村股份合作企业考察报告》，载《中国农村观察》1992年第2期。

品经济的激励下，一些行政事业机构逐渐转变为合作性质的经济、技术服务组织，如农经、农技服务公司（站）、水电服务公司等。仅1987年，全县就建立了农经服务公司、农技服务公司共计225个。①

农村改革催生了农户、乡镇企业、个体私营企业等多样化的经济主体，他们的投资需求随着农村经济货币化程度的深化而不断提升。② 如何通过对农村闲散资金的优化配置，助推县域经济发展，成了一个难题。

然而改革开放初期，国家对县域的金融权力辐射和资源供给十分有限，仅形成了一个“天象”，便交由地方处理了。在此背景下，黑龙江、江苏等一些地方的乡村开始自发地尝试将集体资金进行内部融资，同时对农村合作基金会进行试运行③，但没有迅速扩张，也没有得到国家正式金融权力体系的认可。

（二）因势：在地成形

“善战者，因其势而利导之。”④在20世纪80年代中后期至90年代末，农村经济货币化程度持续提升，中央政府顺势而为，开始对“二金”加以政策性引导，希望将它培育成为“协助国家正式金融权力体系集中配置农村闲散资金”的金融工具，以巩固农村经济体制改革的丰硕成果。“二金”逐渐得到了中央的默认。

---

① 根据《国务院关于深化农村信用社改革试点方案的通知》（国发〔2003〕15号）和中国银行业监督管理委员会印发的《农村商业银行管理暂行规定》和《农村合作银行管理暂行规定》的通知（银监发〔2003〕10号），各地农村信用社符合组建农村商业银行、农村合作银行条件的，经银监局同意后，可着手筹建前期工作。

② 参见石秀印：《农村股份合作制》，湖南人民出版社1999年版，第20~45页。

③ 参见余文渊：《农村合作基金会兴衰对我国农村合作金融发展的启示》，载《理论探讨》2005年第5期。

④ 《史记·孙子吴起列传》。

笔者通过梳理 1984～1992 年间关于农村合作基金会的政策文件(见图 3-1),发现国家对农村合作基金会的态度是"渐进式"

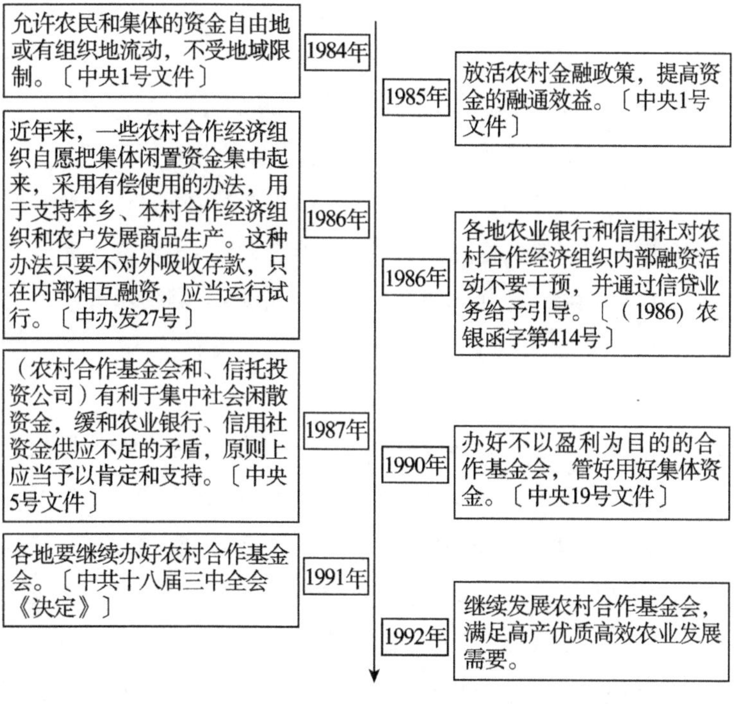

图 3-1　1984～1992 年中央关于合作基金会的政策梳理(笔者整理)

的,尤其是存贷业务方面。1986 年,中央的初衷是"只要不对外吸收存款,只在内部相互融资,应当允许实行";至 90 年代初期,中央更加注重发挥基金会对区域金融治理的贡献,不再过多强调存贷业务的监管。随着基金会的不断膨胀,县域治理集体开始注意到对基金会的规范管理,1994 年,子县政府印发《关于加强农村合作基金会规范化管理的通知》,规定"无论是镇乡基金会还是县基金会联合会,未经国家金融机关批准,一律不举办储蓄存款和贷款业务,也不要异地开设融资门市部”。但是，此类限制性的政策在实践中并未生效，子县农村合作基金会迅速发展的势头一直持续至1999年。

与基金会不一样，县供销社吸纳社员股金很大程度上需要依托基层供销社体系进行。20世纪80年代中期以后，中央不断提出“扩大供销社经营范围”等要求，明确要“加强基层社建设、扩大经济规模”。① 供销基层社顺势而上，子县社员股金规模也迅速扩大。

实际上，“二金”权力的制度性基础，都是对顶层设计“精神”的顺应、接纳，以厚德载物。就全国范围而言，“二金”普遍产生于20世纪80年代中前期，并作为农村改革的探索性事物，提升了农村的货币化程度，逐渐得到正式金融权力体系的默认。

（三）因事：吉凶同域

“天象垂，见吉凶。”本章开篇说“二金”是一种相对极限的权力运行模式，因为在整个治理过程中，几乎看不到纵向权力主体的参与。实际上，这种说法要“掐掉”一头一尾；若拉通了看，“二金”的旦夕祸福，以及非正式金融权力的盛衰兴废，皆为“天意”。20世纪90年代中后期，“二金”运行机制已经相对成熟，但一直未被纳入正式的金融（权力）体系，也没有建立与之相对应的监管机制，导致了（非正式）金融权力的“野蛮生长”。中央政府因事而制，对症下药，“二金”由全盛期转入振荡期，引致了改革开放以来少有的全国性金融挤兑风波。

1999年，由于全国性的经营产权不清、管理不善和内部人控制等情况，②国家开始对农村合作基金会、供销社股金进行清理整顿，

① 《中共中央、国务院关于深化供销合作社改革的决定》（中发〔1995〕5号）。

② 参见章芳芳：《村镇银行的界定与特点分析——从与商业银行、农村信用社、农村合作基金会的比较出发》，载《河南金融管理干部学院学报》2008年第3期。

加大对单位、个人股金清理兑付,清理贷款、借款等债权。子县供销社、人民银行分别建立资产管理和债务清收机构。

图片来源:《子县供销合作社志》。

图3－2　子县供销合作社社址

一些研究还发现,乡镇企业的衰落和地方治理集体的过度支配,都加速了“二金”的覆灭。20世纪90年代中期以后,乡镇企业的经营日益困难,由此演化为乡镇企业对合作基金会的还款困难,形成合作基金会的不良贷款和运行风险。① 同时,一些乡镇干部为追求政绩而违背资金营运的基本规律,强行要求合作基金会为修路、办学、建医院等公益事业借款,甚至直接划拨财政以缓解本级财政压力,使合作基金会不堪重负。② 最终,基金会由于天生产权结构的分散,缺少稳定融资风险的承担主体,导致风险损失不断累积而集中爆发。③

1999 年,国家统一取缔农村合作基金会,引发了全国性的金融挤兑风波,子县也未能幸免。同时,对农村合作基金会的清理整顿,诱发了供销社股金挤兑,④并持续扩大到农村基层社。同年 4 月,子县决定将全县供销社股金服务部统一关门整顿,开始全面整顿清偿社员股金工作,“二金”自此退出子县的历史舞台。

“二金”以其自生而非自灭的发展轨迹,⑤反映的不仅是一段早期非正式金融权力的兴衰简史,还有纵、横权力间的尊卑关系、运行规律和制度性基础。

---

① 参见姜长云:《从乡镇企业融资看农村金融改革》,载《经济学家》2002 年第 6 期。

② 参见郭晓鸣、赵昌文:《以农民合作的名义:1986 ~ 1999 年四川省农村合作基金会存亡里程》,载《世纪周刊》2001 年第 1 期。

③ 参见郭晓鸣、赵昌文:《以农民合作的名义:1986 ~ 1999 年四川省农村合作基金会存亡里程》,载《世纪周刊》2001 年第 1 期。

④ 20 世纪 90 年代末期,传统供销体系已受到市场经济的强烈冲击,亏损严重,清偿社员股金也成为压死供销社的最后一根稻草。以商品经济较为活跃的广东省(供销社)为例,1986 年至 1988 年间,广东省供销社共盈利 22,971 万元,但是,在 1989 年和 1990 年累计亏损 62,529 万元,且一直呈增长趋势。参见许浜:《对供销社亏损原因的剖析与摆脱困境的建议》,载《计划与发展》1992 年第 2 期。

⑤ 参见刘世定:《低层政府干预下的软风险约束与“农村合作基金会”》,载《社会学研究》2005 年第 5 期。

二、机构统合:子县掌执,“二金”为部

权为宰制,是以制度性权位和职务为前提的强制支配。

权力受限于职位。所谓“不在其位,不谋其政”、“人走茶凉”等俗语,隐喻的就是权力与职位的内生关联。如此,县域(非正式)金融权力若能成功运转,它必须达到一个高水平的行为可靠性,而最佳的方式则是为它在(正式)制度赋予的职权中找到一个位置,或者说,让它依附于所辖的行政部门。在本节,笔者通过解析“二金”的县域行政管理格局,揭示“寄生型”非正式金融权力的制度性基础,即“子县掌执,‘二金’为部”。

顶层“精神”的创生作用,需要地方的承受性才能完成。在“二金”方兴未艾之时,其金融网点遍布子县全域,但中央始终没有为它设置专门的管理机构。此背景下,“二金”长期依附横向的行政管理,(权力)寄宿于当时的涉农主管部门和各个乡镇,看似井然有序。笔者将这种权力运行的模式提炼为“机构统合”。机构统合是县域治理集体承载中央金融治理意图,进而支配“二金”的先决因素,它为子县在未来转移治理成本、实现治理意图奠定了的制度性权力基础。

本节探究的是,子县如何“承载”非正式金融权力?

(一)布局:星火燎原

“二金”应时而生,若火之燎于原,势不可挡。

农村合作基金会是早期非正式金融权力的宿体之一,它的分支机构均匀地布局在子县的各个乡镇。1988年2月,S镇试办了子县首个农村合作基金会。1990年后,农村合作基金会在中央的“默认”下迅速扩张,子县24个镇(乡)相继挂牌成立。

县供销社是非正式金融权力宿体的另一种形态,它在乡村

的根基很深，其中，14个基层供销社是这个（金融）组织的关键支撑。基层社是子县在“撤区建镇”之前的建制，以当时的行政区为单位在地域布局上实现全县覆盖，建立起县域次级供销体系。基层社又在各个乡场镇设立供销分社，作为二级核算单位。全县共有106个供销社分社，分社设经理负责行政管理事务。此外，双代店①是供销社持续深入（村）基层网点的最常见的组织形式；截至1988年，子县基层供销社同村社联办、村社集体自办，以及供销社租赁场地自办双代店，共1072个。② 这些星罗棋布的经营网点，为子县供销社吸纳股金奠定了坚实的社会基础。

每次下乡，笔者都会拜托镇上的同志带我去档案室坐一坐。档案室主任大多是临近退休的前辈，所以，笔者除了搜寻“二金”的资料，通常还会与他们聊上一会儿。并非每次下乡都能满载而归，S镇档案室主任告诉笔者：“九八年洪水，一些地势低洼的镇档案室被淹，许多资料也损毁了。还有的档案室被多年前一场大火烧了。若想还原那段历史，您还得多接触些老人。”③

笔者沿着这些提示，又寻访了很多长辈，过程确实不太顺利。看似没过去多少年，但似乎也没多少人把那段兴衰史讲得明白，也没人会将其与金融权力联想起来。不过，在这些朴实的对话中，都将线索指向了“二金”独特的管理机制——供销体系与农经体系。

---

① 又称作代购代销店，是由供销社组织和委托农民办的集体商业组织。

② 参见子县地方志编撰委员会：《子县县志（1911～1987年）》，×省人民出版社1992年版，第612页。

③ 访谈编号#20180920。

图片来源:《子县供销合作社志》。

图 3–3　子县基层供销社#1 至#14

（二）宿体:供销体系与农经体系

承载“二金”(权力)的主管部门,都不是专门的金融管理机构。1994 年,子县所在的市发布《关于加强农村合作基金会规范化管理的意见》,规定“成立农村合作基金会由农业行政主管部门审批,成立其他性质的基金会,由市政府财办和市人民银行会签审批。未经批准的,工商行政管理部门不予办理工商登记";[①]但在实践中,市政府财办和市人民银行几乎从不干预辖区的县级基金会。相似的,虽然供销社固有的组织管理体系相对成熟,但都不是专门的金融事务管理部门。

县域治理集体如何运转"二金"?为此,笔者探访了许多曾经在子县供销社和农业经济经营管理站(以下简称农经站)工作过的同志,大部分已经退休,还有一部分是他们的子女对父辈经历的回忆,总算描绘出一个子县承载"二金"的大概模样。

1. 县供销体系

20 世纪 80 年代至 90 年代末,供销社是个"包罗万象"的巨型经济体。1988 年,子县供销社合作联合社下设 11 科 2 室,机构编制 62 人,直属农资、棉麻、土产、废旧、日杂、综合贸易等 6 个专业公司、3 个工厂、1 个车队和 14 个基层供销社。1992 年末,共有县、镇乡经营网点 1478 个,农村代购店和综合服务站 1131 个,职工 4875 人。[②] 在不考虑人民公社的情况下,如此庞大规模的县级主管部门是极其少见的,如图 3－4 所示。

供销社服务于全县("三农")经济发展,也许因计划经济赋予的垄断特性,县供销社在广袤农村地区拥有最为密集的经营网点。供销社某老同志在访谈中说:"2000 年以前,区供销社归县供销社垂直管理。供销社对农业生产资料、工业品、副食品,以及其他农副产品的供应可以'一竿子'插到村上。那时供销社的办公楼比区公所、镇政府都要好,供销社的(资本)实力在全县是首屈一指的。

① 参见《关于加强农村合作基金会规范化管理的意见》(市委办发〔1994〕11 号)。

② 参见子县地方志编撰委员会:《子县县志(1911～1987 年)》,×省人民出版社 1992 年版,第 612 页。

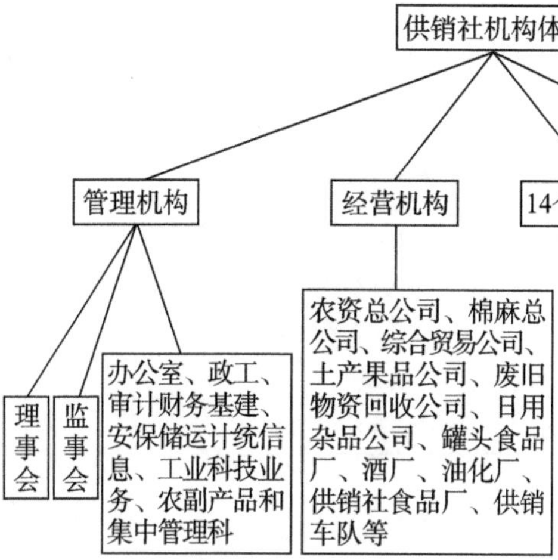

资料来源:《子县县志(1988～2005年)》笔者整理。

图3－4　子县供销体系

后来,供销社不断扩大投资规模,并开始发展股金;但当时的银行利息本就比较高,所以,吸引老百姓就得高息揽储。我记得(年)利息已经高达12%。”①

2. 县农经体系

与供销社不一样,农村合作基金会是一个专门的金融组织。从静态的管理结构来看,子县主要依托县、乡两级的农经站对基金会实行管理,②如图3－5所示。

不过在实践中,基金会并非“各就各位、按部就班”地沿着图3－5所展示的轨迹运转。子县商务局副局长在接受访谈时说:“我

① 访谈编号#20180920。

② 参见张元红、李静、张军:《从合作基金会事件看中国农村金融改革与发展》,载《中国农村经济》2002年第8期。

在乡镇作党委书记时,基金会在省、市、县都有名义上的垂直管理组织,但各乡镇的人、财、物都是相对独立的,只需要自下而上地缴纳‘管理费’。管理费没有明文规定,很多时候要以‘培训’的名义开展。县城的基金会与县农经站分设,‘两块牌子、两套人马’,但基金会很强势,农口部门根本管不了。乡镇的基金会与农经站则是‘两块牌子,一套人马’,基金会主任由农经站站长兼任,所以,也不存在谁管谁的问题。”①

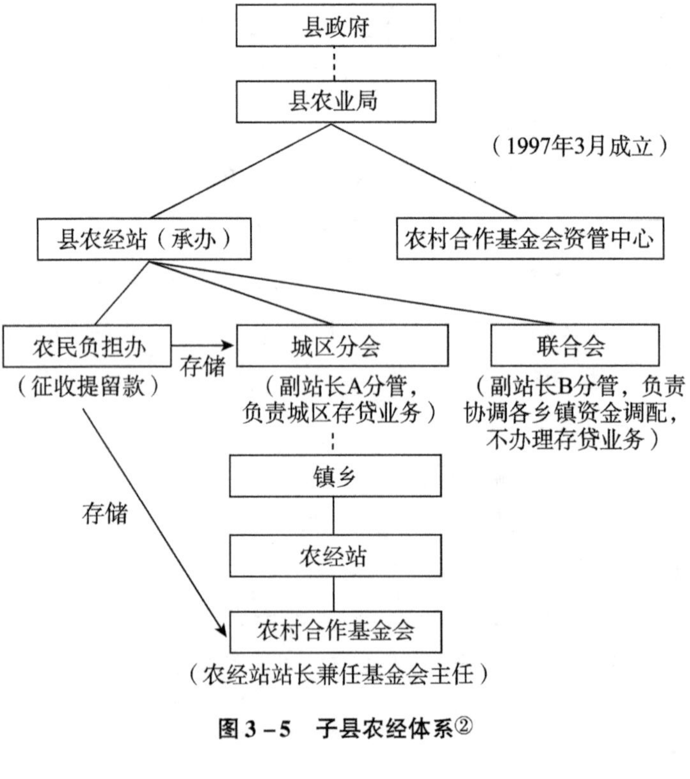

图 3－5　子县农经体系②

① 访谈编号#20180920。

② 资料来源:《子县县志(1988～2005 年)》。笔者整理。

子县治理集体依托县农经站,只是名义上对县域内的基金会实行统一管理,其实际运行完全由乡镇自行支配。根据子县县委副书记回忆:“我父亲曾担任S镇农经站长,各乡镇的基金会主任一般都由农经站长兼任。基金会就是镇政府的‘第二财政’‘小金库’,农经站对它们没什么发言权,实际上都是由镇党委书记、镇长直接管理的。那时的转移支付制度不健全,除了支持当地乡镇企业发展,基金会的资金还会用于保障政府日常运作和开销,总之权力很大。我父亲当时就觉得风险太大,坚持不兼任基金会主任。”①

透过农村合作基金会的县域行政管理格局,我们已经窥见到早期非正式金融权力的一些制度性基础。不过,基金会似乎不完全是马克斯·韦伯(Max Weber,1946年)意义上的那种有正式等级结构、各司其职、按章办事的组织形式,②尤其当纵向金融权力的阈值无限接近于零时,“人”的微观影响一览无余。

(三)自治:村提留乡统筹

从“二金”的机构设置和地理布局特征发现,不同“宿体”承载的权力运行模式会存在差异。具体而言,供销社是以“县”为中心,权力呈垂直发散运行;而“寄生”于农村合作基金会的(金融)权力,则是以“镇”为单位平行独立运行。这是为什么?

1.“经济自治”

如今,以“镇”为单位运行的金融权力已经不存在了。笔者发现,金融权力以“镇”为单位运行,有一个关键变量:提留款。20世纪80年代至90年代末,提留款为(乡)镇奠定了一定的经济基础。很长一

① 访谈编号#20180716。

② 韦伯(Weber)在20世纪初首先提出,以官僚等级结构为核心的正式组织是现代社会的基本组织。参见Weber, Max, *From Max Weber: Essays in Sociology*, Translated by H. H. G. a. C. W. Mlills, Oxford University Press, 1946。

段时间，乡镇通过收缴提留款维持着一种相对"自给自足"的状态。

专栏5：八大员

提留款是农村税费改革前（基层）地方政府向农民征收的一系列费用项目，也称为"村提留乡统筹"。村提留与乡统筹事实上是两个征收目录，村提留又称集体提留，征收栏目分为公积金、公益金与管理费，由村一级组织收取。乡统筹是乡镇一级政府收取的用于乡镇或村范围内的维护或扩大再生产、兴办公益事业和日常管理开支费用。根据中发〔1996〕13号文件①规定："农民向农村集体经济组织上交的集体提留和统筹总额，以村为单位计算，不得超过上一年农民人均收入的5%。其中村、社集体提留应占集体提留和乡统筹费总额50%以上，其中教育附加按1.5%安排，用作乡村中小学危房维修，由各镇（乡）按照计生、优抚、民兵、交通、广播、卫生、文化等七个部门统筹安排。"②

上述涉及的七个"统筹"，再加上统计职能，各（乡）镇为其设立了"专员制"，俗称"八大员"。在20世纪90年代中后期，国家通过农村税费改革，相继取缔了提留款、"八大员"等制度。

在2000年以前，提留款为"镇"级行政单位奠定了"经济自治"的基础。子县财政局副局长说："在八九十年代，县财政可以分为三个目录：一是预算内收入，来源是税收收入，主要由农业税构成；

① 中共中央、国务院《关于切实做好减轻农民负担工作的决定》（1996年12月30日）。

② 《关于切实做好减轻农民负担工作的决定》（中发〔1996〕13号）。

二是预算外收入，也就是分税制改革后逐步确立的行政事业性收费和政府性基金；三是自筹资金收入，其中大部分是提留款收入。提留款由各乡镇农经站管理，收入支出完全由乡镇支配。当时县本级财政仅负责十来个有编制的干部，算是清闲。"①

在M镇档案室中，笔者发现了撤区建镇之前关于农民负担监督与统计的一些情况：S区覆盖了当代子县行政规划中的7个乡镇，1988年，S区税金收入537,888元，其中农业税占比100%，而双提留合计征收1,840,274元，是税金收入的3倍有余。② 像S区这样的区，子县有14个。

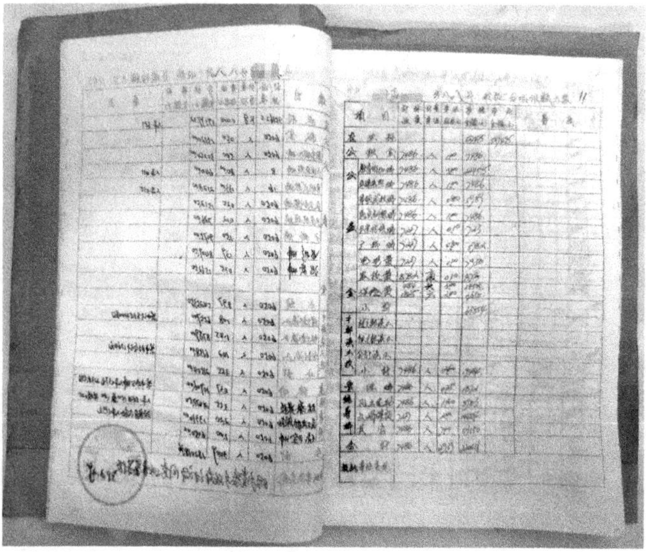

图片来源：子县S区公所农经档案。

图3-6　1998年S区＊乡"双提"定向限额方案

① 访谈编号#20181106。

② 数据源于S镇档案室。

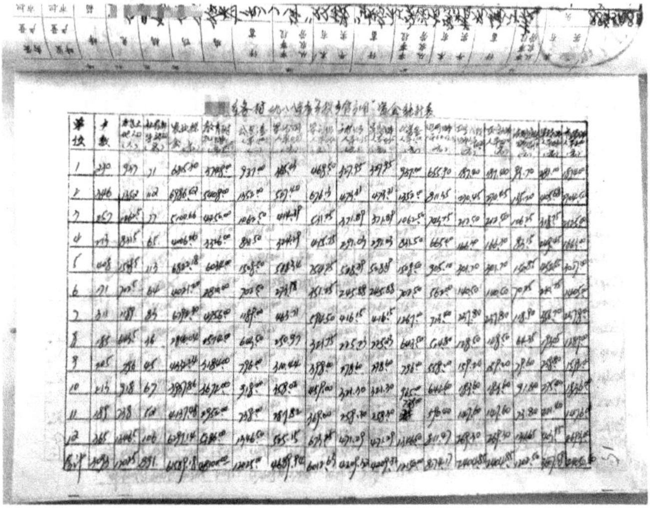

图片来源：子县S区公所农经档案。

图3－7　＊乡1998年度“双提”资金统计表

2000年以后，为农民减负的呼声很高，农业、农村税费改革不断①。2005年，按照上级部署，子县全面停征农业税及附加，提留款也在随后的国家税费改革中被取消。

2.“本土”货币投放

子县乡镇对提留款的运作，本质上是一种货币投放行为。

与供销社不一样，农村合作基金会是一个新兴的金融事物，资本积累不足、缺乏社会基础，而这些不足都由提留款“弥补”了。县商务局副局长在访谈中说：“我曾担任镇党委书记，当时各镇乡将征收的

① 2002年，子县正式开始农村税费改革，农业税费政策调整的主要内容是农业税计税土地以农民第二轮承包的农业生产土地为依据，计税土地发生增减变化，农业税应当进行及时调整。2004年，根据党中央、国务院的部署和要求，子县农业税税率降低3个百分点，由7%降至4%。

提留款都存入基金会管理。我们还专门设立了‘放贷员’,以及其他与信用社类似的管理机制,专门用于基金会对外开展信贷业务。”①笔者在调研原子县农村合作基金会资产办时,他们的负责人说:“提留款由农经站下设的农民负担办管理,所以,基金会与负担办本来就属于一个‘农经体系’。提留款,以及县区管委会、各县直部门、各事业单位的人头和办公运行经费等县级预算资金,在划拨至镇乡以后,都可以存入基金会。而且相对银行,乡县政府更愿意把资金留在基金会。”②

当时的子县乡镇干部并不清楚,将提留款等自筹资金存入基金会的行为,本质上是一个货币投放的过程。从风险控制的角度,它发挥了近似于银行存款准备金的作用;从信用制造看来,类似于基础货币投放。同时,“二金”吸纳股金、发放贷款都有“公共信用”加持的效应;它们还效仿农村信用社,建立起相对完善的金融交易服务设施,所以,对大多数子县老百姓而言,他们眼中的“二金”与正式金融权力体系下的机构并无不同。

(四)非正式金融权力:寄生

由于县域金融权力获取在法律与制度方面的障碍,非正式金融权力只能间接行使,那么,“寄生”于一个合法的“宿体”,是权力运行的先决条件;同时,一个“宿体”如果能成功运转,它必须达到一个高水平的行为可靠性,亦即对(宿体)支配者的高度服从。这就是非正式金融权力特点之一:寄生性。

“寄生”是(金融)权力的制度性基础不够健全的表现,是一种无奈之举。从当时的历史背景看来,中央有意加强县域对农村闲

① 访谈编号#20190131。

② 访谈编号#20190131。

散资金的统筹，但制度供给十分有限。供销社和基金会都属于早期非正式金融权力的宿体，虽然组织形式各有差异，但都不是专门的、正式的金融管理部门，（金融）权力运行完全依托于既存的县级主管部门。从"二金"的机构设置和地理布局特征发现，不同"宿体"承载的权力运行模式会存在差异。供销社点多面广，金融权力以"县"为中心进行垂直运行，其管理机制实际上是嵌入供销体系之中的；而农村合作基金会衍生的金融权力，则是以"镇"为单位运行，名义上依托于县乡农经部门进行管理。

宿体与非正式金融权力已然成为一种"共生体"，宿体的强盛将巩固权力的运行，而"宿体"的衰亡也将削弱，乃至消灭非正式的金融权力。这也回应了笔者在建立"金融权力运行理论框架"时的假设：失去"宿体"的非正式金融权力，将在短时间内被消亡。

三、职能统合：子县制谋，"二金"为殿

权为谋动，是战略意图的坐标。

《左传》言"中权后劲"，[1]强调了"谋"的意义，以及在后期支撑权谋执行的战略性力量。在本节，笔者将重点关注（依托"二金"的）"交易型"非正式金融权力，它是县域治理集体实现"转嫁治理成本"战略意图的重要支撑力量，亦即"子县制谋，'二金'为殿"。

20 世纪 80 年代后期至 90 年代末，子县治理集体通过对"二金"的支配，一手策划了非正式金融权力（向集资、生产、建设、维稳）的职能扩张。笔者将这种权力运行的模式提炼为"职能统合"。职能统合旨在弥补正式、半正式金融权力的供给不足，为

---

① 《左传·宣公十二年》。原句为："前茅虑无，中权，后劲。"杜预注"中军制谋，后以精兵为殿。"

区域经济管理权力提供实质性的金融配套,以实现特定的治理意图。

本节探究的是,非正式金融权力是如何“生长”的?

(一)集资:非正式的“现金总库”

创造一个能够与县级财政相辅相成的“现金总库”,是子县筹谋的第一步。

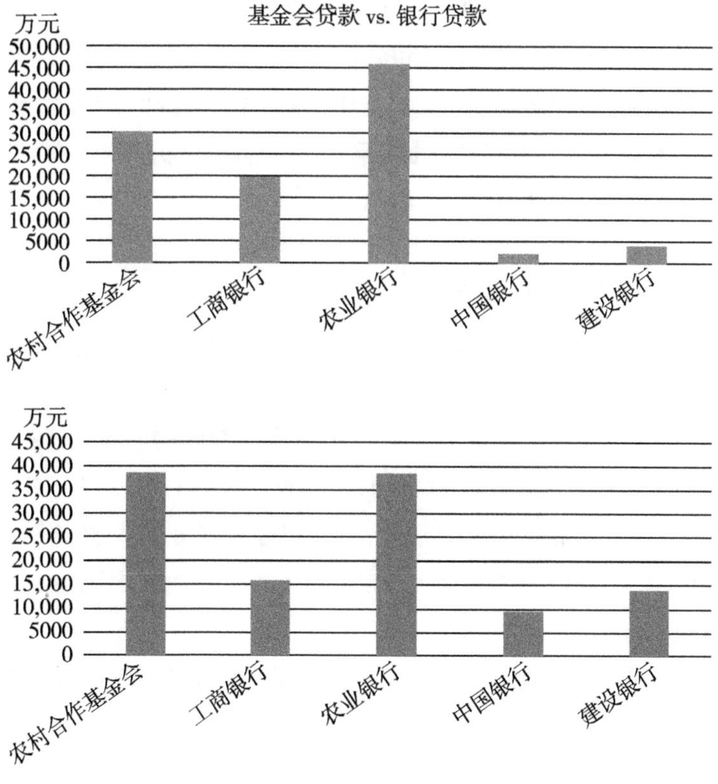

图 3－8　基金会融资与银行贷款对比①

① 数据来源:1988 ~ 2005 年子县信贷资金统计表(单位:万元)。

现金总库，又称资金池，[1]是“二金”实现资金转移和集中安排的核心调拨工具，也是非正式金融权力转嫁治理成本的前提。基金会以吸纳农村农户闲散资金为主，所以，人们习惯将它定位于一种“草根组织”。但实证发现，(成熟期的)基金会的现金流支配能力，其实已经超过了大部分(由正式金融权力布局的)县域商业银行。截至1999年3月，子县基金会共集资3.86亿元，并以此作为资金池，累计发放信贷资金超过3.03亿元。

笔者以1998年(子县信贷资金统计)为标尺，制作了图3-8，发现农村合作基金会的集资额远超子县工商、建设和中国银行的存款余额，仅与农业银行基本持平。那年，基金会发放的信贷资金相当于全县银行体系总贷款额的15.46%，分别是工行的1.52倍、中行的13倍、建行的7.36倍、城市信用社的3.64倍。

国家(正式)金融对农村的供给不足，为子县谋划创造一个非正式的“现金总库”提供了理由[2]和契机。农村合作基金会兴起于我国构建正式金融体系之初，当时子县(农村)的金融基础设施很差，农村信用社对当地货币经济的容纳能力不足，而国有商业银行又无意在农村布局，导致农村大量的闲散资金无处搁置。因此，基金会顺势而上，它的现金池成为集中支配农村闲散资金的重要金融工具，一定程度上优化了农村金融治理环境。

有别于基金会，供销社的资金池主要分为：自有资金和银行贷

---

① 资金池，最早是由跨国公司的财务公司与国际银行联手开发的资金管理模式，以统一调拨集团的全球资金，最大限度地降低集团持有的净寸头。

② 参见图3-1。1984年至1992年间，考虑到农村大量的闲散资金无处搁置，中央对基金会“内部融资”的态度总体上是支持的。

款两个部分。① 从资本结构看来，银行贷款占比较高，但总体上呈现逐年递减的趋势：

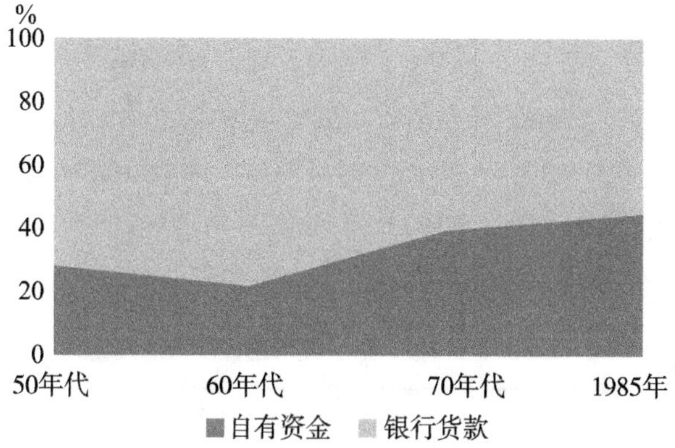

图3－9　自有资金vs.银行贷款②

子县原供销社某科长回忆："实际上，最初全县的股金加起来并不多，农民一般都是两三元一股，最多不过10元，主要还是银行贷款。随着国家金融业的管理日趋成熟，银行贷款开始需要实施一些抵押，但供销社的大部分土地资产属于划拨用地，办理抵押的手续十分复杂，经常出现抵押物不足的情况。而且，当时省、市、县

① 自有流动资金包括社员股金和历年税后利润公共积累部分。1952年全县供销系统自有资金64.99万元，其中社员股金59万元。1953年在民主整社中吸收农民入股，股金总额共达62.74万元，占自有资金80%。此后，在税务、银行等部门支持下，供销社的购销业务不断增加，服务领域越来越广，在1985年底，供销社自有资金达3942万元，其中社员股金674万元，为建设初期的10.7倍；固定资金为178倍；公共累积为1952年的367.2倍。实际上，1980年以后，农村普遍实行了联产责任承包制，农村货币化程度提高，作为国家正式形态下的农村合作金融组织——农村信用合作社，迅速进行了"扩社扩股"，但截至1987年底，子县信用社股金395.33万元，各项基金148.77万元，固定资产337.68万元，与供销社的资产资金规模差距很大。

② 数据来源：《子县供销合作社志》，第93页。

的主要领导都提倡要与农民形成更加紧密的利益连接体，甚至要试点兴办供销合作银行。因此，县供销社大力增发社员股金，并要求当年必须置换掉不低于1.5亿元的银行贷款。”①

值得注意的是，在没有专门金融监管部门的情况下，供销社的自有资金几乎完全脱离了银行业监管，由供销社自由支配。而且，随着社员股金（自有资金）占比的不断扩大，供销社对现金总库的支配性还在不断增强。如表3－1所示，在20世纪80年代中后期，供销社股金呈现井喷式发展趋势。

表3－1　1988年至1996年子县供销合作商业经营情况②

年度	纯购进总额（万元）	销售总额（万元）	利润总额（万元）	纳税总额（万元）	城建原值（万元）	自有流动资金（万元）	社员股金总额（万元）	职工工资总额（万元）	资金流转次数	费用水平（%）
1988年	10,526	20,061	475	515	3771	1322	1948	747	3.14	9.22
1989年	11,205	21,936	267	605	1649	1360	2739	771	3.12	10.11
1990年	12,507	21,672	191	634	4922	1393	3001	786	2.96	9.52
1991年	17,591	23,545	243	538	4898	1453	3453	993	2.93	9.35
1992年	17,075	24,386	392	587	5507	1485	5420	778	2.63	10.12
1993年	24,439	32,261	－120	449	7580	17,404	7400	850	1.03	3.88
1994年	29,813	34,385	33	528	9052	16,947	10,369	884	0.94	4.16
1995年	62,768	66,320	101	1074	14,138	30,443	17,794	1634	1.20	3.39
1996年	67,185	74,678	45	1145	16,730	34,512	25,088	1350	1.02	3.20

① 访谈编号#20180920。

② 数据来源：《子县县志（1988～2005年）》，笔者整理。

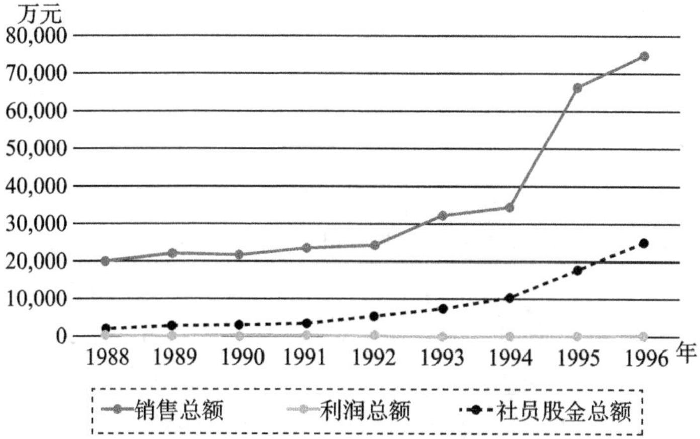

图3－10　子县供销合作主要经济指标①

在访谈中,原供销社科长回忆道:“在最高峰时期(1999年),供销社社员股金约3.5亿元,论股金总额算是全省第一大户。同时,供销社通过发展社员股金,资助或直接承担了当地多项治理工作。资金不足时,还会向农村合作基金会拆借。其实,发展股金并没有错,错在高息揽储,加之当地利用供销社的资金大兴土木,导致供销社的衰落。”②

(二)生产:开基创业

改革开放初期,百业待兴。

子县早期的产业形态具有独特的时代性,主要是对县域集体经济的扶持,尤其是在财政包干制的背景下,壮大乡镇企业成为子县治理集体提升本土经济发展水平的主要战略。不过,改革开放

① 数据来源:《子县县志(1988～2005年)》,笔者整理。

② 访谈编号#20180920。笔者在《子县县志》中找到了相关材料予以佐证:子县供销社建社之初仅有股金980元,到1999年3月,供销社股金余额达到3.64亿元,时有社员18万户。

初期乡镇企业的金融策略十分有限，诸如公司上市、①劳动力带资入厂、通过产权改革扩大直接融资，等等措施，在县域并不常见。

因此，子县支配“二金”承担了大量产业扶持的职能，以金融资源转嫁治理成本，客观上缓解了国家金融供给不足的矛盾。一方面，农村合作基金会以发放短期、小额贷款的形式，支持个体农户以家庭为单位，向集体经济组织承包生产资源和生产任务，巩固了家庭联产承包责任制的改革成果；另一方面，基金会还兼顾着扶持本地乡镇企业的职能。根据原S区区工办同志的回忆：“子县自改革开放之初就一直重视乡镇企业的发展，1992年邓小平南方谈话后，乡镇企业又迎来一波发展高潮，县委政府要求十四个区每个区都办乡镇企业。子县种桑养蚕实际上已经饱和，而丝厂的兴办仍在继续，同质化竞争严重。当时很多企业陷入经营困境，政府便通过农村合作基金会的资金来支撑乡镇企业运转。此外，政府还利用基金会的资金办新厂，我们当地的砖厂就是当时镇上书记要求办的，投资五百多万元，都是基金会的钱。”②

20世纪80年代初期，子县专门制定了系列“基金会支持产业发展”的管理办法，这也是子县试图将非正式金融权力制度化的早期实践。1993年6月3日，子县政府试行了《子县农村合作基金会管理暂行办法》（第33条）规定：“对种植业、养殖业、开发性农业以及扶贫的借款利率给予适当照顾，有条件的基金会可贴息补偿。”③

较之农村合作基金会，供销社能够“名正言顺”地承担产业扶持职能，以实现当地治理集体开基创业的谋定意图。例如，1978年10

① 我国公开的资本市场自1990年上海证券交易所的成立才初见雏形，当时的乡镇企业上市是根本不可能的事。

② 访谈编号20180920。

③ 《子县农村合作基金会管理暂行办法》（子府发〔1993〕21号）。

月，子县被中央列为全国柑橘基地县。为此，子县将柑橘列为农业多种经营的重点项目，在县城内设立"果树管理站和技术协会"，在重点乡镇配备"专职柑橘管理员"，由供销社承担柑橘"产—供—销"全产业链服务。为进一步提高工业附加值，在后来数年中，供销社投资兴办了以柑橘为原材料的罐头、酿酒、饮料、糖果糕点等16个县办工厂。

图片来源：《子县供销合作社志》。

图3-11　子县果品公司

图片来源:《子县供销合作社志》。

图 3-12　子县棉麻公司

(三)建设:大兴土木

“二金”在完成一定资本积累后,子县开始策划非正式金融权力向公共建设的职能扩张,以缓解县域大型基础设施建设的财政压力。

1991 年 8 月,县政府拟新建“子州商业城”(化名),计划投资 3975 万元,建筑面积 3.42 万平方米,包括了 18 栋商业大楼、固定门面、临时摊点 1500 余个。然而在 2000 年以前,县本级财力拮据,县域城市化进程缓慢,大型的基础设施建设并不多见。故事的结局是,县供销社受子县治理集体“委托”,全面接手商业城建设,并在 3 年内建成了当时全省最大规模的商业综合体。

此外,子县还依托“二金”支持了一大批县域商品基地建设,如表 3-2 所示。

表3-2　建设商品基地扶持资金统计①　(单位:元)

区代号	扶持基金合计	柑橘	蓑草②	其他品种的扶持
#1	1,123,384	756,828	171,502	—
#2	139,505	132,000	5805	造纸700元,豆条粉加工1000元
#3	57,906	23,450	16,776	花椒12,290元,白蜡2890元,药场2500元
#4	166,856	60,500	97,102	药场4600元,漆树4654元
#5	163,762	140,150	20,112	造纸1500元,漆树1000元,竹编1000元
#6	34,683	13,100	10,583	花椒4500元,药场3000元,苹果2500元,用材林1000元
#7	111,300	13,400	—	造纸500元,竹编2000元,养貂78,000元,用材林3500元,白蜡6400元,草帽5000元,排席2500元
#8	91,022	79,600	222	造纸6200元,苹果5000元
#9	11,977	4000	97	竹编2000元,小牛奖金5900元
#10	22,339	14,850	2569	白蜡2420元,药场2500元
#11	13,312	10,779	2033	花椒500元

① 资料来源:《子县供销合作社志》,第34页。附注:零星批复区社的在外。

② 蓑草又名龙须草,历为自生长着的一种野生植物。以前人们除隔取其少量用以搓牛绳、箩筐外,其余全被遗弃。后被试用于造纸,发现其纸质优质,回收率高达50%以上,遂被确认为军工造纸、绘图纸和出口纸的最佳原料。1978年至1981年,子县全县栽蓑草18,700亩。

续表

区代号	扶持基金合计	柑橘	蓑草	其他品种的扶持
#12	197,304	182,249	12,855	用材林 1500 元,茶场 700 元
#13	31,750	30,950	—	核桃 300 元
#14	36,005	26,800	205	—
#15	33,643	25,000	3143	于 1984 年扶持 T 水库良种柚幼苗 1 万株

笔者在《子县供销合作社志》中看到这样一句话:“子县合作事业始于公元一九三六年,发达于全国解放后,鼎盛于今天(1986年)。”那时的供销社包罗万象,供销经济工作者豪情万丈。两百多页的社志,基本反映了子县(近五十年来)农村社会主义建设的概貌和社会经济的发展、变化。有趣的是,即便在最骄傲的时刻,他们都对城市基础设施建设只字不提;前篇谈及的“北门市场”,笔者也是调查了很久才获得的。对于曾经的大兴土木,接受采访的供销社同志都悔不当初,他们似乎更愿意相信,如果坚守服务“三农”的阵地,供销社不至于落魄如斯。

实际上,这里隐含着一个“重视正当还是重视实用的矛盾冲突”。作为“二金”之一,供销社已经远远超出了一个涉农经济部门的能量,它还承载着子县的金融权力。而这个矛盾,至今仍然存在。

(四)维稳:安民抚农

稳定压倒一切。我们国家“维稳”的机制,是植根于古老的地基上而延续下来的,它始终是县域治理集体的首要治理任务。

古往今来,县作为行政逐级承包的末端,所承受治理风险与社会维稳压力是极大的。尤其在20世纪80年代中后期至90年代末，农村经济活跃度迅速攀升，这个特殊的转型时期容易滋生社会矛盾，导致县域维稳的治理成本日益繁重。然而，对于形式多样、层次复杂的农村经济合作组织和新兴交易结构，当时国家正式的金融权力体系"应接不暇"，显现出对县域治理的供给不足。

在县域治理集体的绸缪下，"二金"的职能进一步向社会维稳的治理范畴靠近，协助当地平衡市价、救患分灾、安民抚农。《子县县志》记载：1995年4月，肥料厂原料上涨，多个乡镇出现群众反应激烈的迹象。子县政府及时通过供销社进行资源调配，保证棉肥和每人3公斤的平均尿素供应。那一年，县供销社进销价倒挂损失85.7万元。① 此外，《子县供销合作社志》记载：建国初期，子县牛源严重不足，1949年仅有耕牛20,758头，每头牛平均负担耕种64亩土地，常以人力犁田，以补牛力之不足。此后，每年春夏两季，子县供销社都会选举善于识别耕牛优劣的人作代表，前往产区购牛；然后披星戴月兼程赶路，抢运在耕种季节之前，将牛运回本县。三十多年来(1953年～1985年)，县供销社为子县购进耕牛83,650头，有的还是赔本卖给农民。②

类似的情况在正式的史料中体现得并不多，但在子县治理中时有发生。在访谈中，供销社刘科长说："如果当年的橘子卖不掉，老百姓就把橘子撒一地拦路，也不交提留款，所以，县上要求供销社负责收购这些过剩的产品。那时候，还没有'维稳'的说法，只是说要承担起老百姓的'卖难问题'。若乡镇企业的罐头、酒、蓑草、

① 子县县志编撰委员会：《子县县志(1988～2005年)》，方志出版社2012年版，第63页。

② 子县供销合作社志编纂小组：《子县供销合作社志》，×县教育印刷厂印。

棉花卖不掉,工人就要闹事,最终也是供销社负责收购,资金就在我们的工资里扣除。我记得有一年收购了 22 万斤棉花,全部由供销社出钱,县财政挂账。此外,八一年发大水,①供销社按指示无偿地供应救灾物资,并协助灾后重建。还有,供销社在全盛时期,几乎解决了 80% 的退伍军人转业以及落实城镇户口的问题。”②

(五)非正式金融权力(二):交易

“交易”有特定的战略意图。

“交易”是县域治理集体力图打破既存金融权力格局的行动。县域金融资源禀赋不足,可调控的主体和工具都十分有限,诸如地方性金融资产交易所、产权交易市场等金融交易策略,县很难参与其中。20 世纪 80 年代中后期至 90 年代末,随着农村生产力的解放,县域经济治理的空间迅速扩大,子县迫切地需要一个可支配的金融交易工具。

“交易”旨在以金融资源转嫁县域治理成本。“二金”不仅是一个草根金融组织,它完美地突破了正式、半正式金融权力的制度约束,逐渐演变为子县实现治理意图、转嫁治理成本的金融交易工具。县域治理集体通过职能统合,将“二金”配置金融资源的能量释放到产业扶持、城市建设、社会维稳等公共事业领域,一定程度上巩固了农村经济体制改革的成果,承接了改革开放初期欠发达地区大量释放的轻工产能。

“二金”是近四十多年来,我们能追溯到的最早的“交易型”非

① 1981 年 7、8、9 月,子县连续发生了三次大洪灾,比近百年来任何一年的降雨最高总量,超过 2.6 倍。洪水涨势凶猛,造成严重灾害,县内平地裂缝 301 处,滑坡 3159 处,冲毁公路 50,300 米、桥梁 135 座,房屋 102,046 间,农作物受灾面积 815,648 亩。

② 访谈编号#20180920。

正式金融权力,它回应了许多关于“中国奇迹”存而不论的问题。比如“县际竞争”。[①] 张五常先生认为,县际竞争是 20 世纪 90 年代中国在经济困境中出现奇迹的主要原因,也是 21 世纪中国经济发展取得重大成就的重要原因;也正是因为县的竞争,我国工业类聚的集中发展才如此显著。本书的研究回应并补充了上述观点:一方面,“交易性”为县级经济管理权力提供了实质性的金融配套,它是县际竞争的经济基础;另一方面,非正式金融权力协助县域治理集体平衡市价、救患分灾、安民抚农,巩固了农村经济体制改革的成果,为“白热化”的县际竞争提供了一个相对稳定的社会治理环境。

四、规则统合:子县持戈,“二金”为逝

权为天戈,是强制打断常规运行的政策性金融权力。

清乾隆三十三年(1768 年),一种“叫魂”妖术震惊盛世朝野,弘历皇帝朱批谕旨,指挥全国官府开展大清查,[②]一场中央强权打破常规运作体制的“运动型治理”[③]席卷全国。这一事件为接下来研究的全国性股金挤兑风波,以及止息风波的“组合型”金融管制权力,提供了一个极佳的切入口。

1999 年,国务院办公厅转发整顿农村合作基金会工作小组《关于清理整顿农村合作基金会工作方案的通知》,紧急叫停全国的基金会。在纵向权力的强势介入下,各地雷厉风行,对基金会进行全

① 张五常:《中国的经济制度》,中信出版社 2017 年版,第 141～146 页。

② [美]孔飞力:《叫魂:1768 年的中国妖术大恐慌》,陈兼、刘昶译,生活·读书·新知三联书店 2012 年版,第 97 页。

③ 周雪光:《运动型治理机制:中国国家治理的制度逻辑再思考》,载《开放时代》2012 年第 9 期。

面清盘;而声势浩大的紧急动员连带诱发了供销社股金挤兑,并迅速扩大到农村基层社,引致了一场改革开放以来少有的全国性金融挤兑风波。在整个动员过程中,中央提供的保障措施非常有限。

意外的是,子县却没有出现政权动荡或财金体系瘫痪的现象,并在短短三四年间实现了平稳过渡。它是如何做到的?那种强制而高效的县域金融管制能力从何而来?

研究发现,(县域)非正式金融权力可以脱离“宿体”运行,将调整对象由“金融交易关系”转变为“金融调控监管关系”,从而演变为一种(县域)金融管制权力。但实现这一转变的前提是,它要处于一种“运动型治理机制”的特殊治理环境之下。运动型治理机制,是中央政府通过超越常规的紧急动员,打断权力的常规运行,达到纠偏、规范边界的意图。① 这一理论为笔者提炼横向治理集体的“规则统合”提供了参考系。不同的是,“规则统合”更加关注这场“运动”的执行者——县域治理集体。

韩愈在《石鼓歌》中,用“天戈”②比喻古代帝王军队。借此意境,笔者以“天戈”喻指“运动型治理机制中的政策性金融权力”,着重关注子县是如何“手持天戈”,以一县之力,收集信息、调动资源、集中各方力量和注意力来完成一项超越常规的金融治理任务,即“子县持戈,二金为逝”。

(一)催收:“运动式”征信

1999 年,子县按照国家统一部署,开始对“二金”吸纳社员股金进行全面整顿。1999 年 4 月 23 日,子县专门成立了供销社体制改

---

① 周雪光:《运动型治理机制:中国国家治理的制度逻辑再思考》,载《开放时代》2012 年第 9 期。

② 原句为:“周纲陵迟四海沸,宣王愤起挥天戈。”

革领导小组，督促14个基层社实行"辖区负责，属地管理"，分别建立清偿机制，并全面接管了原机构的人事、财务和物资。

然而，催收工作面临的直接困境是，当时正式的金融权力体系尚未建立统一规范的征信系统，个人征信领域一片空白，无法为"二金"清偿工作提供客观、准确、可共享的债务人信息作为支撑。面对庞大的债务规模和负债群体，县域治理集体如何识别债务人的信用等级？

笔者观察到，1999年4月27日，子县从县财政局、审计局、纪委、检察院等17个部门抽调人员，迅速深入14个基层社开展清理整顿工作，尤其对党政机关、企事业单位干部职工借款和担保借款问题，严格按照《关于违反清理整顿农村合作基金会政策规定的党纪、政纪处分暂行规定》执行。随后，县公安、检察院、法院、司法局以及组织、纪检、监察等所有部门均介入借款催收工作，加大力度敦促"体制内人员"归还借款。

子县第一时间将"(工作)单位"作为甄别借款信息的途径，有效地提升了清偿效率。原基金会资产办催收股股长说："挤兑风波发生后，县上立即组建了应急领导小组，常务副县长亲任组长，公安局长为指挥长，县公安、检察院、法院、司法局等政法口负责人，以及财政、国土、住建、税务等经济管理部门负责人全部是小组成员。领导小组首先将涉及债务的人员都集中制起来，公职人员由单位通知，如果还不出来就扣工资。而对于无单位的人员，则全部被公安局集中在阶梯教室。"①

很难想象，在金融挤兑风波中，应急领导小组在第一时间确定监管优先级的标准，不是债务额度的大小，而是"有无单位"。

① 访谈编号#20190130。

实际上，这是一种“运动式”征信。就现代征信机构数据采集的类型而言，“单位”能够综合地反映借款人的身份识别信息、信贷行为特征、民事判决信息等。在止息风波的紧急动员中，“有单位者”，意味着纪律性和道德约束较强，有助于县域治理集体定位借款人的信用等级。对于“无单位者”，则等同视为不良征信群体，进而采取更加强硬的执法措施。这样的信息甄别方式缺乏数学和统计学方法的客观性，如今看来甚至有些“野蛮”，不过以当时的约束条件看来，亦不失为一种有效的统合策略。

（二）清算：“运动式”变现

挤兑风波重创了子县供销社数十年的资本积累，导致社会就业、安置的维稳压力骤增。1999 年，子县供销社开始变卖商业馆、子县市场等大型固定资产。同时，供销社拥有的若干仓库、办公楼、（生产生活资料）商品，以及抵押在基金会多年的各类资产作为“不良债权”，也需要迅速变现。对于一县而言，这是一场浩大的攻坚战。

2005 年，中国银监会、财政部印发《不良金融资产处置尽职指引》（银监发〔2005〕72 号），自此，我国银行业金融机构和金融资产管理公司开始逐步建立全面规范的不良金融资产处置业务规则制度。而此之前，如何提高资产处置效率、如何防范道德风险等问题缺乏详实的指引，子县当如何应对？

原县基金会资产办催收股股长说：“兑付过程中，大量资产处置需要‘特事特办’。例如，一些用于抵押的商铺是修在个人宅基地上的，所以，国土局要迅速地为土地‘变性’；紧接着，住建局立即为改变用地性质后的资产补办房产证；接下来需要联合县法院加快司法拍卖程序。为提高资产变现的效率，县政府专门还出台了系列财税优惠政策,专门用于减免地方留成的部分税费。”①

以上所谈及的是一种“运动式”变现。案例中,县域治理集体(暂时)叫停一些按部就班的常规运作,意在突破原有的运作体制及其常规机制,以政治动员的方式调动资源、集中各方力量和注意力来应对金融危机。这种治理机制契合了不良债权处置的本质,即通过综合运用法律法规允许范围内的一切手段和方法,对资产进行价值变现和价值提升的活动。

(三)兑付:“运动式”重组

子县将1999年6月1日至7月31日确定为首期兑付期,首期兑付后本金余额由还款承诺书确定起止年限还本付息;同时确定了从2000年起,每年的6月1日至7月31日为兑付期,在规定时间内未兑付的可在下年兑付期内兑取,不计付息。兑付方式按照“到期还本、分期还本、冲抵还本、按比例还本”的方式向股民退换本金。按个人、企业、集体经济组织、机关单位、基金会职工清偿顺序、退换到期本金;对不能按时退还到期本金的,由子县政府向入股会员做出承诺,分年度退还本金。

消灭“二金”是一项超越常规的金融治理任务,子县必须在较短的时间内止息金融挤兑风波。但是,“二金”涉及的债务主体多如牛毛,彼此间缺乏共性关联,这使县域治理集体很难将全域的兑付任务视为一个“整体性”的金融债权。

为应对上述困境,子县需要在不改变“交易对手”的情况下,进行“运动式”重组,主要分为“化零为整”和“化整为零”两种模式。

“化零为整”的主要形式是以“镇”为单位,兜底辖区内的金融债务。子县商务局副局长在访谈中说:“根据省、市、县的要求,各

① 访谈编号#20190130。

乡镇的基金会必须在规定时间内完成80%以上的兑付任务,而中央对挤兑风波的救济十分有限。全县用于财政兜底的资金仅1000多万元,但全县63个乡镇,仅我作党委书记的那个乡镇就欠了480万元。不过,我只找县财政要了30万元,县委书记帮着在信用社协调了一百多万元,但大部分是提留款补上的。最后我们还超额完成了100%的兑付。”

相对应的,“化整为零”则是突破辖区限制,鼓励“个性化”的债权债务划转。调研发现,并非所有的基金会都面临清盘的局面,子县有四个盈利的基金会直接将债务改组到当地的信用社。此外,一些个体债务人也通过私人关系,向信用社“做通了工作”。

有趣的是,子县通过乡镇提留款支付、县信用社协调、熟人关系等各种“规则”的组合,实现了90%以上的债务重组,并完成兑付,仅以一县之力止息了区域性金融挤兑风波。

(四)非正式金融权力(三):组合

“组合性”纠正了一个可能的误区,即“二金”就是非正式金融权力的全部。实际上,非正式金融权力可以脱离“宿体”运行,将调整对象由“金融交易关系”转变为“金融调控监管关系”,从而演变为一种(县域)金融管制权力。实现这一转变的前提是,它要处于一种“运动”的特殊治理环境之下,因为在常规治理场景中,地方经济分权“自成一脉”,相对独立地运行,而超越常规的紧急动员能够打断这些规则或惯例,使这些经济权力凝聚在一起。

“组合”说明行政权力之间存在互通性。首先我必须承认“组合”是运动的,所以,它是非制度的。在“运动式治理”背景下,正当与实用之间的矛盾,便不那么突出了。相应地,制度与非制度间的界限也开始变得模糊起来,使(金融)权力的制度性与微观性基础出现混合。过程中,权力自我放大、自我扩张。也许人们认为这无需介怀，毕竟"运动"是短暂的，子县终将回归制度。但事实上，"权力的互通性"不会因为"运动"的结束而消失殆尽。

对于国家正式金融治理体系的安排，子县总体上是顺从的，却仍然可以嗅到一些权力偏离制度轨迹的气味。本章开篇谈到"二金"兴起的初衷是中央政府顺势而为，希望将它培育成为"协助国家正式金融权力体系集中配置农村闲散资金"的金融工具，巩固农村经济体制改革的成果。但"二金"的生长速度和衍生尺度，让顶层的制度设计者大跌眼镜，随即取缔。笔者在开展"二金"调研时，就发现了"权力互通"的潜力和风险。

因此，即便消灭了"二金"，但非正式金融权力的故事还在继续。

五、余论：出差

记得有一次出差，由于通知得仓促，没买到合适的高铁票，我们绕了大半个中国来到山东，与一家国资企业谈投资。途中闲来无事，书记问我这一年在政府有什么感受，当时也没回答出个所以然来。

小憩。

我望着窗外想，今儿这一趟怕是经过了一千多个县。记得母亲说过，当年她从市法院到省高院出差要一天，和我们现在"兜兜绕绕"到达山东的时间差不多。中国的基础设施建设真是一个"奇迹"。

几天后，我们"铩羽而归"。2018年10月9日，中共中央办公厅、国务院办公厅印发《关于加强国有企业资产负债约束的指导意见》，合理限制国有企业债务融资和投资等方式，强化国有企业资产负债外部约束。山东的国企立刻收起了合作意向，告诉我们"赶巧”遇上了央企国企对县域投资的大面积收缩。

我当时其实非常失落，认为做事就应该“做一样成一样”。但扭头看看同行的副县长们、局长们，一片风轻云淡，似乎早已习以为常。也没有人留意我的异样，因为他们都正忙着联系资金。彼刻，我突然想起了另一个“奇迹”，张五常曾经常提起，现在反而没那么容易被人们想得起来，那就是县际竞争对“中国奇迹”的支撑。

改革开放初期，百废待兴。县，一边要承受巨大的治理压力，一边要支撑起“中国奇迹”。如今都这么难，那时会怎么样？我很难应景地感受那种艰苦，那种不可思议。

于是，我开始着迷地寻找早期的县域金融权力。

第四章　纵横统合:县域平台公司

权由人合。

传说女娲“抟黄土作人”①时,所造人类的贫富贵贱,诞生了阶级和权力。然后经历了无数的沧桑巨变,董仲舒以“罢黜百家,独尊儒术”的天权命题,奠定了数千年君权的制度性基础;但仅此一点,还有很多问题不能解释。比如,怎么以最通俗的方式让万民信服他们是“用树藤甩出来”的,又如何以最低廉的成本制衡那些同样是“黄土捏出来”的贵族?

儒教智者也敏锐地发现了这一点,为此,他们发明了一套以“德”为核心的合作体系,包

---

① 《太平御览》引《风俗通义》:俗说天地开辟,未有人民,女娲抟黄土做人。剧务,力不暇供,乃引(牵、拉)绳于泥中,举以为人。故富贵者,黄土人;贫贱者,引絙(绳)人也。

括了以明德慎罚、①以德服人、②唯德是辅③等一系列合作条款。例如，让"有德"的中央官、地方官参与到重大的决策之中，通过这种合作来规范天赋权力的运行，一定程度弱化了中国古代贵族权力集团与皇权争锋的口实；又如，将修齐治平等"德"之言行纳入"分享权力"的合作条款，驱使着一代又一代的草根知识分子通过科举入仕，光宗耀祖。如此种种，启示笔者在研究县域金融治理的权力运行时，透过权力制度基础的条条框框，去审视它内涵的合作机制。

人合，是以"已"为中心，与他人所联系、互动而形成的社会合作机制。笔者在"为什么是扇形"一节中提出，本章将观察一个"接受权力让渡的'已'的再让渡"的阶段。"已"可以是已经被赋予（被让渡）权力的县长、局长、行长等，这些能够代表机构行使权力，却不完全等同于机构的个人；也可以是"被赋予权力的个人"代表的（纵、横）机构。我将这一系列"已"的合作，视为一种权力再让渡，也即"人合"。

某种意义上，本书第二章和第三章涉及的"天赋"和"地孕"都是（金融）权力产生的制度性特征；而本章讨论的"人合"，才是权力运行的微观性、结构性特征。其实，在"纵向统合"、"横向统合"的实证研究中，本书已经涉及制度基础之外的人合机制。例如，县银监办主任主动拜访县政法委书记，提醒并帮助其解决银行上访事件；又如，县农商行为了保持与农户的熟人关系，安排客户经理常年驻扎在对口的村镇等。笔者还发现，一些人格化因素也在制度

① 参见《尚书·周书·康诰》。原句为："惟乃丕显考文王，克明德慎罚。"

② 参见《孟子·公孙丑上》。原句为："以力服人者，非心服也，力不赡也。以德服人者，中心悦而诚服也，如七十子之服孔子也。"

③ 参见《尚书·蔡仲之命》。原句为："皇天无亲，唯德是辅。民心无常，惟惠之怀。"

基础之外扮演了关键角色,如镇党委书记、镇长坚持把提留款存在基金会里,并将其作为保障运行的“第二财政”“小金库”等。挂职2年中,笔者广泛参与子县的治理工作,在笔者看来,那些林林总总的揣摩意图、察言观色、拿捏分寸,仿佛都笼罩在一种无形的权力合作机制之中,隐而不显。对于这些问题,前文只是浅尝辄止。

必须说明的是,“人合”不是脱离了权力的制度基础;恰恰相反,它深深地烙印在正式的、制度性的治理机制之中,衔接上下。抛开(权力)制度基础讨论“人合”,则是无源之水无本之木。我们不宜冷冰冰地回避,更不宜夸大这些合作机制的作用。

本章的研究目的在于展示扇形统合的第三种类型,即纵横统合;它也是用于描述和解释县域中纵横(权力)合作机制的概念。基于前文的研究,笔者发现县域金融治理分别存在纵向金融权力和横向县域治理权。按照我国法律规定,这两种权力是分设的,因此,笔者把这种状态概括为“纵横分治”。从扇形统合的权力运行逻辑看来,纵横分治首先是“中央纵向派驻,县域横向管理”的一种静态的制度性权力格局,而在很多时候,纵横分治的权力呈“犬牙交错”亦即纵横统合的运行状态。纵横统合是纵横权力交织共鸣作用的结果,其中,“人合”的特质十分活跃。

为了能够更加清晰地观察纵横统合的存在,本章选取了县域平台公司作为分析对象。平台公司是地方政府为获取融资手段而以财政拨款、公共产品经营权、土地、股权、规费、国债等国有资产或财产权利作为注册资金包装设立的为地方政府投资项目融资服务的国有独资经济实体。[①] 平台公司于1994年国家实行分税制后

① 参见李经纬:《新预算法及其配套政府法规实施背景下的地方融资平台转型与发展》,载《中央财经大学学报》2015年第2期。

产生,旨在缓解分税制后地方政府普遍面临本级财力削弱的压力。平台公司诞生后经历了十多年的缓慢成长,在2008年我国推出“四万亿”投资计划后取得突破性的发展。直到2014年新修正的《预算法》出台,国家开始关注地方融资平台的产业化转型,以适应新的法律框架和金融治理体制,其金融(交易)属性受到大幅削弱。不过,平台公司仍然是当代地方政府十分偏爱的金融工具,尤其在县域之中。

平台公司是纵横统合的衔接界点,也是笔者分析“人合”机制的样本和切口。通过对县域金融权力运行中“已”的实证研究,笔者发现(纵横)权力的膨胀、决策的线性延伸和责任面的扩散,持续冲击着县域治理(权力)的理论边界。这些实证成果,契合了笔者最初的假设:县域金融治理的权力运行轨迹并非总是囊括在一个理论上的三角面内,而更类似于在一个蔓延扩散的“扇面”内。

之所以定位为“纵横”,是因为本章的统合主体,既包括横向的县域治理集体,也包括了纵向金融权力体系派驻在县域中的分支机构;县域平台公司则是纵、横分治主体(分别)让渡权力的结果。如今,平台公司由于背负沉重的地方债务而备受诟病,[①]是故学界对其大多停留于地方债务的整体研究。县域平台公司“实际如何运行”?权力“既得者”如何实施(权力的)再让渡?(纵横)合作者之间的权责如何分配?县域金融治理(权力)的实际边界为什么是扇形的?鲜有问津。因此,本章需要探索的问题可以归纳为:**纵横主体共同作用下,县域金融权力“实际如何运行”**?

在实证研究的基础上,笔者发现并提炼了纵横权力主体的合

① 参见龚强、王俊、贾珅:《财政分权视角下的地方政府债务研究:一个综述》,载《经济研究》2011年第7期。

作机制——纵横统合。本章分为四节:第一节通过探析平台公司发展的契机及演变,建立了"己"的逻辑起点,以解释纵横分治主体"为什么让渡权力"。第二节以"己"的推演逻辑,解释了横向分治主体对让渡权力的"再支配",以及纵向分治主体对金融交易权力的"再重塑"。第三节将"己"的推演路线向下延伸,通过梳理2008年至2018年间子县围绕平台公司作出的系列决策,提炼出县域金融权力的六个决策节点,厘清了(非正式)金融权力创造的线性逻辑。第四节基于(金融)权力的微观性、结构性特征,推演出"超己",解释了平台公司"僵而不死"之谜和纵横统合的责任机制。本章将要论证的命题可以表述为,**纵横(权力)主体共同作用下,县域金融权力将在一个蔓延扩散的"扇形"中运行**。

一、纵横一统:人之权,轮回往复

权无常枯,春风吹又生。

止息"二金"挤兑风波之后,子县治理继续前进、生生不息,而非正式金融权力"灵魂不灭",亦在轮回往复。笔者发现,早期非正式金融权力的消亡并不是完成了历史使命后全身而退、销声匿迹;恰恰相反,在现代经济的制度建设过程中,它又以新的形式(平台公司)生存下来,并继续发挥巨大作用。同时,蜕变后的权力不再是行政意志的简单拼接,而是建立在一套成熟的、现代的纵横合作机制之上。

20世纪90年代,纵横权力主体的共同作用下,平台公司应运而生。一方面,县域治理集体一如既往地渴求实质性的金融配套,以缓解本级财政压力;另一方面,基于金融监管、软预算约束、廉政风险等综合性考量,商业金融机构有强烈的动机,将金融资源优先分配国有企业。由此纵横一统,(融资)平台公司作为新一代非正式金融权力的宿体,应运而生。

我们也可以认为,平台公司是纵、横分治主体(分别)让渡权力的结果;它们为什么要让渡权力?这是本节将要探讨的。

(一)破茧:克己复礼

幼虫破茧将经历一场短暂的沉睡,类似于一次死亡。

止息“二金”挤兑风波后,(县域)非正式金融权力如同破茧前的宁静,沉寂了数年。期间(20 世纪 90 年代),分税制大幅削减了各级地方政府的财政留成率,致使县域经济发展的资金需求与实际财力出现巨大缺口。而同时,随着同业拆借市场的飞速发展,大量资金却停留在金融系统内空转套利,央行“一反常态”地不再托底干预市场波动;2013 年,我国金融市场资金利率飙升,遭遇了有史以来最严重的“钱荒”,①波及商业银行、基金、券商、信托在内的整个金融业。为构建安全、稳健的现代化金融体系,防范系统性风险,中央不断强化金融审慎监管力度,客观上压缩了商业金融机构的(交易)权力运行空间。

横向的治理压力与纵向的交易压力,如破茧前的痛苦挣扎,令人窒息。这些压力,是纵、横分治主体合作(让渡权力)的动机;也是笔者在(金融)权力运行的研究中,逐渐认识到“己”这个微观逻辑的起点。

“己”的行动,需要夯实一个核心的制度性基础。譬如“天下归仁”,所有的“己”都是为了服务“仁”的礼制;为实现“仁”,需要完成一系列(信忠孝悌节等)具有针对性的修身要素,是谓“克己复礼

① 2013 年 6 月,同业拆借市场利率迅速攀升,其中隔夜拆借利率涨幅尤为迅猛。从 4.5% 起步,盘中先后攻破 10%、20%、30%,不断刷新银行间市场成立以来的历史记录。同时,中短期资金价格全线飙升,7 天期质押式回购加权平均利率涨至 11.6217%,创下 2007 年银行间市场成立以来的新高。

为仁”。[1] 从这个角度看来,构建现代化治理体系,尤其是以社会主义核心价值观引领文化建设,巩固全体“己”团结奋斗的共同思想基础,就是国家为纵、横分治主体设计的“仁”。所以,“己”时刻须以“克己”的态度来顶住压力、迁就环境。如此,秩序得以维护,个性得以维持。

若企图“破茧”,便显得有些离经叛道了。

1. 横向克己

横向克己,指横向分治主体必须按照法律和制度的“修身”要求,克服困难,担负起逐级下放至县域的地方金融治理之责。

20世纪90年代以来,我国的GDP增长率与城镇化率保持着较高的增速,随之而来的就是大量农村人口涌入城镇,地方城市基础设施建设的资金需求旺盛。然而,分税制对央地间的财权和事权配置作出了重大调整。[2] 中央财权越发集中,地方则此消彼长,受到大幅削弱。有研究发现,中央财政收入占全部财政收入的比重由22%提高到2008年的53%,而承担的事项和支出责任却向地方大幅下放。[3] 地方治理集体面临着财政收入缩减与支出责任增加的巨大矛盾。

并且,当时颁布的一系列法律法规进一步压缩了地方治理的预算弹性。例如,原《预算法》明确要求地方政府如果没有法律或

---

① 参见《论语·颜渊》。颜渊问仁。子曰:“克己复礼为仁。一日克己复礼,天下归仁焉。为仁由己,而由人乎哉?”颜渊曰:“请问其目。”子曰:“非礼勿视,非礼勿听,非礼勿言,非礼勿动。”颜渊曰:“回虽不敏,请事斯语矣。”

② 参见李奇霖、王言峰、李云霏:《城投再来:地方融资平台如何转型》,华夏出版社2018年版,第2页。

③ 参见米璨:《我国地方政府投融资平台产生的理论基础与动因》,载《管理世界》2011年第3期。

国务院的特别规定，禁止发行地方政府债券。① 又如，1995 年 10 月 1 日施行的《担保法》规定国家机关不能担任保证人，地方政府无法通过提供担保获取贷款。② 再如，中国人民银行于 1996 年颁布的《贷款通则》明确了借款主体的形式，直接将地方政府排除在外，限制地方政府直接获取银行贷款。③

在上述国家政策背景制约和本地发展需求驱动下，子县“克己”履职，其实肩负着繁重的产业转型任务。子县财政局副局长接受采访时谈到：“1994 年分税制改革，我那时叫农税干部，农税干部最先是分到地税上，我还在税务上领了三个月工资。当时没啥工业，农业税属于主体税种。2005 年农业税停征后，④县上的产业转型很慢，迄今为止我们仍是农业人口大县，税源开发十分困难。”⑤

近年来，地方民生工程、公共基础设施等建设治理任务日益繁重，进一步压缩了县域治理的支出空间。县财政局长、县审计局长在接受采访时，不约而同地提到：“自环保督察巡视以来，我们大约花了 20 多个亿用于兴建城乡污水处理厂、垃圾发电站等环保设施，主要是通过 PPP⑥ 纳入财政预算。但实际上，每年污水、垃圾处

① 参见《中华人民共和国预算法》第 29 条。

② 参见《中华人民共和国担保法》第 8 条。

③ 《贷款通则》，中国人民银行于 1996 年 6 月 28 日以中国人民银行令 1996 年第 2 号颁行。

④ 在 2000 年左右，国内为农民减负的呼声很高，农业、农村税费不断改革，2005 年，根据省委省政府决定，子县全面停征农业税及附加。

⑤ 访谈编号#20190904。

⑥ PPP(Pubilc-Private Partnership)即政府和社会资本合作，是公共基础设施中的一种项目运作模式。自 2013 年以来，我国出台了一系列关于 PPP 的政策指引。PPP 模式缓解了公共部门增加预算、扩张债务的压力，使其有条件开展更多、更大规模的基础设施建设。

理收入根本覆盖不了支出。”①

2. 纵向克己

纵向克己,基于国内与国际两个视角,从优化配置正式金融权力的角度进行,旨在促进实现安全、稳健的现代化金融体系。

其一,从国内看,我国金融监管体系日臻完善,客观上限制了(纵向)金融权力交易的“恣意运行”。1994 年,国务院提出银行、保险、证券、信托实行分业经营的要求;随后,全国人大相继通过了《中国人民银行法》《商业银行法》《保险法》《票据法》《银行业监督管理法》等金融法律。十年间(1993 ~ 2003 年),中国人民银行发布金融监管、业务命令、规章制度近百件,整顿证券回购、稽核银行资金、检查信贷业务、剥离不良资产、清理撤销“二金”,不破不立。

由此,国家正式的金融权力体系也发生了一些微妙的变化。以 2003 年中国银监会成立为标志,我国的分业监管体系进入了一个相对成熟的阶段。正式的金融交易需要适应更加精密的国家金融监管机器,若不能克己,便是“不仁”“非礼”,将受到被剥夺权力的惩罚。

其二,我国开始逐渐强化正式金融权力的调控能力,直面西方金融领主的恃强,以及国际金融战争的杀伐,因此,对(纵向)金融交易权力也提出了新的约束要求。

自 20 世纪 90 年代以来,中央开始着力抑制经济高速发展中的通货膨胀,对抗国际金融冲击,以逐步构建安全、稳健的现代化金融体系。1993 年 6 月 24 日,中共中央、国务院发布的《关于当前经济情况和加强宏观调控的意见》,②针对通货膨胀提出了 16 条治理

---

① 访谈编号#20210530。

② 参见《中共中央、国务院关于当前经济情况和加强宏观调控的意见》(中发〔1993〕6 号)。

措施，严格控制货币发行，加强对金融机构管理的审慎性①。同时，随着美国经济（从2008年金融危机中）复苏，②美联储开始不断释放“量化宽松将逐步退出”的信号，增强对全球资本的吸引力，导致新兴国家资金外流现象加剧；为此，2013年5月5日，国家外汇管理局发布《关于加强外汇资金流入管理有关问题的通知》（汇发〔2013〕20号），强化外币纳入贷存比的监管标准。③

迫于高压金融监管，金融机构开始调整资本配置策略。在商业金融机构看来，将金融资源优先分配给国有企业无疑是最好的选择。因为在软预算约束条件下，商业金融机构认为即使国有企业产生违约，政府也会出于非经济考虑“保全”它们，所以向国有企业的倾斜实际上是潜在地降低了违约风险。④ 这便为县域金融“克己复礼”撕开了一个口子。

（二）化蝶：离经叛道？

化羽成蝶，隐喻权力（宿体）的重生。

在金融抑制背景下，纵横权力主体找到了合作的突破口——

---

① 《中共中央、国务院关于当前经济情况和加强宏观调控的意见》（中发〔1993〕6号文）规定，中央银行要加强对全社会信贷总规模的控制，并要求各家银行和非银行金融机构必须严格按照人民银行总行下达的年度信贷计划开展信贷业务，未经批准不能突破计划指标。为了严格控制信贷规模，该文件还授权人民银行对各金融机构按季监控、按月考核。

② 2013年5月，标准普尔指数首次突破1600点，道琼斯工业平均指数也刷新历史记录（突破16,000点）。

③ 迫于外币纳入贷存比考核的压力，一些银行开始大量买入美元补充外汇，一定程度上抬升了同业市场利率，加剧了银行间资金面紧张状况。这也成为2013年“钱荒”的诱因之一。而我观察到，这次“钱荒”更加深远的影响则是，坚定了中央持续收缩商业金融机构的金融交易权力和加强防范系统性风险的战略意图，延续至今。

④ 参见陆正飞、祝继高、樊铮：《银根紧缩、信贷歧视与民营上市公司投资者利益损失》，载《金融研究》2009年第8期。

平台公司,(县域)非正式金融权力破茧化蝶。一方面,纵向的金融权力主体可以通过平台公司,释放过剩的金融产能,分享区域治理红利;另一方面,地方治理集体也将横向的治理成本,通过平台公司分摊至纵向权力主体,缓解本级预算压力。(融资)平台公司的出现,是纵、横权力主体都"乐见其成"的。

然而,事物发展的结果在如今看来,却是平台公司负债累累、受到诟病。县域平台公司似乎并非完全朝着纵、横权力主体初衷乐见方向发展变化,与国家意图构建之"仁礼",大相径庭。笔者不禁反思:纵、横权力主体是如何一步一步"离经叛道"如斯?

违背儒教(经典)道统被视为"离经叛道",而后来明清时候"经世致用"却成为时代思潮,①所以,笔者坚信儒学是一门入世哲学。孔子针对春秋末年礼崩乐坏,曾经通过不遗余力地传教恢复社会秩序。说明"礼"具有针砭时弊的传统、经世致用的基因,是因时势而异的。"礼"可以随着社会性质和结构的变化而变化,对"己"的要求也各有侧重。比如董仲舒谈"仁之法,在爱人",②强调了"他律",而非彻头彻尾的"自律",有别于孔孟之"仁";再如谭嗣同的《仁学》,重在推崇平等,③又异于前人。基于从传统文化因时而异、与时俱进中受到的启发,笔者沿着子县平台公司的发展轨迹,纵线观察分析纵横分治主体在快速的制度变迁中,究竟是"离经叛道",还是因时而异适应新的发展需要。

① 针对明末学风的空疏,清初一些学者起而提倡"实学"。如颜习斋提出的"实习、实讲、实行、实用之学","经世致用"便是其中心思想;旨在反对学术研究脱离现实,强调把学术研究和现实的政治联系起来,改革社会。黄宗羲、顾炎武、王夫之都是"经世致用"的代表人物。

② (西汉)董仲舒《春秋繁露·仁义法》:"仁之法,在爱人,不在爱我;义之法,在正我,不在正人。"

③ (清)谭嗣同《仁学·界说》:"平等者,致一之谓也。一则通无,通则仁矣。"

1. 从项目公司到代建公司

平台公司设立的依据是“项目法人责任制”。1996年国家计划委员会颁布了《关于实行建设项目法人责任制的暂行规定》,[①]要求国有单位经营性基本建设大中型项目在建设阶段必须组建项目法人。[②] 最初期的平台公司,本质上是为了实现政企分开而组建的项目法人单位。出于不同的基础设施建设目标,子县政府在早年设立了若干个项目公司,且随着县域城市化进程推进,项目公司的数量还不断增加;在高峰时期,从各个县级主管部门中能够剥离出十数个项目公司。

良莠不齐的项目公司带来了管理上的困难,在国家投资政策的引导下,子县开始重组域内的项目公司。

子县农投公司董事长在接受访谈中说:“县领导调研了全县的国有企业,认为我县国有企业数量过多,不便于管理,更不利于资本运作,所以,要对全县的项目公司进行优化整合。基于对农村和交通工作的重视,保留了我们。”[③]

2004年,国务院印发《关于投资体制改革的决定》(国发〔2004〕20号),明确拓宽各类融资渠道,支持企业进行项目投资建设,同时鼓励地方政府和企业通过“代建制”实施基础设施等公益性项目的投资建设。[④] 代建制,逐渐成为当时平台公司最主要、最典型的经营模式。[⑤] 例如,子县根据重点产业的目录分类,将若干

---

① 参见1996年1月20日国家计划委员会《关于实行建设项目法人责任制的暂行规定》(计建设〔1996〕673号)旨在建立投资责任约束机制,规范项目法人行为。

② 参见国家计划委员会《关于实行建设项目法人责任制的暂行规定》第2条。

③ 访谈编号#20181212。

④ 参见《国务院关于投资体制改革的决定》(国发〔2004〕20号)第2条、第3条。

⑤ 参见毛捷、徐军伟:《中国地方政府债务问题研究的现实基础——制度变迁、统计方法与重要事实》,载《财政研究》2019年第1期。

个项目公司整合为三个代建公司，形成了当下商业投资、工业投资、农业投资公司“三足鼎立”的雏形。

观察一个“接受权力让渡的‘己’的再让渡”，这个“己”的权力基础不仅仅是私德①，还包括一系列综合性的社会结构。在现代国家治理体系中，子县从项目公司到代建公司，“己”要顺应社会经济制度的变迁，权力要服从于更加高级的制度设计者。观察子县平台公司的早期发展历程，其实未发现什么“离经叛道”的证据；它们紧随时代变革步伐，每一次权力结构的调整，都根据制度设计者的引导，优化公共治理责任。

2. 从代建公司到平台公司

代建公司出现后经历了十多年的缓慢发展，直到 2008 年我国推出“四万亿”投资计划后得到了突破性的发展，②其融资职能开始被不断放大，逐渐向支撑区域金融工作的（融资）平台公司演变。2009 年 3 月，中国人民银行和中国银监会联合印发了《关于进一步加强信贷结构调整促进国民经济平稳较快发展的指导意见》（银发〔2009〕92 号），明确指出有条件的地方政府组建投融资平台，丰富融资工具，拓宽中央政府投资项目的配套资金融资

① 在儒家的道德体系中，公共治理责任与私人关系存在明显冲突。学而优则仕，打破了以血统贵贱作为配置公共权力的依据；但修齐治平，学的都是私德，把鬼神、君臣、父子等人伦关系处理得好的人，就可以获取公权力。大家都是顺着伦常的同心圆，得到权力；你若想“反制”这种思辨路线，质疑公私关系，那就是否定了自己的权力基础。

② 实际上，在 4 万亿元投资中，新增的中央投资，包括中央预算内投资、中央政府性基金、中央财政其他公共投资，以及中央财政灾后恢复重建基金，共 11,800 亿元，仅占总投资规模的 29.5%；而其他投资 28,200 亿元，主要来自地方财政预算、中央财政代发地方政府债券、政策性贷款、企业（公司）债券和中期票据、银行贷款以及吸引民间投资等，占总投资规模的 70.5%。参见韩晓东：《发改委：四万亿新增中央投资有四大来源》，载《中国证券报》2009 年 5 月 22 日。

渠道。2009 年,我国五分之二的商业银行信贷资金流向了地方融资平台公司。①

2009 年至 2013 年,金融机构开始大量收缩对民营企业的贷款,并集中优势金融资源向国有企业倾斜,这也是国有(融资)平台公司的“高光时刻”。在此期间,最早获得授信的是市级及以上的平台公司,这些公司凭借相对富裕的地方财政收入和较高等级的外部信用评级,获取了大量的低成本资金;有趣的是,它们还将溢出的流动性释放到县级平台公司,做起了“转贷生意”。

子县人大财经委副主任回忆道:“我曾在商投公司作副总。我记得在 2013 年,市级平台公司有贷款余额 220 亿元,而那年财务费用是负的 6.71 亿元。主要是因为它们的资金都是通过银行协议利率获得的,再以委贷的形式把钱放到我们县上,利率大约是 8.5% ~ 10%,远高于协议利率,所以财务费用为负。当年子县由于农民社保问题,需在年底前缴纳一个亿,而这笔钱就是由市级平台公司委贷解决的。”②

笔者还注意到,时年全国性的反腐工作,③客观上拉近了商业金融机构与(国有)平台公司的距离。子县人大财经委副主任说:“金融机构的贷款交给政府的公司,就是左手到右手。至少没有廉政风险。”④

---

① 参见刘明:《商业银行对地方政府融资平台公司贷款的风险防范》,载《法制与社会》2011 年第 4 期。

② 访谈编号#20181206。

③ 2012 年 12 月 4 日,中共中央政治局召开会议,审议通过了《中央政治局关于改进工作作风、密切联系群众的八项规定》。“中央八项规定”是一个切入口和动员令,从中央做起,既抓思想引导又抓行为规范,执纪问责,严肃查处和曝光典型案件,形成高压态势。

④ 访谈编号#20180920。

因此，商业金融机构开始密切地与子县平台公司接触。笔者观察到这种现象，以 2013 年为分水岭，对商投公司自成立以来接触商业金融机构形成的金融网络，制作了表 4-1。

表 4-1　商投公司历年金融网络①

										G 控股投资	成都银行	
										光大银行	中信信托	
									宏信证券	华夏银行	平安银行	
									建设银行	中信银行	新网银行	
									工商银行	中信信托	哈尔滨银行	
									信用社	建设银行	光大银行	
								S 财富管理公司	农发重点建设基金	信用社	S 财富管理公司	M 融资租赁公司
					国开行			建设银行	国家基金公司	国开基金公司	建设银行	定向融资基金公司
				农业银行	农业银行			A 地方商行	国开行	农业银行	A 地方商行	工商银行
			农发行	农发行	农发行		A 地方商行	农发行	农发行	农发行	农发行	农发行
2006年	2007年	2008年	2009年	2010年	2011年	2012年	2013年	2014年	2015年	2016年	2017年	2018年

2013 年前，商业金融机构接触子县平台公司寥若晨星，而此后则出现了很大发展变化。自 2013 年起，商业金融机构开始连续、密切地接触子县平台公司，呈现逐年较大幅度上升趋势。从历史资料记载和笔者在子县两年抵近观察的情况看来，子县平台公司也

① 资料来源：笔者整理。

未曾出现债务风险失控和融资重大违法违规行为发生,而且多次为子县解决燃眉之急,在助力县域国民经济和社会事业发展以及维护子县社会稳定中发挥了不可或缺的作用。

正如"礼"是孔子在逻辑总和上,对所有"己"的要求,如若遇上了谭嗣同,则不一定会同意。对平台公司因应时与势变迁所实施的行为及其结果,我们简单粗暴地指责纵横权力主体"君子反复"、离经叛道,应是不适当的;或埋怨"制度错了",这亦是一个无法证伪、没有意义的命题,如"上帝不会掷骰子"。任何事物发展变化,都是有其必然规律;继往蜕变后的平台公司权力运行不再是行政意志的简单拼接,它在纵横分治主体(分别)让渡权力后应运而生、与时俱进、纵横一统。

3. 补记

值得注意的是,子县平台公司在大危机的若干年后才开始迅速扩张,这与大部分观察不一致,主要有三方面原因:第一,2005 年至2014 年间,子县治理集体对平台公司的支持力度非常有限,公司资产规模非常小,当时的"强势机关"如教育、卫生等部门并未将经营性资产划拨到公司。商投公司成立 8 年以来,基本依赖收取固定的铺面租金(约 200 万元 ~400 万元/年)来维持生计;第二,2014 年 12 月前,在国家正式金融权力体系的"默认"下,各地 BT 模式①盛行,许多公共事业建设可以通过"建设—移交"模式撬动社会资本。第三,2008 年,子县遭受地震天灾。在灾后重建期间,子县陆陆续续获得了中央援助资金约 90 亿元,所以,当时的金融治理矛

① BT,即"建设 – 移交"(build-transfer),是政府利用非政府资金进行非经营性基础设施建设项目的一种融资模式。

盾并不突出。①

在2016年以前，子县平台公司仅承担名义上项目业主，金融治理地位并不突出。

二、纵横统合的衔接界点

权为摄器，是“取利”的工具。

权力是一种达到特定目标和获取利益的能力和资源。② 这种权力观强调权力的目的性和趋理性，认为权力就是占有社会资源的能力和工具。美社会学家塔尔科特·帕森斯(Talcott Parsons)就是这种权力观的典型代表。③ 笔者接下来关于“纵横统合的衔接界点”的研究，与上述分析框架有相似性，但不完全一致。本节关注的“利”特指“金融资源”，但“取利”不是为了“占有”，而是“控制一种能够以金融资源转移治理成本的工具”。

从这一节起，笔者要讲一些笼子以外的事。本书开篇，笔者说法学人关心制度。按此进路，若纵、横权力主体在让渡权力时，完全在制度的引导下完成，步步为营，光明正大，便可以高枕无忧了；而骨感的现实并没有理想那么丰满，我们都知道，平台公司及其所隐射的当代金融治理问题，需要法学有所建树。笔者不建议单纯

① 此外，子县还作为首批被划入省直管县的试点地区，省财政也将为子县的日常运转给予一定程度的保障。

② 参见俞可平：《权力与权威：新的解释》，载《中国人民大学学报》2016年第3期。

③ 他在评论赖斯·米尔斯(Charles Wright Mills)的《权力精英》一书时说：“对米尔斯来说，权力不是在作为一个系统社会中，并为了作为系统的社会而发挥功能的工具，而是被无一例外地解释为：一个团体——权力占有者通过防止另一个团体——‘在野党’得到其所要的东西。”参见L.科塞尔、顾晓鸣：《权力概念：理论的发展》，载《社会》1985年第5期。

地从整体性去找制度的茬，所以设计了后面的篇幅，探究权力的微观基础。

平台公司作为纵横统合的衔接界点，纵横金融权力在此相互交织、融合，镶嵌在县域治理工作之中。在这个过程中，平台公司作为权力宿体迅速膨胀。平台公司由此获得了许多代名词，如金融权力共生体、经济权力熔炉、资本要素配置工具等，甚至直接将其视为非正式金融权力。然而，这只是一种表象。

如今，平台公司由于背负沉重的地方债务而备受诟病，所以，人们往往停留于地方债务的整体研究。纵、横分治主体是如何在权力让渡中实现合作的？**县域平台公司"实际如何运行"**？它揭示了扇形统合的什么特征？这些权力运行的微观性问题鲜有问津。

（一）连横：悬丝傀儡

若制度无过，纵横克己，为什么平台公司还是出了岔子？其实在"制度"之外，还有一个很模糊的"超己"①，是把"己"推出去的一个逻辑总和。如此，我们既可以肯定纵、横主体无私地迁就制度，但同时也承认他们以"己"为中心的推演路线，是没有动摇的。如果这个假设成立，意味着纵、横分治主体既要让渡权力，又要守住权力。

以下笔者讲述的是，平台公司虽然依据《公司法》成立，但实际

① 我从费孝通（2012年）讨论"维系着私人的道德"中，获得了"超己"这个观念。他认为"仁"是儒家思想中一种超乎私德的观念，是一切私人关系中道德要素的共相，亦即"超己"。本书关于"己"的逻辑起点，也是建立在"以己推人"的儒教道统上，而且在解释"超己"与"制度"的关系中，同样有很多关于"仁"与"礼"的反思。不一样的是，在现代国家治理体系中，权力运行的基础已经发生了深刻的变化；我们依然可以承认"学而优则仕"的公共权力获取途径，但私人德行只是一系列复杂社会结构的分子。因此，"超己"与"制度"有很多相似的地方，而与"圣人"的区别就比较大了。

上，它完全处于横向（县域）治理权力的支配之下，是县域金融权力运行的“悬丝傀儡”。也就是说，横向分治主体让渡的权力，可以实现对它的再支配。但权力没有“质量守恒”，而是在这个过程中不断膨胀。

1. 制度支配

平台公司治理是子县政府分管机制①的子系统。

子县政府的决策层由县长、副县长、工业园区党工委书记和县长助理（共 10 人）组成，各司其职。根据分工，商投公司由常务副县长直接管理；农投公司由分管交通、住建、发改部门的副县长管理；工投公司则是由分管科工信局、经济合作局（原投促局）的副县长和工业园区党工委书记共同管理。由此，建立了一个县域平台公司的“次级”支配结构。

专栏 6：金融权力的“分享”

为什么每一个县都有若干个平台公司？

对于上述现象，人们或许已经习以为常。但是，如果县平台公司的价值在于融资，为什么需要若干个端口？“一县一公司”岂不是更能发挥资本的集聚和规模效应？

有一种说法是为了分散风险，所以，不把鸡蛋放在一个篮子里。这种解释是可疑的，因为任何一家平台公司的金融风险，都可能转化为当地治理集体的政治责难，所以，平台公司受到的“保护”是均等的。实际上，由于县域金融资源拮据，过渡分散资本反而拉长了防范金融风险

① 县长领导县政府的全面工作，具有最终决策权、行政指挥权和人事提名权；常务副县长协助县长主持县政府日常工作；县政府其他党组成员根据分工协助县长工作，形成了一个县级政府分管机制。

的战线。

在笔者看来，县域内拥有若干家平台公司的现象，本质上不是为了降低金融风险，而是区域金融权力的“分享”结果。

2. 人事支配

县域治理集体对平台公司的人事支配具有持续性、稳定性。

子县平台公司的董事会一般由3～9人组成，董事长由子县干部集体决策任命（需通过县政府常务会议、县委常委会议），人选在董事会成员中诞生。公司总经理由董事长提名，报县委、县府审定后，再由董事会聘任。每隔三年，平台公司的高级管理层将按程序进行换届，意味着县域治理集体对平台公司的人事支配是持续性的。

此外，子县平台公司与县政府延续着一种长期、稳定的人事互动关系。例如，首届商投公司董事长，由时任县财政局长调任，任职期满后再转任副县长；再如，现工投公司董事长，曾担任县政府办副主任、县财金办副主任等职务。因此，平台公司虽然不是法定意义上的县级主管部门，但它在代行金融权力的过程中，始终与县域治理集体保持着绝对的行政隶属和趋同的价值理念。

3. 经济支配

子县通过制定地方行政规章，已经将平台公司的经济行为制度化。

2019年，子县印发《子县县属国有企业大额资金支出监管暂行办法》（以下简称《监管暂行办法》），强化监管子县平台公司及其下属分支的大额资金使用情况，包括新建项目投资、企业固定资产购置及改扩建、资产转让、置换及变卖、对外融资，企业大额流动资金使用等金融交易行为。其中，《监管暂行办法》尤其关注一次性投入或支付数额较大的资金使用情况①。

此外，子县还要求平台公司在企业内部制定大额资金使用的具体实施办法，并建立起每月、每季度向县国资办报备的信息共享制度。

权力膨胀，看似很抽象，但若将它放在"平台公司实际如何运行"这个公式里讨论，便一目了然的。县域治理集体一方面让渡了部分的区域治理权力，使金融机构能够参与其中；另一方面又设计了若干的微观治理结构，将横向执行单元（如县国资委、财政局）与平台公司连接绑定在一起，使这个"让渡出去的权力"又牢牢地掌握在自己手中。一来一去，权力行进的空间便膨胀了。

（二）合纵：楚弓复得

前篇"纵向克己"言到，"制度"压缩了金融交易权力的运行空间，且主要是向商业金融机构发起；要求金融交易权的所有者，向金融监管、调控权所有者的权力让渡。然而，即便我们看到商业金融机构始终严守法律底线，但它们内心仍渴望更多地参与区域治理，分享发展红利。

因此，商业金融机构希望恢复自己让渡的金融交易权力，尤其是在信贷、债券和（私募）基金的领域，它们切盼找回"更加自由的交易失地"，重塑权力格局；而平台公司向它们提供了这个机会。

---

① 《子县县属国有企业大额资金支出监管暂行办法》规定，一次性投入或支付资金为200万元以内（含200万元）的，须由企业内部程序审核后支付，每月末报县国资办备案；一次性投入或支付资金为200万元以上，500万元以内（含500万元）的，须经企业经营管理层集体决策后报企业董事会审定，于每月5日前预报当月资金计划至国资办，经国资办审核后，报政府分管领导审批；一次性投入或支付资金为500万元以上的，须经企业经营管理层集体决策后报企业董事会审定，于每月5日前预报当月资金计划至国资办，经国资办初核，政府分管领导审核后，报国资委主任审批。子县县委、县政府对平台公司的控制还延伸到平台公司的下属子公司，当平台公司的下属子公司需支出大额资金时，由集团公司汇总，按照《子县县属国有企业大额资金支出监管暂行办法》的规定履行报批手续。

1. 信贷

1996 年,中国人民银行在《贷款通则》中明确规定,地方政府不能直接获取银行贷款。[①] 但是,将贷款发放给具有借款人主体资格的平台公司,属于正当的金融交易行为。

商业银行是地方政府的主要融资渠道,尤其在后危机时代,地方政府通过融资平台大量举债,其中银行贷款占据了很大份额。[②] 根据《预算法》,2015 年及以后的新增举债,依法不再属于地方政府债务。为实现地方存量债务平稳过渡,中央制定了一系列新型金融政策,例如政府和社会资本合作、政府投资基金等模式。[③] 但事实证明,这些过渡性政策没有从根本上抑制地方举债的冲动,反而掀起了一轮投融资的"小高潮"。2015 年至 2017 年间(新《预算法》颁行后的 3 年),子县平台公司与商业银行的合作,[④]占全部金融合作的比例分别为 62.5%、69.23%、66.67%。值得注意的是,这些资金主要流向了回收周期长、项目收益低的公共事业建设。[⑤]

2. 债券

根据原《预算法》规定,地方政府如果没有法律或国务院的特别规定,禁止发行地方政府债券[⑥];2014 年修正的《预算法》规定省

---

① 参见《贷款通则》第 17 条。

② 参见纪志宏、周黎安、王鹏、赵鹰妍:《地方官员晋升激励与银行信贷——来自中国城市商业银行的经验证据》,载《金融研究》2014 年第 1 期。

③ 参见中国银监会 国家发展改革委员会《关于银行业支持重点领域重大工程建设的指导意见》(银监发〔2015〕43 号)、财政部《关于印发〈政府投资基金暂行管理办法〉的通知》(财预〔2015〕210 号)等。

④ 本书以"是否签订合同"作为判断"有效合作"的标准。

⑤ 本质上,这是一个"利用信贷资源转嫁治理成本"的过程。在此过程中,地方治理集体根据区域经济建设的偏好,影响银行信贷资源流向,可能导致金融资源偏离了市场的优化配置。

⑥ 参见 1994 年《中华人民共和国预算法》第 29 条。

级政府可以在限额内发行债券，[1]但市、县级政府仍被排除在外。

有幸的是，子县为笔者提供了一次成功组券的观察机会。2017年，商投公司成功发行企业债（8亿元），这也是公司自创建以来完成的单笔最大融资。实际上，此次组券工作早在2014年便已开始筹备，过程异常艰辛。

在金融抑制的背景下，县域组券工作往往存在较大的不确定性。2017年，工投公司计划以产业孵化园为标的发行项目收益债，并获得了子县治理集体的支持。工投公司以此为契机，归集了大量的土地、厂房等固定资产作为债券发行的反担保物。然而，由于近年来我国地方债务规模迅速扩张导致金融和经济杠杆率快速上升，[2]地方债务成为金融监管的重点领域。为守住不发生系统性金融风险的底线、保障金融安全，国家金融主管部门引导证券公司不断提高债券的发行标准，如提高外部信用评级要求、增加净资产担保比例等准入门槛，导致工投公司的组券工作“不了了之”。

3. 基金

一般而言，县级平台公司没有意识在基金业协会履行备案手续，因此不具备发行私募产品的资格。[3] 但实践中，平台公司往往将“融资意图”隐藏在具备发行资格的私募基金产品之中，规避了基金业协会的监管。子县平台公司将此类金融模式称为“定向融资计划”，近年来频繁地出现在各种中小型地方产权交易所。

---

① 参见1994年《中华人民共和国预算法》第35条。

② 参见毛锐、刘楠楠、刘蓉：《地方政府债务扩张与系统性金融风险的触发机制》，载《中国工业经济》2018年第4期。

③ 根据中国证券投资基金协会2014年1月17日发布的《私募投资基金管理人登记和基金备案办法（试行）》（中基协发〔2014〕1号）第5条规定，私募基金管理人应当向基金业协会履行基金管理人登记手续并申请成为基金业协会会员。

2018年2月，县平台公司召开董事会，决议通过了公司在××地方金融资产交易中心有限公司备案后，发行不超过30,000万元的定向融资计划。产品基本方案如表4－2所示。

表4－2　平台公司定向融资计划方案①

定向融资计划	
产品名称	平台公司非公开发行定向融资计划
备案发行规模	不超过人民币30,000万元，分期发行。
产品期限	〔3〕年。
产品利率	产品发行利率将根据向符合××地方金融资产交易中心有限公司规定的具备相应风险识别和承担能力的投资者进行询价的结果，与承销商协商确定，但不超过同期银行贷款基准利率的3倍。
计息方式	按照单利计息，不计复利。
还本付息方式	每年付息一次，各期单独核算统一支付，最后一期利息于到期日随本金一并支付。每年付息日起不另计利息，本金自兑付日起不另计利息。
发行方式	以非公开方式发行。
发行对象	符合××地方金融资产交易中心有限公司规定的具备相应风险识别和承担能力的合格投资者。
承销方式	由承销商采取代销的方式承销。
备案登记场所	××地方金融资产交易中心有限公司。
其他中介机构	聘请××商务咨询有限公司作为产品发行的承销商和受托管理人。
募集资金用途	用于补充平台公司的流动资金。

笔者尤其关注到“其他中介机构”这一项，发现这个机构才是

① 资料来源：本表由笔者根据县商业投资公司所提供定向融资计划资料整理。

法定意义上的募集人，而子县的“定向融资计划”其实镶嵌在它的私募产品之中。① 相较于银行贷款和债券发行，“定向融资计划”在融资规模和周期上都没有明显优势；但笔者关注的是，纵横合作呈现多样化趋势，（金融）权力的运行将更具隐蔽性、协同性。

（金融）交易、监管、调控三种权力，虽然调整的法律关系截然不同，但相互间无法割裂。至于如何理解“交易权力的让渡”，设想这样一个场景：交易在监管下运行，与完全自由、不受约束的权力运行必然有很大差异，这个“差异”就是权力让渡的空间。楚弓复得，隐喻的就是商业金融机构以平台公司为衔接界点，辗转恢复、合并了一部分制度框架以外的（纵向）金融交易权力。或者说，商业金融机构在“制度”重塑正式金融权力的格局上，进行了一次“再重塑”。这一进一出，权力运行的空间又膨胀了。

（三）“扇形”的由来（一）：“点”的膨胀

一子落而满盘活。

起初，子县凭借着对平台公司这个“点”的支配，既让渡了权力，又守住了权力，使区域治理中的经济分权具备了实质的金融配套，冲破了（正式）金融权力一统格局，也冲击了县域治理（权力）的理论边界。

上述研究契合了笔者最初的假设：横向治理权力不断膨胀，将持续冲击着县域治理（权力）的理论边界，使县域治理权力的运行轨迹并非总是囊括在一个理论上的三角面内，而更类似于在一个蔓延扩散的“扇面”之中。

① 参见中国证券投资基金协会2014年1月17日发布《私募投资基金管理人登记和基金备案办法（试行）》（中基协会〔2014〕1号）第3条规定，中国证券投资基金业协会按照本办法规定办理私募基金管理人登记及私募基金备案，对私募基金业务活动进行自律管理。

权力在阳光下运行,可曾想过权力也可如"藤蔓"一般,在阳光下蔓延。法学对"制度"的关注是十分丰富的,如千挑万选的阳光宅子,大的方向无可厚非。然而,"权力膨胀"这个问题,好比突然一天,发现自家墙上生出了一片藤蔓,其性喜光,茎细长,不能直立,唯有攀附他物向上伸展,似乎不会影响宅子的总体格局;而且别家也这样长,乍一看还有些美,你就懒得去管了。经年累月,藤蔓向上包围了你整个宅子,还结满了脏兮兮的蜘蛛网。这个时候,即使大动干戈地开始清理,很多痕迹也洗不掉,简直烦透了!但是,你和你的家人起初选择买一个阳光充足的宅子,这个决定其实并没有错。

"制度"不太容易解读这些微观性问题,但它(微观性问题)确是催化治理权力膨胀、冲击治理边界的"藤蔓"。在这个过程中,权力的宿体迅速膨胀。平台公司由此获得了许多代名词,如金融权力共生体、经济权力熔炉、资本要素配置工具等,甚至直接将其视为非正式金融权力。不过,这只是一种表象。

真正对治理边界提出挑战的是,以"己"为中心的推演逻辑,触发了横向分治主体对让渡权力的"再支配"和纵向分治主体对金融交易权力的"再重塑"。一方面,平台公司处于横向治理权力的绝对支配之下,使县域治理集体具备了实质的金融交易能力,转移了县域治理成本,提升了本级预算弹性。另一方面,商业金融机构利用平台公司作为媒介,恢复了一部分制度框架以外的金融交易权力,然后输入金融资源分享区域治理"红利",同时也分摊了县域治理成本,进一步拓宽了纵向金融权力运行的空间。在笔者看来,平台公司只是制度变迁中一些特定社会结构的衔接界点,它本无过,只是人们习惯了从地方债务的系统性、整体性上去批评它。

三、纵横统合的决策机制

权为裁智,是决策的蚁合。

权力的运行由若干个决策支撑,聚沙成塔。纵横统合是当下县域金融治理中最主流的权力运行模式,观其决策机制,总体上可分解为纵向、横向两个决策主体;而它们以“己”为中心的推演路线,是可以向下延伸的。

具体而言,“己”并非特指纵或横的集合,在承认县域治理集体是一个“己”的基础上,其县属部门、乡镇,甚至县长、平台公司董事长等,都适用于这个机制。为此,笔者整理了 2007 年至 2018 年间子县治理集体围绕平台公司作出系列决策行为,提炼了混沌→博弈→均衡→集聚→仪式→巅峰六个层层递进的逻辑单元,隐喻县域金融权力的决策节点和科层能量,也是县域金融权力创造的线性逻辑。这个过程中,“人合”的特质跃然纸上,一览无遗;它们一部分是非制度性的,如个人理性、偏好,一部分是制度化了的,但也会基于“己”来应付情景。最后,若干个“己”是如何实现合作的?

本节探究的是,**县域金融权力的决策机制是什么**?

(一)混沌:平台公司的“破冰行动”

“混沌”是指(金融)权力诞生之前,权力决策貌似无规律的复杂状态。不过,“混沌”不同于一般杂乱无章的混乱,经过长期及完整分析之后,笔者从中梳理出一些逻辑。

县平台公司是最早进入“混沌”阶段的决策主体,它的主要任务是市场化对接,劈开这种无规律的“冰层”。县平台公司代表县域治理集体,在若干的商业金融机构中,筛选出符合子县金融治理需求的合作对象。我们观察到,前期与平台公司接洽的主体主要分为两类:一是商业金融机构自身。有意向的商业金融机构会通过正式或者非正式的方式向平台公司施加影响。二是代表商业金融机构谈判的“牵线者”。[①] “牵线者”为商业金融机构提供中介服务，他们不受金融机构的行政约束，且熟悉当地的政治经济生态，往往可以通过私人关系帮助商业金融机构融入县域治理事务、降低信息成本。对于有意向合作的项目，双方将深化合作方式，由平台公司制定初步的融资方案。

平台公司的“破冰行动”看似微不足道，但却是整个决策链条中最有弹性的一环。混沌之初，县域金融权力的关注度很低，而且在这个阶段，权力的决策是非线性系统，具有多样性、多尺度性，伴随着许多无法预测的随机效果；所以，平台公司其实拥有较大的自由裁量权。[②] 或者说，在县域金融权力决策的最前期环节，平台公司一把手的人格理性具有较强的支配性，也即一种非制度的“己”。笔者很快关注到这种现象，发现这与他们的个人经历有很大的关系。

专栏7：赵董事长

现任商投公司董事长赵某，初中教师出身，曾在子县两个乡镇做过镇长和党委书记，2013年他在出任公司董

---

① 我们可以将“牵线者”视为一种“非体制精英”，仝志辉、贺雪峰(2002)在研究“村庄权力结构的三层分析”时提出了这个概念。体制精英的影响力来源于国家政权体系的正式授权(认可)，非体制精英的影响力则是源于社会中的文化认同和利益联系。本书的“牵线者”，常指一类群体，他们在县域治理集体中没有正式公职身份和责任，但有机会接触到治理信息，并具有相对(外来金融机构)宽广的表达渠道和社会关联。牵线者在县域的认同感，往往源于同学关系、朋友关系、经济协作关系等。值得一提的是，我们无须将“牵线者”与关联交易、内幕交易必然地联系起来。实践中，纵横分治的权力格局客观上限制了县域金融机构的治理参与，尤其加剧了外来机构介入县域金融治理的无力感；而牵线者降低了这些信息成本，为(外来)金融机构参与县域金融治理带来了一些主动性。

② 同时，由于县域资源禀赋较差，几乎不存在能够影响交易成本的变量，所以，同类商业金融机构间的竞争总体上是完全均等的。这成为自由裁量的“筹码”。

事长之前，还担任过子县工业园区党工委副书记，基层工作经验十分丰富。但从他1993年进入“体制”的经历看来，此前的二十年并不显眼。许多子县干部认为，赵董事长的“高光时刻”是出任商投公司董事长之后。2017年底，在赵董事长的经营下，商投公司成功发行了8个亿的企业债，结束了一场长达3年的融资“拉锯战”，这也是公司自创建以来完成的单笔最大融资。此后，商投公司顺势而上，成长为资产规模70亿的大型县级国有平台公司，与若干金融机构、企业建立起千丝万缕的经济合作网络。期间，赵董事长还提拔培养了一大批中高层业务骨干，进一步奠定了他在公司内部决策程序中的权威。

破开混沌，将“市场行为”转入行政轨道，是平台公司在这个阶段最后的任务。具体而言，平台公司基于前期的对接情况，首先在公司内部起草实施方案，再由公司董事长面呈县长，汇报合作方式和工作草案。县长经过初步判断后，将根据行政分工，书面批示指派一名副县级干部牵头，统筹下一步工作。

（领导）批示，迄今还没有学者将其归纳为“制度”。古代帝王的朱敕可以是“制度”，但若“不经凤阁鸾台”，即便是“斜封墨敕”也不能等同视之①。在笔者看来，“批示”只能是一种以“己”为推演路线的行政惯例，但能衔接上下，无马虎之意。“批示”一方面标

① 唐代，凡皇帝的敕令，须加盖中书省、门下省之印（武则天改中书省为“凤阁”，改门下省为“鸾台”），若直接发出命令，在当时是违法的。垂拱三年，武后跳过正式的弹劾程序，直接命令肃州刺史审问当朝宰相刘祎之，刘祎之引“制度”抗拒审问，故有了“不经凤阁鸾台，何名为敕。”后来，唐中宗不经两省而径自封官职，但毕竟心怯，所以将装诏敕的袋子改为“斜封”，也不敢用朱笔，而改用墨笔，是谓“斜封墨敕”。参见钱穆：《中国历代政治得失》，九州出版社2012年版，第44、45页。

志着县域金融权力已经“诞生”，正式步入行政决策程序；另一方面也明确了下一阶段的权力决策区间，笔者将其称之为“中期决策区间”。①

（二）博弈：县级主管部门

博弈，是权力进入中期决策后，平台公司与一个或若干个拥有绝对理性思维的县级主管部门，基于不同的立场和交涉力，为“说服对方”，各自独立选择、独立承担决策后果的过程。这是一个非常典型的“人合”阶段，即县级主管部门（或平台公司）以“已”为中心，与其他（县级）部门联系、互动而形成的社会合作关系。

在这个阶段，是否同意平台公司的融资方案（前一个决策结果），是博弈的焦点。“同意”就是权力的让渡。其中，笔者尤其关注国有资产监督管理委员会（以下简称为“国资委”）、财政局和人大财经委的“同意”，它们是平台公司开展金融业务的信用基础，也是中期决策的重要支撑。

1. 县国资委（办）

子县国资委（办）是一个“形同虚设”的非金融管理部门。实证发现，子县国资委不是一个专门的金融管理部门，它与平台公司间的行政隶属关联薄弱，对中期决策的作用力微乎其微。目前，子县国资委在县财政局“挂牌运行”，机构十分单薄。子县财政局副局长说：“根据三定方案，县国资办是县政府的直属特设机构，但它的实际形态仅为财政局的一个内设办公室，与财政局国资管理股合署办公。更类似于一个议事协调机制。”②

---

① 除了能够参与到金融治理事务的县级领导，一些详细的批示中，还会初步划定出需要参与到中期决策的县级主管部门。

② 访谈编号#20181123。

访谈中，县财政局副局长还提到："县上的国资委与国家、省、市有很大差别，虽然县长是主任，常务副县长是副主任，但至今都没有设立正式的办公机关。实际上，在2007年机构改革后，三定方案中就没有国资办了。在早年，国资办的牌子也挂在财政局，与企业股合署办公，也就是现在的企业金融股。2015年，我们曾尝试独立运行国资办，但不到一年就交还财政局管理。直到2016年新的县委书记来了，重视平台公司融资和国有资产运作，需要一个方便平台公司办理手续的地方，才有了现在的'国资股'。国资股是我们自行在局里成立的，没有新增编制。目前，国资办连牌子都不挂了，办公室只有三个人，一个股长，一个刚聘的公务员，一个还是平台公司借调协助工作的。"①

因此，县国资委（办）的"同意"是最容易得到的。在这个阶段，平台公司需要说服县国资委出具的一些支撑性文件，作为它对外代行金融职权的合规性依据，主要有两种类型。第一类是"红头文"，即正式的印文。该类文件由县国资委起草，并报请县政府审定后印发。正式套红印制的县国资委文件注明"关于同意平台公司执行某个金融职权的批复"，并编号存档（如子国资委〔20××〕×号）。第二类是"白头文"，即由县级领导书面批示同意的非正式印发文件。笔者发现，一些附有县长或常委副县长"肯定性"批示（如"同意""加快推进"等）的非正式印发文件，在某些场景下也可以作为支撑性文件。"白头文"的合规性较弱，且并不多见，但偶尔也被金融机构所认可。②

---

①　访谈编号#20181123。

②　2017年，商投公司以名下子公司向××银行申请2000万元的流动性贷款，平台公司向金融机构提供的支撑性文件就是时任常务副县长"批示同意"的白头文。

有趣的是，虽然县国资委（办）的“同意”最容易得到，但却是制度化了的。

2. 县财政局

相比而言，得到县财政局的“同意”，要比县国资委（办）难得多，即使这个阶段更多的是“非制度性”合作。

县财政局是横向治理集体与平台公司之间配置金融资源、转移治理成本的枢纽，对中期决策具有较强的影响力。县财政局搭建了一个县域金融治理的“内融通道”，长期与平台公司保持千丝万缕的经济关联。财会科目，是我们能够目测到的“内融通道”的常见物理形态，例如，资产类科目、负债类科目、净资产类科目等。实证研究中，笔者将这些科目视为不同类型的金融资源配置活动。

由于科目的统计口径存在差异，县域金融资源往往不能在同一时间或空间进行互换，导致资源配置效率低下。举一个常被学界诟病的例子：平台公司以地方政府划拨的土地作为融资的净资产，再以融资所得“反哺”财政。这一过程，关键是要解决从“垫资竞拍”开始，到充实（公司）财务报表、申请项目批复、配套财政资金等系列经济工作在时间和空间上的错配。因此，县财政局的“同意”，就是要在县域内制造一个能够突破时间和空间限制的经济资源配置机制。

不过，县财政局与平台公司之间存在一种“公共信息倒挂”的矛盾。财政预算是反映政府活动的重要窗口，也是公众了解政府、监督政府的重要依据。2008 年，财政部印发《关于进一步推进财政预算信息公开的指导意见》（财预〔2008〕

390号），[①]进一步保障公民对财政预算的知情权、参与权、表达权和监督权。因此，子县每年都会以《统计公报》的形式对外公布政府财政预算，财政预算是"透明的非市场行为"。相比而言，平台公司的经济活动隐蔽性很强，公众对其知之甚少，是一种"封闭的市场行为"。

公共信息倒挂，决定了县财政局与平台公司的风险偏好不总是一致的，这也导致了平台公司与县财政在中期权力决策过程中的长期博弈。那么，这里就涉及到一些"公与私"的问题。具体而言，在公众的关注下，县财政局的选择策略更加注重"理财"，以及账面收支的平衡性，风险偏好趋于保守，我们可以说它"私"吗？平台公司的公众关注度较低，它的任务就是"拿来式"的融资，加之软预算约束等原因，风险偏好趋于激进，我们可以说它"公"吗？

"夫仁者，已欲立而立人，己欲达而达人"[②]，儒教礼治假定了团体的存在，但始终以"已"为中心向外辐射；所以《大学》的修齐治平，推导了"己"应该渐进满足的几个层次，而在这个公式里，"公与

---

① 为了适应依法行政、依法理财的需要，财政部于2020年1月制定了《关于公布废止和失效的财政规章和规范性文件目录（第十三批）的决定》（财政部令第103号），对截至2017年12月底发布的现行财政规章和规范性文件进行了全面清理。其中，财预〔2008〕390号文已全文失效，我引用这份文件旨在展现国家对财政预算监督权的保障，不是一朝一夕的。目前，关于保障公民对财政预算的监督权的最新规定是，《中华人民共和国预算法实施条例》对部门所属单位预算公开的规定和《国务院关于进一步深化预算管理制度改革的意见》（国发〔2021〕5号）的有关要求。《中华人民共和国预算法实施条例》第六条规定，"各部门所属单位的预算、决算及报表，应当在部门批复后20日内由单位向社会公开"。国发〔2021〕5号文明确要求"推进部门所属单位预算公开，是深化预算管理制度改革、提高预算透明度的重要举措，有助于更好地保障公民的知情权、参与权、表达权、监督权，强化社会监督"。

② 参见《论语·雍也》。

私”便是相对的了。公共信息倒挂的场域中,笔者认为县财政局是公的,它是为了保护账面的平衡性,而牺牲了县域金融权力;平台公司也是公的,它是为县域争取金融配套,而牺牲了本级财政的稳定性。在笔者看来,“公与私”的相对性不是模棱两可,它是“权力再让渡”时,基于“己”对“公”的理性判断,然后推己及人。这也使该阶段的权力让渡,不那么容易实现。

3. 县人大财经委

根据《预算法》规定,县级以上的各级人大及其常务委员会可以对地方预算、决算进行监督。[①] 不过,通常在《预算法》允许的情况下,县人大财经委不会干预金融权力决策,只是在形式上拉长了中期决策的前置链条。

县人大财经委“不同意”的实践并不多见,因为县域决策集体的风险偏好总体上是共享的。县人大财经委的“底线”是金融权力的运行不能触犯《预算法》。在亲身体验县域治理和参与观察之后,笔者确认,子县政府不可能作出与《预算法》相违背的决策,县人大也从未被置于“政府授意与法律禁止”的两难困境。在这一点上,“四大班子”的风险偏好始终是一致的。

不过,《预算法》是可以通过变通“绕过的”。例如,2014 年修正的《预算法》第 35 条规定,省级政府可以在限额内发行债券,但是,以县级政府为主体的债券发行权仍被限制。而在实践中,由于县人大没有监督公司市场行为的责任,事不关“己”;所以对平台公司发行企业债券(实为政府融资)的行为,它们从不干涉,其本质是剔除了一个博弈玩家,由此便“暗渡陈仓”,绕过了新《预算法》的规定。

上述三个县级主管部门是(金融权力决策)博弈阶段最常见的

① 参见《预算法》第 83 条。

三个玩家,它们的“同意”是中期决策的重要支撑,但不是游戏的全貌。根据不同的金融策略,参与博弈的县级主管部门也不尽相同,在此不一一列举。接下来,笔者关注的是:权力博弈如何达成均衡。

(三)均衡:副县长的专题会议

均衡,是中期决策必要的权力需求与供给相等时的状态。实践中,笔者找到了这个均衡界点——副县长的专题会议。

分管副县长主持召开专题会议,是一种临时性的议事协调行为。专题会议没有常设机构,没有固定编制,没有特定职能,但它是权力决策承上启下的关键环节。主持专题会议的县级领导在“中期决策区间”中产生,负责召集相关部门对一个金融治理事务进行汇总和综合协调,并形成金融权力终极决策的雏形。

打破“多头博弈均衡”是专题会议的主要目的之一。

前文已提及,博弈是权力进入中期决策后,若干个县级主管部门基于“己”对“公”的立场和交涉力,“说服对方让渡权力”的过程。笔者仍以“地方政府划拨土地作为融资的净资产”为例。财政局副局长说:“自从2005年底县财政局将县本级行政事业单位房屋资产、供销社和农村合作基金会归属政府资产、财政周转金政府债权回收资产等划拨商投公司之后,虽然账面上仍显示为财政局的资产,但产权证都在商投公司名下,财政局没有什么固定资产。”①

由此可见,单一县级主管部门配置资源的经济权力是不完整的,或者说,“制度壁垒”是多头博弈的根源。《中华人民共和国土地管理法》(以下简称《土地管理法》)明确了城市基础设施用地和

① 访谈编号#20181106。

公益事业用地及国家重点专项扶持的能源、交通、水利等基础设施用地，可采取划拨方式取得；同时，也规定“改变土地用途”需报原土地行政主管部门和规划管理部门同意。① 上述案例中，县财政局虽然提供了一个经济资源配置机制，但没有直接配置公共资产的经济权力，不能完全满足金融权力的运行条件。在这种情况下，权力的决策容易陷入部门多头博弈的僵局。

其实，在若干县域治理的决策过程中，子县县属部门都没有离开以“已”为中心的推演机制。子曰：“为政以德，譬如北辰，居其所而众星拱之。”我在参与较大规模的部门征求意见时，经常看到由于部门间职能定位不一、知识结构存在差异，每个“己”都容易做到“居其所”，但也容易形成信息壁垒。因此，需要“更高级别”的权力形式来协调各方。

中期决策还涉及若干法律、政策、技术等规则的集体解读。通常情况下，“部门意见清单”以纸质附件的形式，供与会人员参详。比如，县平台公司向子县政府提交的《关于竞买××纺织有限责任公司资产及其设备有关事宜的请示》中，附县法制办、县法院、县工业园区、县财政局、县审计局等部门的反馈意见②。笔者发现，与早期的非正式金融权力（“二金”）相比，当下的权力决策机制在趋于完善，其合规性方面已有较为充分的准备。

专题会议是（副）县级干部政治辐射力的生动写照。子县的八位副县长分管不同领域，他们对直接分管的部门影响力最大，同时对非分管部门也有一定的协调能力。在专题会议中，副县长有权

① 参见《土地管理法》第54条、第56条。

② 子县人民政府常务会议文件：审议《关于竞买××纺织有限责任公司资产及其设备有关事宜的请示》（2019年1月）。

召集所有与议题相关的部门参会,以“更高级”的权力形式打破信息壁垒和多头博弈,推动自下而上的“权力让渡”。值得一提的是,专题会议是金融权力决策承上启下的关键环节,这意味着它既可以统一部门间的认识,也能够打破部门间的“同意”,进而终止权力决策的进程。

专题会议之后,(金融)权力的决策基本上逾越了部门间制度与信息的壁垒,通常以“(会议)纪要”的形式呈现一个博弈的均衡,继续向权力的更高层级集聚。

(四)集聚:县长的“偏好”

集聚,是均衡结果向县府主官集结的过程。

按照惯例,金融议题需要得到县长的“认可”,才能进入后期决策。县长是权力的更高级形态,县长的“认可”本质上是一种理性人格,也是非制度性“己”对前期均衡结果的主观判断。具体而言,县长在听取副县长、县级主管部门以及平台公司对前期工作情况的汇报之后,自行权衡(金融)治理事务的利弊得失与风险收益,如果作出肯定性批示,如“同意提请(县政府)常务会议审议”等,是谓“县长认可”。

权力运行研究中,个人理性是不应回避的一个要素。笔者希望借此破除一个“理想国”,即权力完全运行在一个由法律、制度和集体人格等“正式性”组成的精密机器之中。之所以“理想”,是因为任何一个权力决策的法定程序之间,不可能做到无缝衔接,“正式性”在许多情况下都是通过个人理性衔接起来的。

“偏好”可以提升县长“认可”的概率,潜移默化地影响着决策者的个人理性。县长的教育背景、工作经历、风险喜恶与执政理念等“个人偏好”,是他权衡利弊的理性基础。工投公司董事长在接受访谈时说:“2014 年我在商投公司作总经理,亲身参与了那次公募债券发行。因为曾做过时任常务副县长的跟线员，领导对我的工作很支持，不过这不是关键。那年市发改委主任接任县长，基于对企业债券①的熟知，全力支持商投公司组券。当时商投公司资产规模并不大，但按规定，发行企业债的总额不能大于公司净资产的40%，若按计划发行8个亿的规模，意味着公司要归集不低于20亿元的净资产。商投公司顺势而上，才有了今日的规模。”②

实际上，在前文权力决策的各个节点都有“偏好”的痕迹。例如，在副县长的专题会议中，县审计局、法制办等执法部门负责人的意见通常相对中立，不盲目顺从主流意见，遵从“己”对“公”的理性认识。在本节，笔者尤其关注“县长的偏好”，是因为随着政治辐射力的不断上移、扩大和集中，“偏好”的影响力越来越显著，足以改变权力决策的进路。

值得一提的是，我们不应该回避，更不宜夸大“偏好”的作用。县体制作为国家庞大经济体系中的子系统和行政逐级承包的末端，一方主官所承受统治风险与社会维稳压力是极大的。“偏好”是知识结构、价值取向、社会阅历的综合呈现，所以，县长青睐熟悉的领域，本质上是降低决策风险的理性。“偏好”这个概念本身不具褒贬色彩。

（五）仪式：县府常务会议

仪式，是县政府全体领导干部对权力决策的认同和主流价值的内化。

---

① 按照《中华人民共和国证券法》（以下简称《证券法》）和《国家发展改革委关于企业债券发行实施注册制有关事项的通知》（发改财金〔2020〕298号）有关要求，企业债券发行由核准制改为注册制。国家发展改革委为企业债券的法定注册机关，发行企业债券应当依法经国家发展改革委注册。

② 访谈编号#20180308。

“仪式”是一种体现社会规范的重复性的象征行为。① 政治仪式是规范化、程序化的具有唤醒记忆、传播观念、营造权力情境的象征性活动，通过政治凝聚→动员→参与→互动的完整流程实现权力生产与再生产。② 笔者在县域金融权力的决策进程中也发现了一种“仪式”——县政府常务会议。这个仪式可以使若干“己”结合为一个“超己”。

县长“认可”后，（金融）权力决策将作为一个“议题”，提请县政府常务会议审定。县政府常务会议是一种集体议事决策机制，出席范围集聚了子县政府的全体领导干部，县长、副县长、县长助理、县政府办公室主任等县政府党组成员将全程出席会议，与议题相关的县级主管部门负责人列席会议。

县政府常务会需要完成一系列“象征性的陈述形式”，③主要包括两个阶段。第一阶段是“集体讨论”，由分管副县长提起审议，牵头部门汇报情况，各部门集体讨论；第二阶段是“集体决策”，县级领导将根据行政级别和排位，④由低向高依次发表意见，并明确支持与否的态度。县长最后的发言将予以评价和总结，宣布议题通过与否，这也是“（政府）集体决策”的终端。

研究发现，具备上会条件的议题，实际上已经历充分博弈达成

---

① 参见［美］科泽·大卫：《仪式、政治与权力》，王海洲译，江苏人民出版社2015年版，第11页。

② 参见曾楠：《国家认同的历史逻辑——以政治仪式的权力再生产为中心的考察》，载《内蒙古社会科学》2020年第6期。

③ 象征性的陈述形式，本意指是宗教礼仪的象征表现使其所信仰的神圣对象在仪式中取得了可感的象征性形式，增强了信仰者的宗教情感。参见 H. J. Wechsler, *Offering of Jade and Silk*, New Haven: Yale University Press, 1985.

④ 一般而言，平级干部根据担任“同一级别”职务的年限长短，以及进入“党组”的时间先后，综合平衡确定排名。

了均衡，县域权力的高级层面已经熟知，甚至默认决策内容，所以县政府常务会本质上是一次集体参与表决和宣誓的“仪式”。“仪式”的关键在于，对集体决策的认同和主流价值的内化，并将决策的责任和义务由“中期决策区间”扩大到县政府全体领导干部；由此我们便看不到“已”了，因为只有在一个“超已”的统合下，县域金融权力才真正具备了可执行性。11 年间（2007 至 2018 年，由于没能获得 2011 年、2014 年的完整资料，笔者未将这 2 年的数据纳入统计），子县政府共召开了 1234 次政府常务会议（见表 3－2），其中涉及平台公司的决策共 170 项，①从时间序列看来，平台公司参与的议题数量越来越多，如表 4－3 所示。此外，我们还可以通过观察平台公司议题的占比，窥见金融权力的运行在子县治理中的权重和趋势。

表 4－3　2007～2018 年县政府常务会涉及平台公司的议题统计

年 份	总 数(次)	涉 及(次)	占 比(%)
2007 年	134	9	6.70
2008 年	75	10	13.30
2009 年	51	9	17.60
2010 年	56	1	1.70
2012 年	92	3	3.20
2013 年	67	2	2.90
2015 年	90	14	15.60
2016 年	126	16	12.70
2017 年	229	50	21.80
2018 年	314	56	17.80

① 资料源于子县政府办公室提供的常务会议题，笔者整理。

（六）巅峰：县委常委会议

巅峰，是一个县域金融权力决策周期内政治辐射信号的最高值。它的唯一形式是：县委常委会议。

如果我们将县域金融权力的运行视为一个函数，县委常委会议就是定义域的最大值；它以一种累进式的权力积淀，促动各个决策主体组合形成一种"更加强大的权力磁场"，进而更加有效地发挥"仪式"在权力决策中的重要作用。

子县共有11名县委常委，其中，3名常委与县政府有职务交叉。[①] 县委常委会是子县最高级别的集体决策机制。在实践中，并不是所有的政府常务会议议题都需要上呈县委常委会；就经济治理事务而言，只有特别重大的事项才会启动。县委常委会议由县委书记主持，出席和列席会议的人员包括了子县县委、政府、人大、政协等的全体领导干部。在县域层面，这是"超己"最成熟的阶段。

如图4－1所示，县域金融权力的决策，总体上是一个政治影响力自下而上的凝聚过程。从平台公司"破冰"开始，一份金融治理事务接受了各种权力形态的"洗礼"，最终凝结为县域金融权力的真实形态。

权力行至"巅峰"，笔者惊奇地发现，县域（非正式）金融权力的运行模式其实已经相当成熟了。相较于"二金"，平台公司已经进化为一个"精密的金融权力机器"，金融权力也拥有了一个相对科学的运行轨迹。纵观（金融）权力的决策路径，无论是平台公司、县级主管部门，或是县级领导干部，都不能绝对地支配权力的运行。权力分散布局在各个（"己"）决策节点，相互博弈、相互妥协，在不

① 县长（兼任县委副书记）、常务副县长、常委副县长都是县委常委。

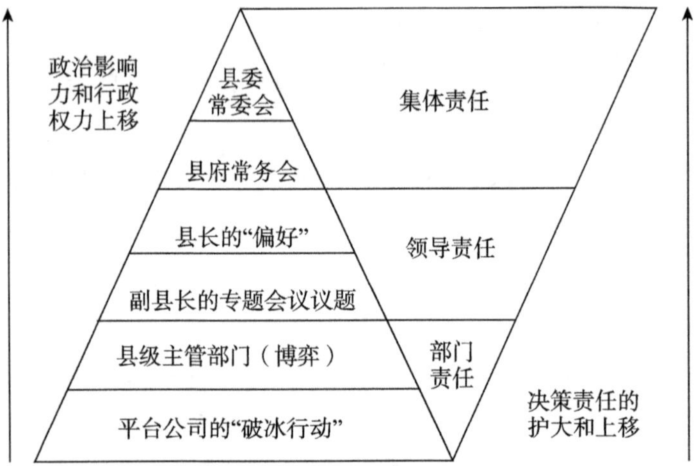

图 4－1　决策机制

断上升的"科层能级"中让渡权力，逐渐实现了均衡和统合。不难发现，"超己"与"制度"的界限已经十分模糊了。

它们的界限在哪？这也是"纵横统合的决策机制"为笔者带来的启示。在笔者看来，集体决策制度化了的事，属于"制度"；而决策制度框架以外、未与正式制度相衔接的事，即便它是通过制度化了的"仪式"进行，也只能视为"超己"。有趣的是，"超己"发生在权力决策的末端，而作用于责任机制的始端；为此，笔者设计了后面的篇幅，谈一谈"纵横统合的责任机制"。

（七）"扇形"的由来（二）："线"的延伸

纵横统合的决策机制，是一个自下而上的权力创造过程，它由若干个以"已"为推演进路的决策节点支撑，连点成线，聚沙成塔。

在权力决策机制的研究中，笔者提炼了混沌→博弈→均衡→集聚→仪式→巅峰六个层层递进的逻辑单元，它们分别代表了县域金融权力的决策节点和科层能量，基本厘清了权力创造的线性关系。由此,我们便能够比较清晰地观察到,不同的“己”是如何通过自下而上地“让渡权力”,进而形成了当下的县域金融权力。

如何看待这种“线性机制”? 笔者还是用前一节“藤蔓”的例子。其实“藤蔓”有很多美好的寓意,有一种名为“葫芦本”的藤本植物,其果为剖开的半个葫芦式样,器身外有葫芦藤叶缠绕,寓意瓜瓞绵绵,是期盼万代绵长的吉祥物,为晚清雅士的室内陈设。不过,葫芦本若离地面太近,会将根扎入不太结实的砂浆中,从而破坏房屋的结构,据说让其沿距离房屋 0.3 米左右的棚架向上攀爬,效果最佳。这说明再好的寓意,也要遵循它的生长习性。

线性的权力决策机制,起初一定有个好的寓意,如“行政要讲程序”“决策要靠集体”等。在此基础上,笔者关注到几乎每一个决策节点都交织着一些个人理性,例如,平台公司的自由裁量、县长的“偏好”等;它们实实在在地影响着权力的决策,拉长了权力决策的线性逻辑。个人理性强调了“己”对(权力)机构的微观影响,类似的例子还包括行政惯例、专题会议、领导批示、私人关系等;目前,它们相对零碎,与“非正式金融权力”不一样,还没有形成独立的权力体系,只是一些“己”的生长习性。

正如葫芦本那样,“己”的生长习性是有“作用力”的。笔者发现在许多场景中,“己”的作用被排除在“好的寓意”之外,但它推动各个决策主体,在县域治理的理论边界之外相互吸引,连点成线。实证发现,任何一个权力决策的法定程序之间,都不可能做到无缝衔接;法律、制度和集体人格等“正式性”“理论值”,在许多情况下都是依托“己”衔接起来的。必须说明的是,笔者不能断定这些“己”一定是私的。常常觉得,中国的哲学是“圆的”,不似西洋把“公与私”分得明明白白,大异其趣。

四、纵横统合的责任机制

权为衡器,是平衡的力量。

有权力就必须有对应的责任,不可分离。县域金融权力伴随着那些责任?纵、横双方如何分配这些责任?我们已经发现,子县平台公司本质上没有什么造血能力,且资产负债率较高;但反常的是,公司的资金周转速度很快,净资产规模逐年扩大,看不出“濒临死亡”的趋势。这将揭示怎样的责任机制?

前篇谈到,县域金融权力的责任由一个“超己”承担,而“仪式”则是对集体决策的认同和主流价值的内化,仪式之后,便只能观察到一个“超己”。“己”的行动,需要围绕一个核心的制度性基础,所以“超己”与“制度”已经非常接近了,但不能相互替代。那么,它们二者之间有无优先级,或潜在的递进关系?孔子认为“克己复礼为仁”是有层次的,首先通过修身构建礼制,进而实现君子们的价值内化;但同时,他说“能行五者于天下为仁”,又直接回归到“恭宽信敏惠”这些私人德行上,①说明“超己”是可以跳过“制度”实现的。

若采用孔子的后一种进路,便带来了治理上的困惑,因为(权力)管理者的价值内化,不必然与制度相衔接;这对于金融权责机制的研究而言,恰恰是一个极好的切入口。县域金融权力,是以“己”为推演路线,在“仪式”的凝聚下形成“超己”,笔者称其为非正式金融权力,因为它没有与正式的金融权力体系相衔接;无怪乎,它的责任机制也是跳过“制度”而建立的。

---

① 子张问仁于孔子。孔子曰:“能行五者于天下为仁矣。”“请问之。”曰:“恭、宽、信、敏、惠。恭则不侮,宽则得众,信则人任焉,敏则有功,惠则足以使人。”

平台公司僵而不死,影射了现代县域金融权力运行的现实,而支撑权力"活着"正是纵横治理主体的责任使然。在本节,笔者将引入问责→审责→迭责→轮责→凝责→统责机制,它们是六个层层递进的概念,由近及远推导出纵横统合的责任机制的真实形态,揭示平台公司"僵而不死"之谜。

本节探究的是,**县域金融权力的责任机制是什么**?

(一)问责:僵而不死

问责,就是追究责任。

违法违规或变相举债融资形成政府隐性债务的,将被依法追究相关责任。隐形债务如"悬顶之剑",不断向平台公司发出警示。

党的十九大以来,防范金融风险上升到一个前所未有的高度。2017年12月,中央经济工作会议部署我国"三大攻坚战",其中强调"防范化解重大风险"攻坚战的重点是防控金融风险。2018年7月,《中共中央　国务院关于防范化解地方政府隐形债务风险的意见》(中发〔2018〕27号),对隐形债务首次作出权威界定,[1]实行谁举债、谁负责,党政同责、终生追究,从严整治地方举债乱象,从严管控新增项目融资的金融"闸门";2018年8月,中共中央办公厅、国务院办公厅印发《地方政府隐形债务问责办法》(中办发〔2018〕46号),中央对地方政府债务"终身问责、倒查责任"的要求全面落地。对此,全国上下、社会各界高度关注。2018年3月,财政部印发《关于规范金融企业对地方政府和国有

[1] 地方政府隐性债务是指地方政府在法定政府债务限额之外直接或者承诺以财政资金偿还以及违法提供担保等方式举借的债务。主要包括:地方国有企事业单位等替政府举借,由政府提供担保或财政资金支持偿还的债务;地方政府在设立政府投资基金、开展政府和社会资本合作(PPP)、政府购买服务等过程中,通过约定回购投资本金、承诺保底收益等形成的政府中长期支出事项债务。

企业投融资行为有关问题的通知》(财金〔2018〕23号),旨在加大问责力度,规范金融企业对地方政府和国有企业投融资行为,与地方政府债务管理等政策形成合力,共同防范和化解地方政府债务风险。国家审计署开展了对各地政府隐形债务专项审计调查,依法加强对地方政府债务的审计监督,督促依法处理到位和堵塞风险漏洞。社会各界广泛关注隐形债务的规模,更为关心未来几年如何平稳化解存量隐形债务。①

在高压监管之下,子县治理集体对防范化解债务压力山大,还要防范"处置风险的风险",肩上责任沉甸甸。2019年2月,子县县委书记主持召开融资工作专题会议,县委常委、县政府党组成员及相关经济主管部门主要负责人悉数参加,深入研讨平台公司的融资工作。笔者有幸参加了这次会议,亲身经历后,可以用"哀鸿遍野"来形容子县平台公司当时的状态。

会议上,县委书记严肃问道:"汇报材料上写这么高的融资额,钱都用到哪儿去了?"商投公司董事长面如红枣,尴尬地回应:"借新还旧啊。"②相对而言,成立较晚、底子最薄的工投公司的情况好一些,也许是因为在高压的金融监管背景下,考验的不是谁的"底子厚",而是谁的"包袱轻"。笔者研究发现,近年来,地方平台公司的资产和融资规模倍增,债务也逐年递增;所以,"老牌"平台公司的历史遗留问题往往更加突出,出现融资额的"虚高"。

有趣的是,融资专题会议一方面严肃警示地方债务问题,克己

① 参见毛捷、徐军伟:《中国地方政府债务问题研究的现实基础——制度变迁、统计方法与重要事实》,载《财政研究》2019年第1期。

② 访谈编号#20190321。

复礼，适应“制度”变迁；另一方面也积极研究解决平台融资危机，通过“仪式”，不断内化众人对“超己”的认同。笔者在现场感觉到一阵“诡异”，这到底是南辕北辙的两件事？还是异曲同工的一本经？会议中，县平台公司提出了体制改革、归集资产、产业转型等方面的请示事项，获得了子县与会干部的一致支持。子县似乎从未有过放弃的念头，平台公司由此“僵而不死”。

问责，与权力密不可分，它的逻辑基础是有权必有责，只要在权力运行中出现事故，就必须为此承担责任。严格意义上的问责机制具有清晰的权责配置，但是，县域金融权力的权责机制是跳过“制度”而建立的，所以很模糊。纵横统合下，我们应问责谁？面对巨大的问责压力，为什么还要救济这种权力？需要付出什么样的代价，才能维持权力“僵而不死”的状态？

（二）审责：修正的软预算约束

审责，是明确责任。

平台公司因不能清偿到期债务，无力继续经营，依法由法院宣告停止营业，进行债权债务清理；从《企业破产法》的角度只能找到两个责任主体，即商业金融机构和平台公司。这也是“制度”的权责分配方式。

不过，在许多治理场景下，人们习惯将平台公司与地方政府的权责“统一起来”，而“隔离”了金融机构，很大程度上归因于一个经典理论——软预算约束。前文言到，在软预算约束条件下，商业金融机构认为即使国有企业产生违约，政府也会出于非经济因素考虑“保全”国有企业。软预算约束，是人们对“超己”的模糊感觉，大家似乎都意识到了平台公司与横向治理集体之间，有一些价值内化的关联，但又不是很清晰。

软预算可以视为一种风险转移,①或责任转移,但它不是一劳永逸的。风险转移具有严谨的交易结构,主要形式是合同和保险。然而,笔者在整个县域金融权力的运行过程中,始终没有发现这些形式。软预算约束,是商业金融机构,乃至学界主流对地方政府"尽责"的一种假说,它很好地解释了权责分配的一种可能性。但是,就风险转移的契约而言,软预算至多是一种"同意",它与合同、保险等交易结构有本质的差别。近年来,子县平台公司的金融合作网络还在扩大,金融权力延伸至县域若干个治理领域,牵动着巨大的经济总量。而对于这些情况,纵向主体的认知十分有限,它们能否基于"同意",不假思索地将责任转嫁地方治理集体?这是存疑的。

"同意",不似字面意思那么轻飘飘。"同意"意味着"己"的权力再让渡,县域金融权力就是纵、横分治主体基于"同意",进而内化的"超己"。但由于跳过了"制度",若否定了这个"超己",便是否定自己唯一的(金融)权力基础,这就为商业金融机构救济平台公司提供了口实。据此,笔者提出了一个"修正的软预算约束"。具体而言,经典的软预算约束理论主要由两个主体形成:一个预算约束体(平台公司),一个支持体(地方治理集体);而修正的理论增加了一个支持体,即商业金融机构。

地方政府对预算约束体的救助,建立在一个"无所不能"的硬预算约束基础上,这是经典理论的假设基础。在笔者看来,这种假设未必完全合乎事实。在经典理论中,我们甚至可以将商业金融机构视为预算约束体,因为平台公司只是一个衔接界点,债权关系被默认建

① 风险转移,是通过契约,将让渡人的风险转移给受让人承担的行为。通过风险转移过程有时可大大降低经济主体的风险程度。

立在县域治理集体与商业金融机构之间。但实际上，子县救助平台公司的行动，很大程度上倚重商业金融机构的支持，本书将在下一节（迭责）详细阐述；在此，笔者希望告诉人们，商业金融机构其实是软预算约束的支持体，这也是笔者准备修正理论的原因。

审责的意义在于提醒我们，县域治理中，纵横权责是统合的。具体而言，商业金融机构的权力统合行动，不会因为软预算约束而实现绝对的责任转移，它将与横向的治理集体共同应危机，维持甚至保护县域（金融）权力运行。修正的软预算约束理论，有助于我们提炼一种（纵向）商业金融机构的责任机制——迭责。

（三）迭责：子县俚语

迭责，是责任迭代。①

子县有一则风趣的俚语，“拆东墙补西墙，墙墙不倒”。东墙、西墙指的是县域治理中不同领域的治理责任，“墙墙不倒”则是暗指维持一个稳定的县域治理基本面。子县俚语折射出了县域金融治理的艰辛，同时它还传递了两则信息：其一，“拆东补西”可见子县的预算约束并不“硬”；其二，“墙墙不倒”靠的是资源优化配置。

子县俚语是启发笔者修正软预算约束理论的重要线索，它与商投公司董事长在融资专题会上关于“借新还旧”的发言，共同揭示了商业金融机构的“迭责”机制。

实际上，县域治理集体“拆东补西”的能力并不完整，在很大程度上需要倚重纵向金融权力（商业银行）的配合，通过“借新还旧”实现“墙墙不倒”。

① 迭代，是一个自然科学概念，指重复反馈过程的活动，其目的通常是为了逼近所需目标或结果。每一次对过程的重复成为一次“迭代”，而每一次迭代得到的结果会作为下一次迭代的初始值。

县工投公司副总经理向笔者讲述了这样一个案例：

> 2015年7月，平台公司与业主A签订道路绿化苗木栽培工程协议，并以公司所拥有的固定资产（安置房，共978.42平方米）作为抵押担保，向县××银行申请短期流动资金贷款1000万元，贷款期限1年，按月结息，到期以销售收入一次性归还本金。同年8月，××银行通过贷款审批。
>
> 2016年7月，公司自筹1000万元实施“先还后贷”，××银行随即解除了公司的抵押担保。两天后，平台公司与业主B签订苗木采购合同，并以同样的抵押物，再次向××银行申请短期流动资金贷款1000万元。贷款到位后用于支付前期筹措的1000万元。由此，平台公司在县域商业银行的“默认”和支持下，实现了借新还旧。

“借新还旧”本质上是一种迭责机制，即商业金融机构重复反馈、无限逼近履责边界的一种机制。迭责，有利于商业银行收贷任务的完成，克服了诉讼时效的法律限制，理论上，商业银行可以通过债务的“迭代”无限接近责任的边界，达成救济目的。

无疑，迭责机制掩盖了信贷资产质量的真实状况，推迟了信贷风险的暴露时间，可能成为区域性金融风险的一记伏笔。“迭代”一词，常用于自然科学领域，如技术迭代，特点是在每次重复执行一组指令时，都将从变量的原值推出它的一个新值。“债务迭代”有异曲同工之妙，它每一次借新还旧的重复，都将最初的债务规模推送至一个新的峰值，沉淀并累积了信贷风险。

迭责机制，可能将纵向主体的治理责任推向一个未知的高点、难点,[1]加剧了"超己"的非制度性负担。[2] 但必须说明的是,笔者还没有足够的证据去量化"纵向迭责"的真实效力;在此,仅仅是为了揭示、提炼一种商业金融机构救济平台公司的履责轨迹。

在此基础上,笔者还发现,人们常将纵向的迭责行为与横向的短视行为(如地方主官对自己职业生涯和短期利益的关切)关联起来,备受诟病。

那么,"短视"到底揭示了一种怎样的权责逻辑?

(四)轮责:击鼓传花

轮责,是责任随权力归属轮动。

干部晋升、追求资源密集型政绩工程、担忧决策失误而导致的政治责难等短视行为,常被人们诟病。短视,也是人们将平台公司的存亡"挂钩"县级领导履职责任的重要原因。

为什么这些短视行为会长期稳定存在?

明晰"短视"的微观基础,对于研究(金融)权力的责任机制尤为重要。目前,有两种比较主流的解释路径:第一种解释认为问题本身是在"杞人忧天"。短视,即"折现未来"的一种逻辑,它是任何生物选择逻辑的一部分,追求迅速回报,而不是远期收益的一种理性策略。就如同雪花一片片落下,只有在雪崩时才会让

---

① 有关研究发现,2017 年全国平台公司整体负债规模达到了 91,157.84 亿元,比 2016 年同比增加了 14.69%。参见华景斌、李丹、丁伯康等主编:《中国城投行业发展报告》,社会科学文献出版社 2018 年版。

② 为避免一些生疏词汇给读者带来的不适,我不准备在正文中过多地发展"非制度性负担"这个概念,仅在此作一个简要的解释。"制度"与"超己"都是权力基础,前者是制度性权力基础,后者是我通过权力的微观性、结构性特征推演出来的,属于非制度性权力基础。因此,我将"维持'超己'的成本",称作"非制度性负担",如借新还旧累积的信贷风险;它有别于前篇那种为了维持制度秩序,因"克己复礼"而发生的成本。"非制度性负担"的增加,是"超己"泛化的表征之一,详见后文关于"统责"内容的论述。

人感受到它的重量,但对于赏雪人而言,那时的防范未然显得十分大意。这种解释路径认为,我们没有必要去刨根究底,短视行为是自然存在的。第二种解释与“逆向软预算约束”①的思路相似。短视,是我国在组织管理上有意识设计的激励机制。从这个角度看,自上而下的行政管理,不是量入为出,而常常以超出其预算承受能力的限度加以实施。这种认识始于微观层次上的政府行为,它认为人们的行动受到他们所面临的环境和所追求目标的塑造和制约。

其实,两类解释路径殊途同归,都将矛头指向了地方治理集体。它们认为,平台公司破产将遭致“(金融)权力行使不当而引起政治后果所应承担的政治责难”,救助平台公司则是为“超己的短视”负责。

轮责,指的是一种“击鼓传花”的责任传导。它隐喻县级主要领导并不在意平台公司的归宿,仅在任期内短暂地保全公司的存续,然后轮转至最后一个(金融)权力的执掌者,让“最后掀开遮羞布的玩家”承担全部责任。

不过笔者始终认为,“轮责”机制没有很好地解释“为什么这些短视行为会长期稳定存在?”它只是比较理想地将县域治理集体对“超己”的维护,寄托在一个简易的游戏逻辑之上,其最大的不足在于忽略了“传花的过程”。笔者将这个过程称为“权力的更替”。

(五)凝责:权力的更替

凝责,是权责的固化。

县域治理的权力更替,不是“击鼓传花”。县域治理中,权力的更替是一个持续、曲折、反复的过程。因此,与之相对应的责任也不可能简单地“随风而去”,责任,总体上是“凝固”在县域之内的。

① 周雪光:《“逆向软预算约束”:一个政府行为的组织分析》,载《中国社会科学》2005 年第 2 期。

或者说,“超己”的价值内化是长期稳定的。

其一,治理权力的更替不似“传花”那么短暂,而是一个持续的过程。

我们虽然无法回避县级主官晋升的自然主观动机,但可以证明的是,权力的更替并非我们想象的那么快。为此,笔者尽可能地收集了子县历届县委书记(1994 年至今)、历届县长(1990 年至今)的任职年限,如图 4－2 所示。

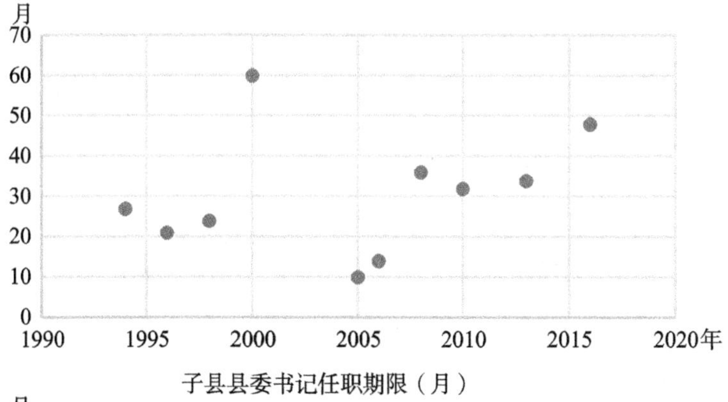

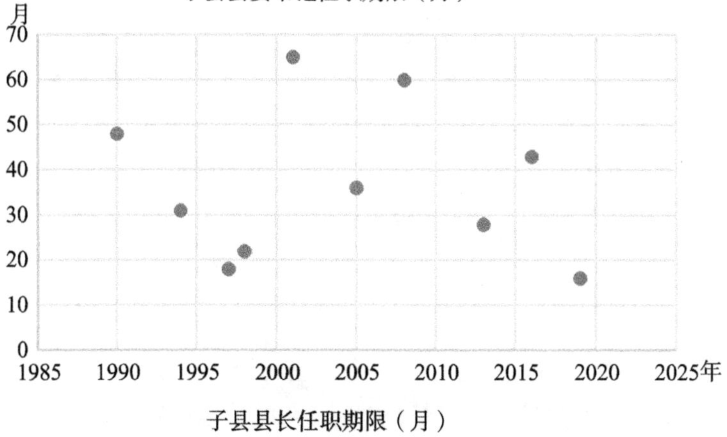

图 4－2　子县主官任职期限(1990 年至今)

实证发现:1994年至今,子县(10位)县委书记的平均任职期限是30.6个月(2.55年),其中最长的是60个月(5年);1990年至今,子县(10位)县长的平均任职期限是36.7个月(3.06年),任职最长者超过65个月(5.42年)。此外,由子县县长接任县委书记的任职时间最长的一位主官执政了82个月(6.83年)。如此可见,县域治理的权力更替没有想象中的那么快。

其二,权力更替不似"传花"那么直接,而是相对曲折的过程。

前文已经提出,当下的县域(金融)权力的决策有一个相对科学的运行轨迹,无论是平台公司、县级主管部门,或是县级领导,单一的"己"都不能绝对地支配权力的运行。责任伴随权力,分散布局在由若干个决策节点之中,他们相互博弈、相互妥协,促使权责的更替始终处于一个相对曲折的过程。

子县干部可分为两种类型,即外来派和本土派。由于"己"的微观基础不同、风险偏好不同,所以,两者权责更替的轨迹也不尽相同,同时也加剧了权责更替的曲折性,延缓了权责更替的节奏。

专栏8:外来派与本地派

外来派:一般而言,外来派来自更高级的科层等级,他们政治前景光明,受教育程度高,在子县身居要位,是县域治理的头脑。前文讨论的轮责机制,往往暗合此类干部。

本地派:相比之下,本地派的年龄结构偏大,虽然政治前景不如外来派,但他们常年扎根本地,对子县官风民情了如指掌,是县域治理的脊梁。本地派与区域治理是一种长期博弈的关系,所以,轮责的激励机制并不适用于他们。

值得注意的是,两派不是一个对立的概念,也不宜简单冠以"保守派"或"激进派"的帽子。这是一个客观存在的治理架构,适用于近乎所有基层治理集体,同时也质疑了轮责机制的假设基础。

其三,权力更替不是单向地“传花”,而是一个反复的过程。笔者在收集和整理子县历届县委书记、县长任期的过程中,发现了权力更替的反复性。

实证发现,子县县长作为主官之一,有较大的概率(60%)在未来接任子县县委书记,进一步拉长了责权更替的时空。此外,根据我国“人岗相适”的组织用人模式,[1]县委书记在晋升(如副市长等)之后,有概率分管曾经主政过的区域,这也使“超己”的权责关联更有“韧性”。

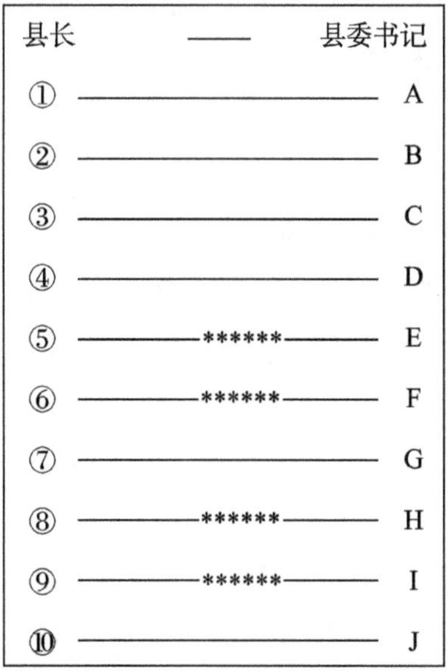

图4-3　子县县长接任县委书记

注1:数字代表(10位)县长;字母代表(10位)县委书记。

注2:“——”代表接任;“—＊＊—”代表未接任。

---

① 参见《党政领导干部选拔任用工作条例》第2条规定,选拔任用党政领导干部,必须坚持“(三)事业为上、人岗相适、人事相宜”的原则。

凝责,很好地解释了"为什么'短视'长期稳定存在,却没有从根本上破坏县域治理的权责衡定生态。"不过笔者也发现,凝责是一种静态的责任机制,或者说,它更多的是呈现了一个权责衡定的结果,比如平台公司僵而不死这个结果。

辗转回到了最初的疑问,但此刻,我们具备了提炼(真实的)纵横统合责任机制的几个重要条件。首先,明确了商业金融机构是软预算约束的支持体之一,它不再游离于"超己"的内化价值之外;其次,纵向迭责和横向轮责,确认了纵横权力主体都有很强的救济意愿;同时,它们的救助行为,其实是纵、横主体合作"维持超己"的现象,这将会是一个长期持续的过程。

因此,本节最后需要解决的问题是:救济平台公司,是一种怎样的责任?

(六)统责:"超己"的泛化

统责,是治理责任的统合,也是"超己"价值的泛化。

笔者以两则实证花絮,作为"统责"的开场白。

花絮一:2017 年 12 月,子县一处房产开发项目出现烂尾,引发数百名购房业主上访,县平台公司临时拆借资金,专项用于恢复建设的应急支出。

花絮二:2018 年 6 月,原国有改制棉纺企业职工发生群访,县政府决定依法公开拍卖棉纺厂区资产,用于补偿上访群体。为提高资产变现效率,县平台公司受命竞拍到该宗资产。

第一则花絮是应急处置事件,第二则是解决历史遗留问题。此两类治理事项的支出都在县本级预算外,但却是子县无法回避的治理责任。

实证发现,平台公司已经成为县域治理的护城河。如果没有平台公司的缓冲,县域治理集体也许会直接"裸露"在巨大的治理责难面前,尤其是社会维稳方面。如今,大众维权意识更强,“上访”在更多场景下被视为一种高效于司法救济的通道。[①] 然而,县体制作为国家庞大经济体系中的子系统和行政末梢,它承受统治风险与治理责任是极大的。

统责,指平台公司的存亡可以转化为县域治理的统治责任,促使金融治理责任与其他(非金融)治理责任的统合,是“超己”价值的泛化。2018 年,子县的“旗舰”平台公司资产规模已达到 93.96 亿元,拥有全资子公司 10 家,控股公司 4 家,参股公司 6 家,遍布子县教育、运输、建筑、旅游、水利、环保、电力、商贸、房地产等若干个领域。在越来越多的治理场域中,平台公司与子县的治理责任实现了有机统合,两者相互转化、相互交融、相辅相成,是一种“唇亡齿寒”的依存关系。

统责机制,使我们很难割裂平台公司与县域治理集体间的羁绊。它也回答了本节的核心问题,即拯救县域金融权力,是“超己”的自救。

(七)“扇形”的由来(三):“面”的扩散

县域金融权力的责任由一个“超己”承担。“超己”与“制度”间的模糊,很大程度上源于“超己”的成长路径大多是制度化了的,所以,笔者说“超己”发生在决策机制的末端,而作用于责任机制的始端。人们常谈到“有权力就必须有对应的责任,不可分离”,这是对权责制度的一般认识,也是对制度设计者的要求,但很少去探究“权责是如何在动态中实现统合的”。

权为衡器,笔者很喜欢这句话,它揭示了权力运行的某些本

① 王伦刚:《中国农民工非正式的利益抗争——基于讨薪现象的法社会学分析》,法律出版社 2011 年版,第 70 ~ 72 页。

质。通过对“超己”的剖析发现,即便县域金融权力是跳过“制度”建立的,但纵、横分治主体为了维持其权力基础,将自发地承担起“制度”以外的救济责任,导致了“超己”价值的泛化。不过,毕竟“超己”是另起的炉灶,这也成为责任扩散,进而冲击县域金融治理边界的重要原因。如今的平台公司已然成为纵横权力主体无法割舍的手足血肉,唇齿相依。

维持平台公司“僵而不死”,是“制度”与“超己”妥协的结果;若这种状态长期存在,会持续将金融治理责任的“面”扩散至一个未知的广度。纵向方面,商业金融机构可能会通过迭责机制,无限逼近责任的边界,但“治标不治本”,而且每一次借新还旧的重复,都将最初的债务规模推送至一个新的峰值,沉淀并累积了治理责任;横向方面,平台公司的存亡可以转化为县域治理的统治责任,更难割裂两者的羁绊。

笔者通过对县域金融权力、决策和责任机制的研究,已经能够清晰地勾勒出一个“以点连线,以线成面”的(扇形)区间。从纵横分治金融事务的交界点,延伸至县域金融治理的基本面,以平台公司金融交易行为为切入点,逐渐扩大至县域治理责任的集体面。由此,纵横金融权责就像纵向“经线”和横向“纬线”有条理地交织成“面”,“面”如“扇形”形成了当下县域金融治理纵横一统的格局。

五、余论:水患

2018 年秋,连降暴雨,子县遭遇特大洪灾。

清晨,我被急促的电话铃声叫醒,通知我与副书记一组,紧急赶往 S 镇,督促救灾。一夜之间,县城变成了“水城”,平坦路面不宜行走,一些低洼不宜排放之处能没下一个三四岁的小孩儿。我时时关注着微信里"救灾群"的动向，武引局的同志称："此次水患，比 1998 年洪水还要凶！"

1998 年我已醒事，后来也看了些纪录片，说实话，当时一度认为武引局有些夸大其词；但很快反应过来，这 20 年来国家的水利工程不是白干的。

我们一行不算困难地驶入 S 镇，再往村里走，便不能行车了。M 村平均积水一米以上，里面还有十几户群众被困在家中！下车时，我看见不远处，农投公司的董事长已经在那里了。他告诉我们，之前请市上援助的冲锋艇体积偏大，运不进来；所以，他在半小时前找了些轻型的救生艇，公司正在运过来，受困群众也已经联系上，情况完全能控制。

我们又赶往了多处正在抢修的防洪提。午时，又开始下雨了。雨不大，我可以站在堤上，看着滔滔江面有吞天地之势，对晨时武引局的评估深信不疑。

天色逐渐转暗，我们在奔赴 G 镇的路上碰见了书记。"这种事你锻炼一下好，晚上就早点回去了。"书记很关心地说道。我回屋后很快入睡了。

次日被一缕阳光惊醒。立即起身从窗外望去，子县已恢复了往日的平静。一路步行至县府，街上除了多出一些清扫的人，与平时并没有什么差别。

当天，县长主持了专题会议。会议室没有开常务会那么大，三位平台公司的董事长均在席中，并分别汇报了昨日分片救灾的工作，涉及人力、物力、财力等方方面面的调配。

此时，我才明白，平台公司原来可以做这么多的事，而自己所见所闻所为，其实微不足道。

第五章　扇形统合的逻辑、规律与演变

本章研究目的在于回应“如何看待县域金融治理的权力运行?”笔者将这个提问进一步分解为三个问题:(1)“统合”的逻辑基础是什么?(2)它有什么规律?(3)将如何演变?因此,本章共分三节,是一个不断追问的分析过程,回应并解释了上述三个分解的问题。对于如何看待这种权力运行的方式,笔者只分享了一则关于“权力大观园”的心境。

本章第一节建立了一个政治经济学的理论模型,首先回到“纵向统合”这个起点,关注了中央政府与纵向分治主体间的信息分享机制,并建模分析了信息成本对纵向统合的影响,发现信息成本是“同意统合”的关键变量。第二节在模型的推论上进一步追问,笔者重点关注是什么因素提高了两者的信息成本，同时也非常关注当信息成本较高时县域治理集体的行动规律。第三节追问在当信息成本“无穷大”时，县域治理集体将如何应对？

本章是对第一、二、三、四章关于“扇形统合理论”的经济学视角的回应，进一步揭示了扇形统合的逻辑、规律与演变。本章的研究方法、术语及分析框架将与传统法学、社会学有较大差异。基于这些研究，笔者发现扇形统合是县域治理冲破金融权力一统格局的行动，或者说是一种还没被学界所定义的以扇形统合为表现形式的县域金融治理权力。这种权力可以调和制度一统与地方适应间的动态关系，但也为国家金融治理带来一些不稳定的异常值。

本章将要论证的命题可以表述为，**扇形统合是县域治理冲破金融权力一统格局的行动**。

一、“同意”统合：一个政治经济学的理论模型

本节将建立一个政治经济学的理论模型。为简化模型，笔者回到“纵向统合”这个概念，关注中央与纵向分治主体间的信息分享机制，旨在解释信息成本对纵向统合的影响。

在信息完全对称的情况下，中央政府对纵向分治主体的尽职程度及权力运行具有完全信息，也即中央政府与纵向分治主体不存在沟通成本。此时，只要县域治理集体的金融需求符合发展和稳定的治理标准，纵向分治主体将主动进行统合。

然而，更为真实的情况是，中央政府与纵向分治主体之间存在信息不对称，中央政府无法判断纵向权力分支在金融治理中的尽

职与否,①所以,纵向分治主体面临被中央政府问责的可能性。② 为了规避这种责难,它们需要自证"清白",显示其已经尽职履责,笔者将其视为一个"向中央政府支付的沟通成本,或信息成本"的过程。建模的阶段性引论为:**信息成本,是决定(纵向)统合效率的关键变量**。

(一)变量:同意的成本

建模起步于本书最初的逻辑基础——纵向统合,笔者将据此提出一个基本假设,关注中央与纵向分治主体间的信息分享机制。为简化模型,笔者重新设计了一些变量,将"县域治理集体的金融治理需求符合发展和稳定的治理标准",替换为"县政府从事低风险高收益的项目投资"。引入所谓"低风险高收益"只是用于刻画县政府是否尽职的一种数理模型方式。在现实中,县域治理千头万绪,当然不仅仅是项目投资。此处借鉴经济分析常见的化繁为简的思路,假设了项目投资之外的其他行为,在内在逻辑上(与项目投资)均是一致的;并以此通过一个"特殊"来反映"一般"。

考虑一个由中央政府、纵向分治主体、县政府构成的简易治理场域,市场中的项目均为低风险高收益的优质项目。值得注意的是,在这部分的建模分析中假定市场环境中不存在高风险项目,所

---

① 参见陆磊:《信息结构,利益集团与公共政策:当前金融监管制度选择中的理论问题》,载《经济研究》2000年第12期;蒋海:《金融监管中的激励冲突与调整》,载《财经研究》2004年第1期;蒋海、朱滔、李东辉:《监管、多重代理与商业银行治理的最优激励契约设计》,载《经济研究》2010年第4期;王赛德、潘瑞姣:《中国式分权与政府机构垂直化管理——一个基于任务冲突的多任务委托—代理框架》,载《世界经济文汇》2010年第1期。这些研究基于不同角度,论证了金融监管中委托人与代理人之间信息不对称是造成监管激励冲突的重要原因;在本书的研究中,委托人与代理人的激励相容的焦点,就是纵向权力分支在金融治理中的尽职程度。

② 参见彭韶兵、周兵:《公共权力的委托代理与政府目标经济责任审计》,载《会计研究》2009年第6期。

以也不再考虑县政府会违规进行高风险投资的可能性。作出这一假定是因为本节关注的重点是：中央政府和纵向分治主体之间的信息不对称，及其对纵向统合的影响。低风险项目可能成功，也可能失败。假定项目成功的可能性为 p ，失败的可能性为 $1 - p$ 。对于县政府而言，它可以选择不进行项目投资，此时县政府的收益为0；也可以选择进行项目投资，收益取决于项目的期望收入。县政府通过比较投资与否的支付情况（对地方治理的贡献程度）来决定是否进行项目投资。令示性变量 I_{gov} 表示县政府的投资决策，$I_{gov} = 1$ 表示县政府进行项目投资，$I_{gov} = 0$ 表示县政府不进行项目投资。

除了比较项目投资的支付情况，县政府的投资决策还面临金融约束，因为县政府无法单独完成项目的投资；一个投资项目是否能够达成，不仅取决于该项目是否具有正的增长效应，还需要纵向分治主体的金融支持（纵向统合）。

但纵向分治主体是否会为县政府提供金融支持，即它是否"同意"纵向统合，取决于纵向分治主体在项目投资中面临的收益和风险。如果纵向分治主体不为县政府提供金融支持，则其收益为0。如果纵向分治主体为县政府提供金融支持，当项目成功时，县政府的收益为 R_{gov} ，纵向分治主体的收益①为 R_{fin} ；当项目失败时，县政府的成本为 C_{gov} ，纵向分治主体的成本为 C_{fin} ，C_{fin} 包含了一种信息成本，C_{fin} 的大小体现了纵向分治主体与中央政府之间的沟通成本和信息成本的高低，C_{fin} 越大表示信息不对称程度越强。具体而言，中央政府与纵向分治主体存在信息传递的现实约束，由于中央政府不了解县政府投资项目的具体情况，也难以判断纵向分治主

① 对纵向分治主体而言，它的收益在于通过输入金融资源，以分享区域治理"红利"。如商业银行利用平台公司为媒介向地方政府发放信用贷款，以获取的金融收益。

体履职的尽力程度，当项目失败时，中央政府将推测纵向分治主体存在懈怠，进而施加惩戒与问责。此时，为了避免不适当的问责，纵向分治主体需要向中央政府证明自身履职的尽力程度，这构成了（纵向）统合的信息成本 C_{fin}（至少是其中的一部分，且在中国的分权体制下，是主要的部分）。因此，纵向分治主体会在权衡项目投资所带来的潜在收益和信息成本后，再决定是否支持县政府的投资决策。令示性变量 I_{fin} 表示纵向分治主体的决策，$I_{fin}=1$ 表示纵向分治主体同意为县政府提供金融支持，$I_{fin}=0$ 表示纵向分治主体不同意为县政府提供金融支持。

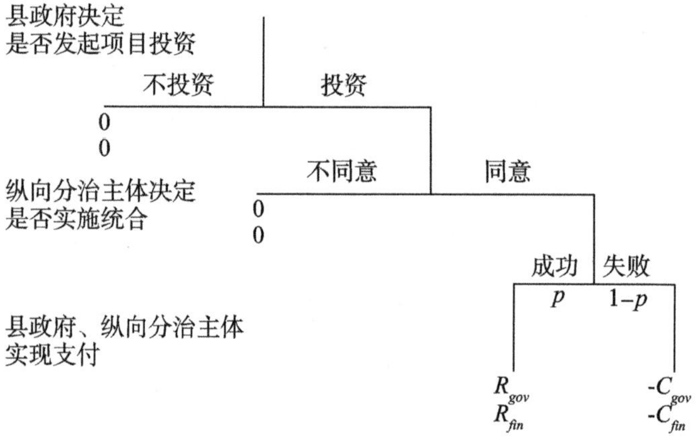

图 5-1　决策时序

图 5-1 是模型的决策时序图。县政府需要首先决定是否发起项目投资，进而再由纵向分治主体决定是否为县政府提供金融支持，也即是否同意纵向统合；最后，县政府和纵向分治主体实现各自的支付情况。具体而言，如果纵向分治主体与县政府实现统合，且项目投资成功时，两者均可得到一定的正收益。对县政府而言，完成了区域治理任务；对纵向分治主体而言则在“分享治理红

利”的过程中实现了收益。因此,“统合”使县政府与纵向分治主体实现双赢,所以纵向分治主体有激励与县政府进行统合。

引理:在一定情形下,纵向分治主体存在与县政府进行纵向统合的激励。

(二)假设:同意的函数

首先关注县政府的投资决策。在能够得到金融支持的条件下,县政府是否进行项目投资取决于项目成功时的收益与项目失败时的成本,县政府的目标函数为:

$$\underset{I}{\mathrm{Max}}E(\pi_{gov}) = [pR_{gov} - (1-p)C_{gov}] \times I_{gov} + 0 \times (1 - I_{gov})\ s.t.$$
$$I_{gov} \in \{0,1\}$$

县政府希望尽可能实现治理意图。因此,该目标函数表示,县政府通过选择是否进行项目投资以最大化预期收益(也即代表完成治理任务的收益)。县政府的期望收益 $E(\pi_{gov})$ 由两部分构成:$[pR_{gov} - (1-p)C_{gov}] \times I_{gov}$ 表示当县政府进行项目投资时的预期收益。其中,pR_{gov} 表示项目投资成功县政府实现的收益。$(1-p)C_{gov}$ 表示项目投资失败时县政府的损失。$0 \times (1 - I_{gov})$ 表示,如果县政府不进行项目投资,其预期收益为0。

为了简化模型设置,我们假定 $C_{gov} = 0$,即县政府不会因为项目投资失败而支付额外的成本和损失。做出这样的假定是因为:这一部分的建模分析中,县政府与中央政府的治理意图不存在异常值,此时,县政府拟投资的项目都是低风险高收益的项目,对于优质项目而言,即便投资未实现原本的增长目的,也不会生成额外的交易成本。放宽这一假定并不会影响主要的结论,因为理论建模关注的核心是中央政府与纵向分治主体间信息不对称,及其对纵向统合的影响。据此,我们假定县政府投资项目失败的成本和损失只对自身投资决策有影响，不会影响纵向统合主体的行为决策。

求解上述优化问题，得到以下命题：

命题 1：出于利益最大化，县政府始终愿意进行项目投资，即 $I_{gov} \equiv 1$

证明：当 $I_{gov} = 1$ 时，$E(\pi_{gov} \mid I_{gov} = 1) = pR_{gov} - (1-p)C_{gov} = pR_{gov} > 0 = E(\pi_{gov} \mid I_{gov} = 0)$，因此，命题 1 成立。

命题 1 的经济含义在于，县政府进行项目投资总是存在正的收益，也即低风险项目对县域治理总是有正的增长效应。这是由于对于低风险的优质项目来说，当项目成功时县政府能够取得一定支付，而当项目失败时，它也不必承担额外的损失。命题 1 意味着，考虑到低风险项目总是为县域治理带来正效应，县政府能否投资项目也只受到金融约束的影响。也就是说，县政府的投资决策取决于纵向分治主体的“同意（统合）的函数”。因此，下一部分笔者将讨论，在什么条件下纵向分治主体愿意为县政府的项目投资提供金融支持，即同意的逻辑。

（三）信息：同意的逻辑

接着，讨论纵向分治主体在何种情形下会同意统合，为县政府提供金融支持。纵向分治主体基于项目投资的收益与成本，决定是否同意统合。纵向分治主体的目标函数为：

$$\operatorname*{Max}_{I} E(\pi_{fin}) = [pR_{fin} - (1-p)C_{fin}] \times I_{fin} + 0 \times (1 - I_{fin}) \ s.t.\ I_{fin} \in \{0,1\}$$

该目标函数表示，纵向分治主体通过选择是否为县政府提供配套资金，以最大化预期收益。$E(\pi_{fin})$ 由两部分构成：$[pR_{fin} - (1-p)C_{fin}] \times I_{fin}$ 表示当纵向分治主体为县政府的项目投资提供金融支持时的预期收益，即统合收益。其中，pR_{fin} 表示项目投资成功的收益。$(1-p)C_{fin}$ 表示项目投资失败，纵向分治主体遭致中央政府的问责时所面临的信息成本。$0\times(1-I_{fin})$ 表示，如果纵向分治主体不为县政府的项目投资提供金融支持，其预期收益为0。

求解上述优化问题，得到同意统合的逻辑：

命题2：存在一个关于信息成本的临界值 $\underline{C_{fin}}$，当 $C_{fin}<\underline{C_{fin}}$ 时，也即信息成本足够低时，纵向分治主体将主动与县政府进行统合，为县政府的优质项目提供金融支持；当 $C_{fin}>\underline{C_{fin}}$ 时，也就是信息成本较高时，尽管县政府的投资项目为低风险高收益的优质项目，纵向分治主体也没有激励进行统合。其中，$\underline{C_{fin}}=\frac{p}{1-p}R_{fin}$。

证明：当 $I_{fin}=1$ 时，$E(\pi_{fin}\mid I_{fin}=1)$

$$=pR_{fin}-(1-p)C_{fin};$$

当 $I_{fin}=0$ 时，$E(\pi_{fin}\mid I_{fin}=0)=0$。

令 $E(\pi_{fin}\mid I_{fin}=1)>E(\pi_{fin}\mid I_{fin}=0)$，

得到：$C_{fin}<\frac{p}{1-p}R_{fin}$，即 $\underline{C_{fin}}=\frac{p}{1-p}R_{fin}$。

命题2的经济含义在于，信息成本是影响“同意统合”的关键变量。由于中央政府与纵向分治主体之间存在信息不对称，如果纵向分治主体为失败的项目提供了金融支持，那么，它将面临中央政府的问责，并不得不承担一定的信息成本来避免不适当的问责。也就是说，如果纵向分治主体面临的信息成本足够高，它的项目投资收益难以覆盖潜在的信息成本，统合行为就不容易发生。

为了更为直观地展现信息成本对统合行为的影响，接下来，笔者将具体讨论信息对称与信息不对称下的差异：

理想情形下，中央政府与纵向分治主体之间信息完全对称，即 $\underline{C_{fin}}=0$。由于纵向分治主体的主要任务是：在符合中央政府对它的履职标准下,向县政府提供金融支持。中央政府与纵向分治主体间的对称信息环境指的是:纵向分治主体与中央政府在判断(县域金融治理需求是否符合发展和稳定)的标准上,始终保持一致,也即说明纵向分治主体不会“说谎”。在此情形里,中央政府对纵向分治主体是否尽力的信息也是完全的。

然而,中央政府与纵向分治主体之间存在信息不对称,即 $\underline{C_{fin}} > 0$ 。此时,中央政府无法观察纵向分治主体的决策过程,也无法识别纵向分治主体是否充分履职。具体而言,当项目失败时,中央政府难以判断失败的原因究竟是不符合尽力履职的标准,还是由于正常的经济不确定性。因此,上述信息劣势导致了中央政府对纵向分治主体的不信任,形成了两者间的沟通成本;一旦县政府的项目投资失败,纵向分治主体需要向中央政府支付这些成本。

当县政府从事低风险且高收益的项目投资时,理想的情形下,项目投资成功将产生正向收益,纵向分治主体有激励提供金融支持,主动实现统合。换言之,理想情形下,县政府的行动与中央政府的标准完全一致,纵向分治主体将主动进行统合。然而,在信息不对称的情形下,尽管项目投资有正向收益,但潜在的问责风险、高昂的沟通成本将抑制纵向分治主体的统合意愿。也就是说,为了防止“失败”所面临的不必要的信息成本和沟通成本,纵向分治主体可能会因为过度风险厌恶,而放弃了大量原本有助于社会福利最大化的金融支持。

基于命题2和前述分析,我们可以得知,当纵向分治主体面临更低的信息成本,统合容易实现;而信息成本过高,它将怠于统合,采取不配合策略。造成高信息成本的原因可能是中央政府与纵向分治主体的信息环境不对称,或者说,中央政府不能完全信任纵向分治主体。

二、“缔结”统合:高信息成本时县的行动规律

基于上述模型的推导,笔者发现中央政府与纵向分治主体之间的信息成本是“同意统合”的关键变量。为此,笔者关注是什么因素提高了两者的信息成本,同时也非常关注当信息成本较高时县域治理集体的行动规律。

(一)殊途:制度一统与地方适应

在第二章“复合统合”中,笔者引入了“土坯房改造”的案例:子县干部拓展了对易地扶贫搬迁的理解,将16万余户土坯房(占全市土坯房的80%以上)也纳入了搬迁的范围,并通过农发行“扶贫过桥贷款”予以支持。

专栏9:“扶贫过桥贷款”的由来

“扶贫过桥”一词,源自《中共中央　国务院关于打赢脱贫攻坚战的决定》(中发〔2015〕34号)关于“对有稳定还款来源的扶贫项目,允许采用过桥贷款方式,撬动信贷资金投入”的规定。

按照中央决策部署,农发行总行专门成立了“扶贫金融事业部”,并制定了系列业务指导,其中包括“农发行为有稳定还款来源的扶贫项目在国家、省或地市级政府财政投资资金到位前,提供过渡性资金安排,以保证项目及时启动和不间断实施而发放的政策性贷款”。

由此,“扶贫过桥贷款”应运而生。

值得注意的是,“扶贫过桥贷款”并不是专门针对土坯房改造的金融产品,即“土坯房贷款≠扶贫过桥贷款”,这也是制度一统与地方适应的差异。制度一统,指的是中央设计统一标准干预特定

的治理事务；地方适应，指的是地方根据统一标准因地制宜地对特定治理事务进行治理。其中，“因地制宜”①就是制度一统与地方适应的偏差，它增加了纵向分治主体向中央政府进行沟通或者信息传递以达到特定目的的成本。许多学者也注意到，官僚体制②的等级制度和分工结构的规模导致信息流动困难，而这些特点因政府运作模式的庞大规模和漫长管理链条而大大加剧。③

为解剖上述现象，笔者在案例中提炼了“制度一统”的具体表现形式。在分税体制下看似越来越集中的财政转移支付出现了依靠“条条”部门采用专项支付或项目支付④的分配方式。尤其当中央政府在委托欠发达地区代理治理事务时，将设立“统一标准”的专项转移支付，以补偿地方财力不足；扶贫专项支付就是中央政府为国家精准扶贫工作制定的统一标准，它是“扶贫过桥贷款”的主要还款来源，也可以视为一种政策性金融权力。统一标准有利于在国家层面实现一些特定的经济和公益目标，同时也为地方治理提供指导和借鉴。

不过，统一标准是一种“不完全契约”。⑤ 由于人们的有限理

---

① “因地制宜、突出特色”八个字，被置于《国务院关于促进乡村产业振兴的指导意见》（国发〔2019〕12号）的“基本原则”之首，并非无缘无故。中国乡村分布范围广，地域差异大；地形地貌、乡风民俗迥然不同。因此，乡村振兴（以及承载广袤农村的“县域”）很难用一个模子套到底。

② 官僚体制是一个中性的组织形态和现象，区分于“官僚主义”的繁文缛节、冷酷刻板等。

③ 参见葛剑雄：《统一与分裂——中国历史的启示》，生活·读书·新知三联书店1994年版，第201~220页。

④ 折晓叶、陈婴婴（2011年）特别关注财政转移支付项目进入村庄的社会过程，他们认为项目制是村庄、地方政府和国家三个行动主体共同参与下发展和演变的。与本书的观察侧重有所差异。

⑤ 由格罗斯曼和哈特（Gross man & Hart，1986年）、哈特和莫尔（Hart & Moore，1990年）等共同创立的，或称为GHM模型。该理论以合约的不完全性为研究起点，以财产权或（剩余）控制权的最佳配置为研究目的，是分析企业理论和公司治理结构中控制权配置的重要分析工具。

性、信息的不完全性及交易事项的不确定性,使明晰所有的特殊权力的成本过高,拟定完全契约是不可能的,不完全契约是必然和经常存在的。也就是说,中央政策难以有针对性地照顾到各地的社会经济生态及差异,因为“因地制宜的信息处理成本”难以估计。正因如此,子县与大多数欠发达的县都存在同一个问题,即有一部分的公益性项目投资对当地的边际收益很高,但缺乏与之紧密适应的专项支付,或者金融配套不足。①

“土坯房改造”就是一个典型的案例。子县不是贫困县,但由于人口基数大,传统农业占产业结构比重高,贫困人口的绝对值实际上比许多贫困县都多,所以,子县农村危房改造的需求与顶层设计的统一支付标准并不完全契合。在这个案例中,虽然农发行总行制定了“扶贫过桥贷”,但由于信息处理成本过高,无法甄别子县的实际需求,导致大量土坯房改造无法实施。

对于子县的特殊情况,县农发行是知晓的,但行动上望而却步。这是为什么?周雪光(2012年)在感慨政府机构运行成本繁重时指出,由于地方性差异,中国现行的机构体制必须保持执行政策在各地的灵活性。县农发行本身不具备一事一议的改良权力,它必须自下而上地层层审报,以提升中央政府和农发行总行对子县的认识。在不对称信息的情形下,尽管项目投资有正向收益,潜在的问责、高昂的沟通成本也将抑制县农发行的统合意愿。无怪乎,国家金融治理链条中的信息传递是一个突出问题。

① 参见林万龙:《中国农村公共服务供求的结构性失衡:表现及成因》,载《管理世界》2007年第9期;贾俊雪、郭庆旺、宁静:《财政分权,政府治理结构与县级财政解困》,载《管理世界》2011年第1期;卢洪友、陈思霞:《谁从增加的财政转移支付中受益——基于中国县级数据的实证分析》,载《财贸经济》2012年第4期。

(二)同归:“变通”是一种对抗吗?

“明者因时而变,知者随事而制。”①本节笔者关注的是,县域治理集体将“如何在面临上述差异性现状的过程中作出‘制度创新’以达到特定的目的?”

实证发现,县域治理集体可以通过一些“变通”来削弱(中央政府与纵向权力分支的)信息约束,促使纵向统合发生,一定程度上弥补了制度一统与地方适应的差异。本节的“变通”,是指围绕一个特定的治理事件,设计制定系列有针对性的地方性规则或协议,以优化制度环境;它有别于“横向统合”,地方治理集体是以参与主体的动机进行“变通”,旨在降低信息成本,为纵向统合主体创造统合条件。以下,笔者继续土坯房案例的解析。

2017 年 8 月,子县人民政府与县农发行签订了《涉农资金整合及金融扶贫合作协议》,合作内容是“将农村危房改造补助资金、地质灾害综合防治体系建设资金、土地双挂钩项目资金……农业综合开发项目资金等财政涉农资金,整合到子县财政局在县农发行开立的粮食风险基金专户集中管理和使用。财政部门通过该账户拨付给项目的资金,以财政部门出具的文书为准,可视作项目到位的资本金。县农发行按照贷款管理办法配套给与信贷支持,促进项目实施……争取项目落地”。协议还明确了县政府与农发行双方的职责和合作机制等。然而,仅从这些文字看来,还不太容易发现其中“玄机”。

协议签订之时,笔者接手子县金融工作还不足一月,当金融办主任说“这是专门为土坯房改造融资的支撑性文件”时,笔者百思不得其解。因为,由始至终这份文件都没有“言明”土坯房改造的

① 参见桓宽:《盐铁论》。

内容。实际上,《涉农资金整合及金融扶贫合作协议》的作用在于,明晰了那些“千头万绪”的涉农资金与县农发行之间的金融关系,为将来偿还扶贫过桥贷,提供了政策依据和保障;由此,一定程度上降低了县农发行向中央政府、农发行总行的沟通难度,缩小了制度一统与地方适应的差异。不过,这仅仅是“变通”的其中一块拼图。

此后,县财政局出台了《关于统筹整合2018—2021年部分涉农资金用于农村危旧土坯房改造项目的方案》(以下简称《房改方案》),明确了资金整合范围及额度和统筹资金的用途。《房改方案》旨在优化中央政府与纵向权力分支的信息环境,使国家易地扶贫搬迁与子县土坯房改造的治理目标产生高度契合,由此降低了农发行总行与中央政府的沟通成本。同时,《房改方案》将“扶贫过桥贷款”的发放要求与《涉农资金整合及金融扶贫合作协议》的偿还措施相衔接,这便消除了农发行体系内部的信息阻隔,增强了农发行总行对县支行的履职信任。终于,子县土坯房改造顺利推行,并成为全省扶贫事业的金融创新典范。

变通,不是一个新奇的论点。孙立平、郭于华(2000年)认为,“变通”反映了基层政府官员在解决实际问题时偏离官方话语体系的做法;①周雪光(2011年)从“变通”的多样性和灵活性的角度讨论了权威体制与有效治理间的对立和紧张,他认为,“变通”是以弱化权威体制的正式制度为代价,隐含了对一统决策的挑战。②

但这一领域争议颇大,未有定论。因此,笔者也没有直接沿袭

① 参见孙立平、郭于华:《“软硬兼施”:正式权力非正式运行的过程分析——华北B镇收粮的个案研究》,载《清华社会学评论》特辑,2000年。

② 参见周雪光:《权威体制与有效治理:当代中国国家治理的制度逻辑》,载《开放时代》2011年第10期。

“权威体制与有效治理”的分析框架,而是重新提出了一个“制度一统与地方适应”的概念,有两方面原因。其一,“变通”的初衷不是将中央与地方置于一种“紧张对立”的状态。周雪光(2011 年)认为,如果“变通”的偏差越来越大,则可能诱发地方权力膨胀。这个假设建立在地方(对中央政府)具有“商量”的能力和相对独立性的基础之上,但县“绝对没有这个条件”,所以,县的“变通”没有任何挑战权威的动机;其二,本节的研究已经发现,当信息成本较低时,县的“变通”更多的是对现有制度的补充。“适应”一词,体现了“变通”者在科层能级上处于弱势的地位,它只能适应(一统)环境,而非对抗。

其实在很多治理场景中,央地的意图看似截然不同,实则殊途同归。

三、“品味”统合:异常值

对于“县域治理集体如何改变信息成本约束的现状?”这个问题,“变通”回应了一些情况,但不是全部;它还不能解释“当信息成本无穷大时,县域治理集体将如何应对?”

其实,前文有一个隐藏的假设基础,即信息成本是可以通过“变通”来补偿。但还有一种情况:当(中央政府与纵向分治主体的)信息成本无穷大时,县域治理集体将失去“变通”的空间,因为无论他们如何努力,都无法填补中央政府与纵向分治主体间的信息沟壑。在此背景下,地方若“一意孤行”,则可能极大地突破制度一统的范畴,成为“异常值”。

“异常值”该不该被剔除?这是笔者接下来要讨论的问题,它将给予本书命题最终的启示。

（一）取舍：统合转化

在第二章“交易统合”中，笔者引入了“县域商业银行的集体婉拒”这个案例：2018 年，一家新能源汽车企业计划在子县投资百亿规模的新能源电池基地，这也是子县有史以来最大的一次招商引资活动。子县政府为了“留住”这家企业，号召当地商业银行予以支持，但遭到了域内各家商业银行的“婉拒”。

这也是一个“不同意”（纵向）统合的例子，其中还有一段关于县人行的插曲。笔者在县人行的调研时，县人行行长、副行长前前后后几次谈及了这个招商案例，他们自信对中央金融政策的解读是县域首屈一指的，可以帮助商业银行“自证”，降低信息成本；他们认为，“统合失败”是由于县政府决策时没有充分地征求他们的意见。在实践中，笔者也观察到，县人行是很多专题会议的列席单位，但他们很少发表意见，会议中县级领导、各县级主管部门也很少主动询求他们的意见，这似乎是一种常态。

实际上，县政府并非刻意“轻视”县人行，而是已经敏锐地发现“县域商业银行面临巨大信息成本且难以补偿”，或者说，纵向统合的成本“无穷大”。

有趣的是，子县没有知难而退。县政府通过统筹调控若干县属部门、乡镇，出台了多项财税、土地、能源方面的优惠政策，先将产业“稳住”，并在本县完成工商注册等手续，然后通过平台公司与产业方达成协议，提供持续性的金融支持，以保障该产业尽快建设投产。笔者据此推论：当纵向统合的信息成本“无穷大”时，可能会触发横向统合，或者纵横统合，即“统合转换”。这是为什么？

分管经济合作局的副县长在一次工作餐叙中感慨：“产业方确是好企业，但十分强势。在与我们县商谈的同时，也在周边的区县接洽。我们怎么舍得让这么大一个项目跑掉啊。”①

统合转换，不是权力的更替或转移，而是权力运行模式间的切换。在此过程中，统合主体发生了改变，但客体（治理对象）保持不变。权力运行的成本和效率是“转换”的主要动机，因时、因势、因事而变。在上述案例中，子县治理集体属于信息的弱势方，激烈的县际竞争不会给它太多信息甄别的空间。为了抢先（其他县）“留住”产业，子县大张旗鼓、雷厉风行地出台优惠政策，推动平台公司融资等，动员成本虽然很高，但立竿见影。

有趣的是，“超高的信息成本”是统合转换必要的发生条件，但不是统合转换希望解决的问题。或者说，统合转换旨在不改变既存信息约束的情况下实现治理意图。这样做的直接后果可能是，极大地突破了制度一统的范畴，引致县域治理集体步入“扇形”的不确定阴影中，成为异常值。

（二）得失：权力大观园

异常值，其实是一个统计学概念，指在统计检验中，一组测定值中与平均值的偏差超过数倍标准差的测定值。某种程度而言，异常值就是周雪光（2011 年、2012 年）意义上的那种触动权威体制神经的偏离或对抗。但在笔者看来，这一现象的黑盒在实证研究中尚未打开，所以，笔者只能将其视为“异常”。之所以使用这个概念，还有一个有趣的原因，即县域金融治理与统计学都有一个共同话题——“异常值该不该被剔除？”

异常值其实是一个广义概念，它至少包括以下两种情况：

① 访谈编号#20181119。

1. 离群值(outlier)

离群值,是指从因变量 Y 的角度看来属于异常值。如图 5-2 中的△,偏离 Y 的均值较其他点更远。笔者可以将因变量 Y 视为"(中央)顶层设计的治理标准",实点(·)是各个县的治理实践。

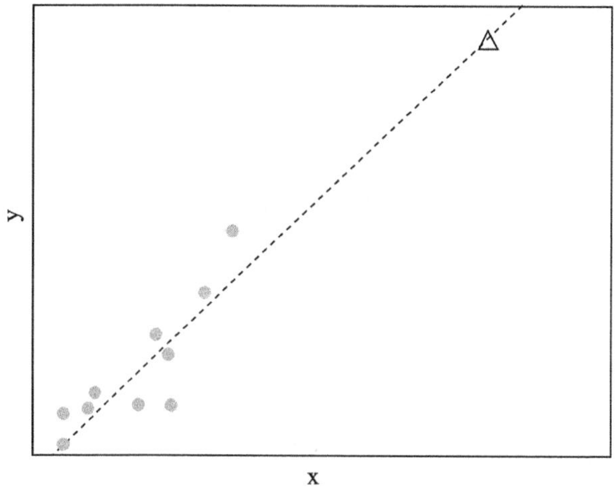

图 5-2 离群值

顶层设计,是近年来比较流行的名词,它于"中共中央关于'十二五'规划的建议"中首次出现。① 顶层设计是自上而下的设计方法,核心理念与目标都源自权力决策的中枢。一统标准的规划者希望所有的实点都布局一个设计好的回归系数上,即强调被设计对象围绕核心理念和目标所形成的关联、匹配与有机衔接;即使有

① 中共十七届五中全会通过的《中共中央关于制定国民经济和社会发展第十二个五年规划的建议》(2010 年 10 月 18 日中国共产党第十七届中央委员会第五次会议全体通过)中第一次使用"顶层设计"一词,原表述为"重视改革顶层设计和总体规划";在其后的中央经济工作会议上,又明确提出了"加强改革顶层设计,在重点领域和关键环节取得突破"。由此,"顶层设计"成为中国政治领域的新名词。

些许偏离(低信息成本),也允许通过“变通”来靠近这个标准(回归系数)。

不难看出,含△时,实线拟合影响几乎不大。对于国家治理而言,这种偏离可能仅仅是因为组织规模庞大而导致科层链条间的信息传递不畅,并没有背离核心理念和设计目标。

2. 高杠杆值(high leverage)

高杠杆值,是指从自变量 X 的角度看来属于异常的值。如图 5-3中◇,偏离 X 的均值较远。我们可以将自变量 X 视为“县域实际治理的标准”,实点(·)仍为各个县的治理实践。

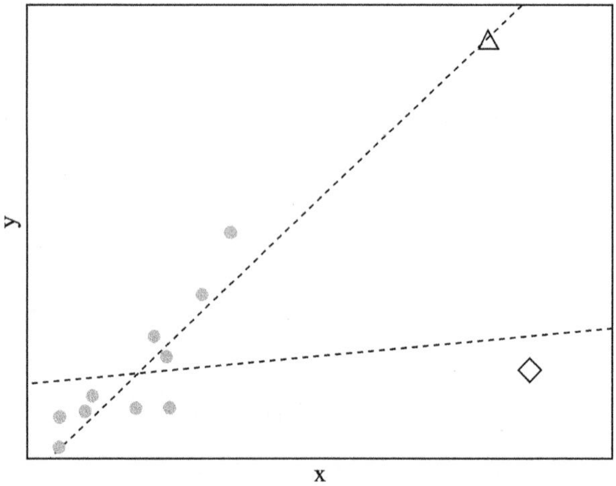

图 5-3　高杠杆值

含有◇时,拟合线被向下拉低(或向上抬高),即回归系数远低于(或高于)实线。无怪乎,◇才是国家(金融)治理中最难以掌控的因素。

经济学界提出了各种理论框架来理解和解释◇,普遍认为,各级政府将中央设置的经济增长目标层层加码,[1]直至县政治理末端,实际的治理标准已经"走形"。[2] 这些研究工作比较全面地解释了◇"何以发生",而扇形统合理论揭示了它"何以运行"。笔者用图5-4简要概括并回顾本章的立论,以及◇背后的逻辑关系。

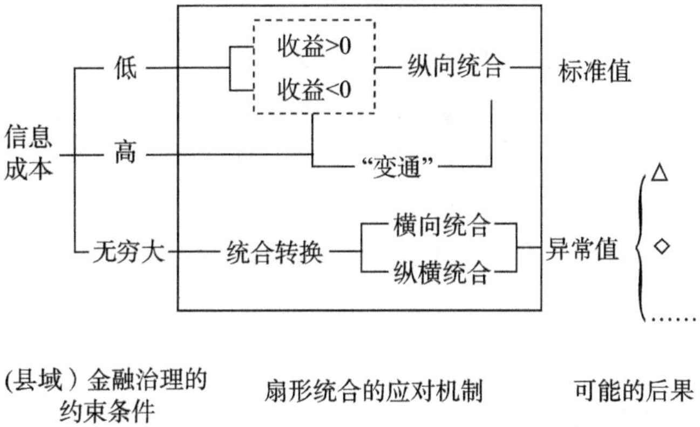

图5-4 扇形统合的应对机制

---

① 参见周黎安:《晋升博弈中政府官员的激励与合作——兼论我国地方保护主义和重复建设问题长期存在的原因》,载《经济研究》2004年第6期;周黎安:《中国地方官员的晋升锦标赛模式研究》,载《经济研究》2007年第7期;尹恒、朱虹:《县级财政生产性支出偏向研究》,载《中国社会科学》2011年第1期;陈钊、徐彤:《走向"为和谐而竞争":晋升锦标赛下的中央和地方治理模式变迁》,载《世界经济》2011年第9期;李军杰:《经济转型中的地方政府经济行为变异分析》,载《中国工业经济》2005年第1期;江飞涛、曹建海:《市场失灵还是体制扭曲——重复建设形成机理研究中的争论,缺陷与新进展》,载《中国工业经济》2009年第1期;江飞涛、耿强、吕大国、李晓萍:《地区竞争,体制扭曲与产能过剩的形成机理》,载《中国工业经济》2012年第6期。

② 参见皮建才:《政治晋升激励机制下的地方重复建设——横向与纵向的比较分析》,载《财经科学》2009年第9期;梁若冰:《财政分权下的晋升激励,部门利益与土地违法》,载《经济学(季刊)》2009年第1期;徐现祥、王贤彬:《晋升激励与经济增长:来自中国省级官员的证据》,载《世界经济》2010年第2期;杨俊:《财政分配关系中的地方政府非规范性竞争行为分析》,载《经济社会体制比较》2012年第1期;王叙果、张广婷、沈红波:《财政分权,晋升激励与预算软约束——地方政府过度负债的一个分析框架》,载《财政研究》2012年第3期。

经过一系列的追问和拓展,笔者终于发现:**扇形统合,是县域治理集体"冲破金融权力一统格局"的应对机制,或者说,它本身就是一种还没被定义的县域金融治理权力;这种权力可以调和制度一统与地方适应间的动态关系,但也为国家金融治理带来一些不稳定的异常值**。

异常值该不该被剔除?进一步地,我们应如何看待县域金融治理中扇形统合的权力运行模式?这是一个"得失之问",也是本书最后的追问,但笔者不准备回答,只希望分享下述一则心境,见仁见智。

麻雀虽小,五脏俱全。权力是一种约束和规制人的复杂网络和微观社会结构,①而县则是一个多元权力(关系)的集聚场域。在竞标赛层层加码之下,县作为统合主体时,它的行动规律与治理过程中的社会、政治、经济、文化、传统因素密切交织在一起,立法者要改变这些因素是极其困难的。我们国家正式的权力配置是自上而下的逐级承包,在顶层,权力结构简单,而越往基层,权力结构就越复杂,权力内容越丰富。基层政府除了本级的权力禀赋,还需要同时容纳中央、上级,甚至上两级政府的权力辐射,以及各种类型的非正式制度安排。在这个场域之中,权力没有绝对唯一,难以完全独立运行,权力间是多元动态互动的关系。

县,是一个权力的大观园。

四、余论:赴京

2020年夏,国内疫情已基本控制。陆陆续续,地方干部赴京汇

---

① 参见俞可平:《权力与权威:新的解释》,载《中国人民大学学报》2016年第3期。

报、述职也多了起来。算起来，我离开子县已十月有余。从中国科学院辗转到国家发展改革委，生活变得完全不一样。

那年我与书记在京小聚。因恰逢"规划年"，他非常关心"十四五"时期国家关于地方财税金融方面的动态。

"书记，我现在不搞金融了。我在搞科技创新……"自己有些不好意思。

上面千条线，下面一根针。那天笔者切实地感受到，国家部委的专业性和基层政府的综合性有"不畅通的地方"。

与工作性质有关，我每天会看很多文件，一年下来差不多要读两三千份。国家发改委很全面，是名副其实的"党中央国务院的参谋和助手"。所以，但凡"沾边"的治理事件，其他部门都会转来征求意见。我的任务之一就是从"文海"中挑出那些与处室相关的具体业务。而具体负责这些业务的同志，往往都是这方面的专家，或者经验丰富。

顶层器重业务精英，要把事情"想明白、说透彻、写精彩"。基层讲究综合（执行）能力，要把事情"摁平"，常以"万金油"自嘲。因此，他们的知识摄取、为人处世和治理目的都有很大差异。他们间的对话也经常不在一个"频道"上，导致有效信息的获取量微乎其微。

县需要关注的事太多了，有些不求甚解。有时候，我觉得他们的要求并不高，只需要找到那个懂行的人告诉他们"行"或是"不行"就可以。有时候，我觉得他们太难了。即使在当代高度发达的信息技术的支持下，（有效）信息①传达仍然存在梗阻，找到那个懂行的人是一件不易的事。

① 所谓的有效，应当是那些真正需要被传递、沟通的信息，比如县域面临的实际困难（包括该困难的真实性）、政策之间的冲突、决策过程和决策执行的合法合规性等。总之，与纵横分治主体的"清白"有关。

第六章　结论:从县域金融治理到中国金融法治

一、本书的命题

本书的问题是“县域金融治理的权力及其运行状况实际怎样?”

笔者将本书的提问分为三个问题:(1)县域金融治理的权力运行模式是什么?(2)县域金融治理的权力“实际如何运行”?(3)如何看待县域金融治理的权力运行?本书章节的安排由以上三个问题的内部逻辑构成。第一章探讨了第一个问题,是扇形统合理论的准备。第二、三、四章探讨了第二个问题,都是对扇形统合类型的解释。其中,第二章注重厘清“纵与横”的统合主体关系,第三章注重阐释“什么是非正式金融权力”,第四章注重论证权力运行“为什么是扇形”。第五章回答了第三个问题,也是对前四章关于“扇形统合理论”的经济学视角的回应,揭示扇形统合的逻辑、规律与演变。

现在,笔者可以对本书的提问给出以下结论性命题:**扇形统合是县域金融治理的权力运行模式,是县域治理冲破金融权力一统格局的行动;同时,它是以扇形统合为表现形式的县域金融治理权力。**

二、本书命题的启示

以扇形统合为表现形式的子县金融治理,是我国两千多个县域金融治理的一个缩影。一叶知秋,以小见大。它为中央政府对地方特别是县域金融治理及其改革发展和法律化提供了实证样本。其中启示,若笼统地讲,恐不着边际,兹仅举要五点:一曰兴,二曰患,三曰责,四曰法,五曰秘。

(一)县治之兴,金融扛鼎

郡县制度,始皇以来历朝因袭,各代虽有修订更动,但其实质是一脉相承的。县处于我国行政管理体制的末梢,县域治理是全面推进依法治国、实现国家治理现代化的重要一环。“如果把国家喻为一张网,全国三千多个县就像这张网上的纽结。‘纽结’松动,国家政局就会发生动荡;‘纽结’牢靠,国家政局就稳定。国家的政令、法令无不通过县得到具体贯彻落实。因此,从整体与局部的关系看,县一级工作好坏,关系国家的兴衰安危。”①

透过子县当代的金融治理权力运行机制,笔者发现县域金融作为经济社会发展的“血液”,在保障县域治理全面良性运转,特别

① 习近平:《从政杂谈》,载习近平:《摆脱贫困》,海峡出版发行集团、福建人民出版社1992年版,第31页。

是在助力城镇化、精准扶贫、乡村振兴等国家重大战略推进之中能够因应金融难题，并且，它随着经济社会发展，出现了空前繁荣的局面。

县治之兴，离不开（县域）金融权力的扛鼎相助，即便它是非正式的。“二金”，启示笔者在更为广阔的历史背景下，探索县域金融治理的机制产生和再生产的渊源，追溯早期的非正式金融权力；笔者发现它的消亡，并不是完成了历史使命后全身而退、销声匿迹。恰恰相反，在现代经济的制度建设过程中，县域金融权力又以新的形式（平台公司）生存下来，并继续发挥巨大作用。有所不同的是，县域金融权力的延续不再是行政意志的简单拼接，而是建立在一套成熟的、现代的决策和权责机制之上。

然而，现有理论界说对县域金融治理及其权力运行的关注严重不足，这是短板和遗憾的。关于“金融权力”这个概论，经济学、法学、社会学、政治学、金融学还没有“走到一起去”。当前，金融监管、央地分权、政治权力、财政运行、公共治理的研究文献汗牛充栋，尤其在“政治竞标赛”、“软预算约束”、“运动型治理”和传统法学的框架下有着丰富的研究成果，但均“不下县”。特别是以“金融权力”为分析对象的县治研究工作更是寥若晨星。

县治之兴，县域金融虽然重要但受到了不应有的忽视。须知，当前中国正面临百年未有之大变局和构建新发展格局，我们应对国家治理的社会根基——县域治理，尤其是在全面推进乡村振兴战略中愈加重要的县域金融治理，给予更加清醒的认识和越发高度的警惕。

（二）县权之患，悄悄冥冥

扇形统合的县域金融权力运行机制，是一个卓有成效的治理模式，但较之依法治国、依法行政的要求，其尚存一定的差距。40

多年来,中国特色的县域治理模式总体上保障了县域金融运行的平稳,助推了县域国民经济和社会事业的持续发展;但在行权中也显现出主观意图、个人权威和经验办事的些许“活跃”。从这个意义上讲,40 多年来中国县域金融的“有效治理”近似于一种“有权治理”,一方面成效显著,但另一方面在治理过程中十分依赖正式权力的“非正式运行”①和非正式权力②的介入。也就是说,“制度”与“超己”的界限越发模糊了,甚至还具有某种人治色彩。尤其是最基层的工作人员在实际工作中还不善于或不习惯于运用法治思维和法治方式,“人治”的身影时多时少、若隐若现,潜伏着不稳定性的隐患。需知,“超己”毕竟是另起的炉灶,即便其成长路径是制度化了的,但仍将冲击县域金融治理的正式边界;长此以往,县域金融治理责任的“面”亦将扩散至一个未知的广度,非正式的权力或许侵蚀正式法律制度的运行,沉淀并累积了金融运行风险。因其深层次的利益、权力、财力及制度保障带来的问题和难题,还将淆乱县域金融治理改革环境,导致某些公职人员的畏难情绪和惰性思维,以及政府职能的越位、错位、缺位。

目前,正式的金融分权制度还不能明确县域金融权力“到底处于什么位置?”同时,又无法割裂这些力量与县域治理之间的羁绊。如此,正式与非正式金融权力既合作又冲突,缠绵了数十年。笔者在后续的研究中已经发现,县域金融权力已经开始从“隐而不显”的状态,逐渐呈现显性发展的趋势。

在子县时,许多人感慨“平台公司董事长的权力比副县长还要

① 孙立平:《现代化与社会转型》,北京大学出版社 2005 年版,第 363 页。

② 何小青、江美塘:《正式权力与“非正式权力”——对政治权力的一项基础性研究》,载《学术论坛》2001 年第 5 期。

大”,这是很异常的。笔者还发现,县域之中,已经存在蚕食、分享金融权力的现象,例如,几乎每个县都有若干个平台公司,而人们都已习以为常;又如,副县长们都想去分管平台公司,但人们很少去发掘这些背后平的本本源源,令人忧虑。

县权之患,正悄然向我们靠近。

(三)县人之责,负重前行

然而,让笔者感到极为矛盾的是:由于行政发包制的断裂,县一边要承受“不可再下放”的治理压力,一边要延续县治之兴。肩负责任,其中艰辛,不一而足,配套相应的金融权力似应有之义。

子县是农业大县。多年来,子县干部做梦都想甩掉“农业大县”的帽子。农业大县不仅是意味着产业结构的陈旧,它还有一系列连锁反应。例如,子县老百姓常常抱怨“我们养的猪都给外地人做成火腿肠了”。由于传统农业附加值太低,农民人均收入总是上不去,导致扶贫任务积压,而最后还是传导给了县域治理集体。农业大县似一个“魔咒”,你越是想改变它,它越是倔强。例如,笔者反复列举的“新能源汽车招商”案例。为何子县上上下下都如此渴望它落地?真的只是为了主官的晋升这么简单吗?在子县,笔者亲身见证了外来产业投资方“有很多选择”的那种强势;若不求变,子县将始终处于信息劣势方,被市场拿捏。

子县是个高龄大县。高龄津贴,起初是由民政部鼓励有条件的地方建立困难老人、高龄老人津贴制度,提倡以省为单位向全国80岁以上的老人发放高龄津贴。2008年1月1日,子县县委出台《关于加强老年工作的意见》(子委发〔2008〕12号)文件,对域内90周岁以上的老人发放高龄津贴(90~99周岁50元/月,100岁及以上200元/月)。2016年,子县政府将高龄津贴的补助范围扩大到80周岁以上的老人(80~89周岁25元/月,90~99周岁100元/月,

100 岁及以上 400 元/月）。此举，使全县享受政策的人口骤然攀升，财政支付压力迅速增大。

子县是个生源大县。2015 年，子县印发《关于实施农村义务教育学校学生免费午餐的意见》（子府办发〔2015〕47 号），对 16 所学校 6456 名学生进行免费午餐试点。2016 年，该政策扩大至全县 166 所农村义务教育学校，受惠学生近 7 万人。

子县是个兵源大县。1999 年，根据《××省人民政府关于贯彻执行〈中华人民共和国兵役法〉几个问题的通知》，鼓励城镇退伍义务兵和转业志愿兵自谋职业，对城镇退伍士兵采取一次性自谋职业补助费的办法予以安置。自 2000 年起，子县开始执行自谋职业安置对象一次性补助标准，发放对象包括城镇义务兵、城镇士官、三级以上转业士官、志愿兵以及其他符合政府安排工作条件的退役士兵。①

县之艰辛，笔者感同身受。随着我国不断完善民生服务的保障范围政策和加大扶持力度，子县财政的支持标准还在不断提高，对于一个传统的农业人口大县而言，负担尤为沉重。因此，我们看到，即使县域平台公司已"千疮百孔"、备受诟病，尽管县域治理者压力山大，因职责所在，唯有继续负重前进，为发展而融资，艰苦奋斗，以战养战。

（四）县域之法，发展为要

如何处理好"县权之患"与"县人之责"的关系，涉及"合法性"

---

① 子县的城镇退役安置对象基本补助 3000 元，加军龄每周年 300 元计发，义务兵由安置地政府按本地区职工平均工作的 2～4 倍发给一次性经济补助费，志愿兵按本地区职工年平均工资的 3～5 倍发给一次性安家补助费。补助资金由子县财政承担 50%，接受安置部门、单位承担 50%。2001 年，基本补助金调至 6000 元，每周年军龄补助调升至 500 元。2003 年基本补助金调升至 7000 元，该补助标准一直延续至今。

与“合理性”这一对重要关系，它已然出现在中国金融法治的进路上，无法回避。扇形统合理论能够很好地描述出国家（正式）金融权力在县域的状态、格局和运行机制，这就为国家未来进行县域金融治理制度建设以及权力架构改革提供了重要启示。

首先，我们不应该回避“人治”的现象，不宜过分夸大其（负面）影响，要破除“理想国”，认识到权力不可能完全运行在一个由法律、制度和集体人格等“正式性”组成的精密机器之中。笔者在“纵横统合的决策机制”中展示，正式的（决策）程序在许多情况下都是通过“人治”衔接起来的。个人理性是“人治”的微观基础，同时，它也是官员知识结构、价值取向、社会阅历的综合呈现。其实在很多治理场域中，官员们看似“一意孤行”，却可能是降低决策风险的理性波动。

正视这些隐含些须“人治”因素的决策节点，它们为县域金融监管和金融调控提供了经验教训。实践中，“人治”的动机难以捉摸，这是矛盾的根源。换个角度看来，扇形统合理论提供的这些“人治”节点，恰恰也是施以法治良策的切入口。

县域金融法治，应协调统一有效治理与依法治理，助推中国法治现代化体系建设。有效治理与依法治理是辩证的。依法治理要求在法律体系下，在法律授权范围内开展工作。有效治理要求通过合法合理的程序及方式，充分了解和尊重变化后的实际，实施治理。我们应全面、历史、辩证、客观地看待县域金融治理中的微观基础。根据时代背景、事实真相，分析“人治”及其背后的（非正式）县域金融权力是否有利于改革、是否有利于发展，以及如何纳入正式的法治框架和权力架构。

毛泽东主席在领导新中国社会主义法制建设时，从国情出发，创造性地提出了原则性和灵活性相结合的立法原则。① 在新时代,习近平提出"三个区分开来"衡量标准,即"要把干部在推进改革中因缺乏经验、先行先试出现的失误和错误,同明知故犯的违纪违法行为区分开来;把上级尚无明确限制的探索性试验中的失误和错误,同上级明令禁止后依然我行我素的违纪违法行为区分开来;把为推动发展的无意过失,同为谋取私利的违纪违法行为区分开来"。②

把"推动发展"作为充分发挥依法治理作用和推进治理体系治理能力现代化的出发点和落脚点,那么"人治"在法律权限范围内开展工作,并非天方夜谭。

(五)县学之秘,博采众长

对于法学,笔者是半路出家,这方面的天资也不很高。为了做好这篇文章,被逼另辟蹊径,常以金庸笔下的"真郭靖"自勉,努力博众家之所长。

县域金融治理及其权力运行研究,不是传统法学一家之言能够诠释的。县,是一个多元权力(关系)的集聚场域,它的行动规律与治理过程中的社会、政治、经济、文化、传统因素密切交织在一

① 1953年毛泽东同志曾经指出:"原则性要灵活执行。应当是那样,实际是这样,中间有个距离。有些法律条文要真正实行,也还得几年。比如婚姻法的许多条文,是带着纲领性的,要彻底实行至少要三个五年计划。"毛泽东在1954年的多次讲话中阐述,我们的宪法草案,结合了原则性和灵活性。"宪法中规定,一定要完成社会主义改造,实现国家的社会主义工业化。这是原则性。要实行社会主义原则,是不是在全国范围内一天早晨一切都实行社会主义呢?这样形式上很革命,但是缺乏灵活性,就行不通,就会遭到反对,就会失败。"佚名:《毛泽东与新中国的法制建设》,载《中国人大》2014年第1期。

② 2016年1月18日,《习近平同志在省部级主要领导干部贯彻党的十八届五中全会精神专题研讨班上的讲话》,载新华网,http://www.xinhuanet.com/politics/2016-05/10/c_1289,2020年9月10日访问。

起，立法者要改变这些因素是极其困难的。所以，笔者决定做一篇“重揭示，轻规范”的文章，先博采众长把事情“讲明白”，再谈集思广益把事情“解决好”。

就目前的研究阶段而言，使县域金融治理权力运行的轨迹更清楚地显现出来，是当务之急。而传统法学的研究工具相对缺乏，尤其对于权力选择、权力博弈的制度性和效率性问题，不能一目了然地揭示出来。波斯纳（Posner）在定位“法律经济学”时，提出将经济学的理论和经验主义方法全面运用于法律制度分析。在笔者看来，经济学丰富的研究工具和策略，是打开（县域金融）权力制度性基础黑盒的密匙。

同时，法律决不是一个孤立的现象，金融权力运行亦不是。笔者在研究县域金融治理的基本条件对法律制度的影响时，明显感觉到了“横向（权力）的熟人社会”和“纵向（权力）的陌生人社会”间的巨大信息沟壑。笔者发现，许多复杂的法律制度是配合“纵向（权力）的陌生人社会”而设计的，或者说，是为国家正式金融管理权力量身打造的。这使最初的研究工作进展得极其缓慢。然而，当笔者尝试用社会学的研究方法，将金融权力问题置于子县社会背景之中，一些法律现象与社会现象相互交织、纷繁复杂的彼此关系便厘清了。

政治学、金融学、公共管理学，在笔者看来，都是实践的学科。若不置身于县域金融权力管理的“漩涡”之中，很难发掘县人何以“水遇低洼”，县权何以“激浪成涡”。而且这些学科之间本就难以绝对割裂。例如，政治学在广义上的研究对象是国家，若要把以国家为中心的政治现象和政治关系作为研究对象，就必须辅以他山之石。

本书研究的主要目的仅在于“使金融权力的法律制度更清楚

地显现出来,而不是改变法律制度”。要做到这一点,单一学科的“三板斧”也显得力不从心。扇形统合理论,从学科研究的性质来看,笔者尚难定位这个理论应属于哪个领域。但这不重要,本书研究意在“众筹”倡导综合运用法学和经济学、金融学、社会学等多元学科理论,来分析(县域金融治理中权力运行的)法律的形成、法律的框架和法律的运作以及法律与法律制度所产生的影响。而自知力之绵薄,不揣冒昧,抛砖引玉,求教同行。

三、本书命题的限度

本书主要采用实证研究方法,关注对县域金融治理的权力运行的因果规律揭示,而不是金融法律条文的规范性解读。也正因如此,本书的中心命题是有限度的,它不奢求能够对既有的金融法律条文实现实质性的改良。

笔者之所以提出这样的问题是因为县域治理是国家治理的社会根基,而县域金融治理则是中国金融治理的社会根基。县域治理集体是国家法律、法规和政策的重要执行者,是地方经济、社会事务的主要管理者,大量直接与广大老百姓切身利益攸关的金融事务的决策,都是由他们做出的。因而各种社会矛盾往往也聚焦在县域,多发在基层;能否有效化解矛盾,将直接影响到基石的稳固,之于国家稳定,至关重要。本书的中心命题只在于将自己的研究结果告诉人们:县域金融治理中权力运行的法治建设很大程度上影响着中国金融法治现代化进程的快慢时速,而当前县域金融的有效治理与依法治理有进一步整合优化的空间,这或许将成为中国金融法治现代化的考验,以及全面推进依法治国的重点和难点。

参考文献

一、中文著作

[1]白钦先、王伟:《政策性金融概论》,中国金融出版社 2013 年版。

[2]布尔迪厄(Bourdieu):《反思社会学导引》,李猛、李康译,商务印书馆 2015 年版。

[3]陈志武:《陈志武金融通识课》,湖南文艺出版社 2018 年版。

[4]费孝通:《乡土中国》,北京大学出版社 2012 年版。

[5]樊红敏:《县域政治:权力实践与日常秩序:河南省南河市的体验观察与阐释》,中国社会科学出版社 2008 年版。

[6]郭道晖:《法的时代精神》,湖南出版社 1997 年版。

[7]葛剑雄:《统一与分裂——中国历史的启示》,三联书店 1994 年版。

[8]胡恒:《皇权不下县?——清代县辖区与基层社会治理》,北京师范大学出版社2015年版。

[9]华景斌、李丹、丁伯康:《中国城投行业发展报告》,社会科学文献出版社2018年版。

[10]刘德厚:《当代中国县政发展》,武汉大学出版社1988年版。

[11]李修义:《中国县级综合改革的历程与实践》,经济管理出版社1992年版。

[12]李奇霖、王言峰、李云霏:《城投再来:地方融资平台如何转型》,华夏出版社2018年版。

[13]陆学艺:《县级综合改革与经济社会的协调发展》,中国社会科学出版社1993年版。

[14]科泽·大卫:《仪式、政治与权力》,王海洲(译),江苏人民出版社2015年版。

[15]刘仁甫、陈嘉陵:《县级机构改革的理论与实践》,湖北人民出版社1993年版。

[16]廖申白:《交往生活的公共性转变》,北京师范大学出版社2007年版。

[17]米歇尔·福柯(Michel Foucault):《规训与惩罚:监狱的诞生》,生活·读书·新知三联书店1999年版。

[18]瞿同祖:《清代地方政府》(修订译本),法律出版社2011年版。

[19]齐戎等:《体制转换时期县级领导方式研究》,当代世界出版社1999年版。

[20]任先德:《县级财政管理》,经济科学出版社2004年版。

[21]孙立平:《现代化与社会转型》,北京大学出版社2005年版。

[22]宋士云:《中国银行业市场化改革的历史考察(1979－2006)》,人民出版社2008年版。

[23]吴志远、姜凌:《新时期县级党政领导班子的素质与效能研究》,西南财经大学出版社1995年版。

[24]王国益:《县级党政领导班子建设简论》,浙江人民出版社1996年版。

[25]王圣诵:《县级政府管理模式创新探讨》,人民出版社2006年版。

[26]王伦刚:《中国农民工非正式的利益抗争》,法律出版社2011年版。

[27]吴国光、郑永年:《论中央—地方关系:中国制度转型中的一个轴心问题》,香港:牛津大学出版社1995年版。

[28]杨松:《银行法律制度改革与完善研究:调控与监管的视角》,北京大学出版社2011年版。

[29]杨雪冬:《市场发育、社会生长和公共权力构建:以县为微观分析单位》,河南人民出版社2002年版。

[30]杨毓培、陈代昌:《县级领导与管理》,中共中央党校出版社2002年版。

[31]孔飞力:《叫魂:1768年的中国妖术大恐慌》,陈兼、刘昶译,生活·读书·新知三联书店于2014年版。

[32]袁达毅:《县级人大代表选举研究》,中国社会出版社2003年版。

[33]叶维钧、潘小娟:《中国县级政府机构改革》,社会科学文献出版社1996年版。

[34]赵奇、刘太刚:《中国县级行政组织立法研究》,中国人民公安大学出版社2001年版。

[35]周庆智:《中国县级行政结构及其运行:对W县的社会学考察》,贵州人民出版社2004年版。

[36]周庆智:《县政治理:权威、资源、秩序》,中国社会科学出版社2014年版。

[37]周黎安:《转型中的地方政府:官员激励与治理》(第二版),格致出版社、上海人民出版社2017年版。

[38]张五常:《中国的经济制度》,中信出版社2017年版。

[39]张军、周黎安:《为增长而竞争:中国增长的政治经济学》,上海格致出版社、上海人民出版社2008年版。

[40]朱大旗:《金融法》,中国人民大学出版社2015年版。

[41]子县地方志编撰委员会:《子县县志(1911－1987年)》,×省人民出版社1992年版。

[42]子县县志编撰委员会:《子县县志(1988－2005年)》,方志出版社2012年版。

[43]子县地方志编纂办公室:《子县年鉴》(2006年至2018年),开明出版社。

[44]子县供销合作社志编纂小组:《子县供销合作社志》,×县教育印刷厂印。

二、中文期刊

[1]巴曙松、刘孝红、牛播坤:《转型时期中国金融体系中的地方治理与银行改革的互动研究》,载《金融研究》2005年第5期。

[2]曹正汉:《中国上下分治的治理体制及其稳定机制》,载《社会学研究》2011年第1期。

[3]陈钊、徐彤:《走向“为和谐而竞争”:晋升锦标赛下的中央和地方治理模式变迁》,载《世界经济》2011年第9期。

[4]陈菁、李建发:《财政分权,晋升激励与地方政府债务融资行为——基于城投债视角的省级面板经验证据》,载《会计研究》2015 年第 1 期。

[5]陈抗、Arye L. Hillman、顾清扬:《财政集权与地方政府行为变化——从援助之手到攫取之手》,载《经济学(季刊)》2002 年第 2 卷第 1 期。

[6]丁骋骋、傅勇:《地方政府行为、财政—金融关联与中国宏观经济波动——基于中国式分权背景的分析》,载《经济社会体制比较》2012 年第 6 期。

[7]董世坤:《中央与地方金融权力关系的变迁》,载《湖北大学学报(哲学社会科学版)》2014 年第 3 期。

[8]龚强、王俊、贾珅:《财政分权视角下的地方政府债务研究:一个综述》,载《经济研究》2011 年第 7 期。

[9]樊红敏:《县域治理改革与实践》,载《郑州大学学报(哲学社会科学版)》2013 年第 1 期。

[10]樊红敏:《政治行政化:县域治理的结构化逻辑——一把手日常行为的视角》,载《经济社会体制比较》2013 年第 1 期。

[11]樊红敏、周勇振:《县域政府动员式社会治理模式及其制度化逻辑》,载《中国行政管理》2016 年第 7 期。

[12]龚强、王俊、贾珅:《财政分权视角下的地方政府债务研究:一个综述》,载《经济研究》2011 年第 7 期。

[13]郭玉清、何杨、李龙:《救助预期,公共池激励与地方政府举债融资的大国治理》,载《经济研究》2016 年第 3 期。

[14]郭晓鸣、赵昌文:《以农民合作的名义:1986 ~ 1999 四川省农村合作基金会存亡里程》,载《世纪周刊》2001 年第 1 期。

[15]洪正、胡勇锋:《中国式金融分权》,载《经济学(季刊)》

2017 年第 2 期。

[16]洪艳蓉:《公司债券违约零容忍的法律救赎》,载《法学》2013 年第 12 期。

[17]黄宗智:《集权的简约治理原则——中国以准官员和纠纷解决为主的半正式基层行政》,载《开放时代》2008 年第 2 期。

[18]黄鹏航:《关于县域法治与县域治理研究的检讨——对既有学术研究文献之梳理与分析》,载《政法论坛》2019 年第 1 期。

[19]胡仁彩:《金融业混业经营》,载《商业研究》2006 年第 3 期。

[20]江飞涛、曹建海:《市场失灵还是体制扭曲——重复建设形成机理研究中的争论,缺陷与新进展》,载《中国工业经济》2009 年第 1 期。

[21]江飞涛、耿强、吕大国、李晓萍:《地区竞争,体制扭曲与产能过剩的形成机理》,载《中国工业经济》2012 年第 6 期。

[22]蒋海:《金融监管中的激励冲突与调整》,载《财经研究》2004 年第 1 期。

[23]蒋海、朱滔、李东辉:《监管、多重代理与商业银行治理的最优激励契约设计》,载《经济研究》2010 年第 4 期。

[24]姜长云:《从乡镇企业融资看农村金融改革》,载《经济学家》2002 年第 6 期。

[25]纪志宏、周黎安、王鹏、赵鹰妍:《地方官员晋升激励与银行信贷——来自中国城市银行的经验证据》,载《金融研究》2014 年第 1 期。

[26]贾俊雪、郭庆旺、宁静:《财政分权,政府治理结构与县级财政解困》,载《管理世界》2011 年第 1 期。

[27]林毅夫、刘志强:《中国的财政分权与经济增长》,载《北

京大学学报(哲学社会科学版)》2000 年第 4 期。

[28]缪小林、伏润民:《权责分离,政绩利益环境与地方政府债务超常规增长》,载《财贸经济》2015 年第 4 期。

[29]刘杨:《基本法律概念的构建与诠释——以权利与权力的关系为重心》,载《中国社会科学》2018 年第 9 期。

[30]刘煜辉、沈可挺:《中国地方政府公共资本融资:问题、挑战与对策——基于地方政府融资城投债务状况的分析》,载《金融评论》2011 年第 3 期。

[31]刘亚亮、林慕华:《预算过程中的正式政治与非正式政治:A 省一个专项资金的案例分析》,载《公共行政评论》2014 年第 4 期。

[32]刘向民:《我国金融法治建设四十年》,载《中国金融》2018 年第 15 期。

[33]刘世定:《低层政府干预下的软风险约束与“农村合作基金会”》,载《社会学研究》2005 年第 5 期。

[34]杨东:《论金融法的重构》,载《清华法学》2013 年第 4 期。

[35]杨文彬:《从微观行为视角看中国政府间纵向关系》,载《行政与法》2011 年第 3 期。

[36]杨俊:《财政分配关系中的地方政府非规范性竞争行为分析》,载《经济社会体制比较》2012 年第 1 期。

[37]李扬:《完善地方金融管理解决融资城投问题》,载《中国证券报》2010 年 12 月 6 日。

[38]卢洪友、陈思霞:《谁从增加的财政转移支付中受益——基于中国县级数据的实证分析》,载《财贸经济》2012 年第 4 期。

[39]毛捷、徐军伟:《中国地方政府债务问题研究的现实基础——制度变迁、统计方法与重要事实》,载《财政研究》2019 年第

1 期。

[40]毛锐、刘楠楠、刘蓉:《地方政府债务扩张与系统性金融风险的触发机制》,载《中国工业经济》2018 年第 4 期。

[41]米璨:《我国地方政府投融资平台产生的理论基础与动因》,载《管理世界》2011 年第 3 期。

[42]吕培俭:《我国中央银行体制确立的回顾》,载《中国金融》2009 年第 16 期。

[43]陆磊:《信息结构,利益集团与公共政策:当前金融监管制度选择中的理论问题》,载《经济研究》2000 年第 12 期。

[44]苑丰:《近 30 年中国县政研究综述》,载《东南学术》2008 年第 1 期。

[45]王国红、瞿磊:《县域治理研究述评》,载《湖南师范大学社会科学学报》2010 年第 6 期。

[46]王霞:《关于九十年代中国通货膨胀的分析》,载《理论与改革》1994 年第 9 期。

[47]吴永红、郭晓鸣:《中国农村合作金融的发展与选择》,载《中国农村经济》2001 年第 10 期。

[48]陆正飞、祝继高、樊铮:《银根紧缩、信贷歧视与民营上市公司投资者利益损失》,载《金融研究》2009 年第 8 期。

[49]李广杰、侯效敏、花小安:《地方政府投资行为,规制与经济增长——“转型期中国地方政府投资行为及其规制”研讨会综述》,载《经济研究》2009 年第 6 期。

[50]李军杰:《经济转型中的地方政府经济行为变异分析》,载《中国工业经济》2005 年第 1 期。

[51]刘志云、郑普英:《刍议金融调控法体系》,载《法学杂志》2002 年第 6 期。

[52]刘明:《商业银行对地方政府融资平台公司贷款的风险防范》,载《法制与社会》2011 年第 4 期。

[53]刘亚莉:《地方政府融资平台风险的法律控制研究》,载《人民论坛》2011 年第 14 期。

[54]林万龙:《中国农村公共服务供求的结构性失衡:表现及成因》,载《管理世界》2007 年第 9 期。

[55]梁若冰:《财政分权下的晋升激励,部门利益与土地违法》,载《经济学(季刊)》2009 年第 9 期。

[56]沈能:《中央与地方政府自主创新行为的博弈与合作》,载《福建行政学院学报》2010 年第 1 期。

[57]孙立平、郭于华:《"软硬兼施":正式权力非正式运作的过程分析——华北 B 镇收粮的个案研究》,载《清华社会学评论》特辑,2000 年。

[58]田昆:《统筹城乡发展与地方政府投资职能:一般分析》,载《理论与改革》2011 年第 2 期。

[59]蒲丹琳、王善平:《官员晋升激励,经济责任审计与地方政府投融资平台债务》,载《会计研究》2014 年第 5 期。

[60]皮建才:《政治晋升激励机制下的地方重复建设——横向与纵向的比较分析》,载《财经科学》2009 年第 9 期。

[61]彭韶兵、周兵:《公共权力的委托代理与政府目标经济责任审计》,载《会计研究》2009 年第 6 期。

[62]石传刚:《中国农业产业化经营与家庭联产承包责任制》,载《中共贵州省委党校学报》2007 年第 2 期。

[63]文炳勋:《新中国金融体制的历史演进》,载《中共党史探究》2006 年第 4 期。

[64]王宇:《中国金融改革开放四十年》,载《西部金融》2018

年第5期。

[65]王瑞敏:《由乱而治:中国人民银行与地方政府的关系》,载《现代商业》2008年第8期。

[66]王赛德、潘瑞姣:《中国式分权与政府机构垂直化管理——一个基于任务冲突的多任务委托—代理框架》,载《世界经济文汇》2010年第1期。

[67]王兴、郑俊虎:《中央与地方政府博弈背景下的企业政治战略——基于合法性视角的分析》,载《当代经济》2009年第2期。

[68]王叙果、张广婷、沈红波:《财政分权,晋升激励与预算软约束——地方政府过度负债的一个分析框架》,载《财政研究》2012年第3期。

[69]武力:《财政转型:以"有形之手"促进科学发展》,载《贵州财经学院学报》2012年第2期。

[70]殷剑峰:《经济转型和改革的三种错误倾向》,载《领导文萃》2013年第12期。

[71]尹恒、朱虹:《县级财政生产性支出偏向研究》,载《中国社会科学》2011年第1期。

[72]俞可平:《权力与权威:新的解释》,载《中国人民大学学报》2016年第3期。

[73]余文渊:《农村合作基金会兴衰对我国农村合作金融发展的启示》,载《理论探讨》2005年第5期。

[74]许浜:《对供销社亏损原因的剖析与摆脱困境的建议》,载《计划与发展》1992年第2期。

[75]萧端、熊婧:《政府创业引导基金运作模式借鉴——以以色列YOZMA基金为例》,载《南方经济》2014年第7期。

[76]徐勇:《乡村治理结构改革的走向——强村、精乡、简县》,

载《战略与管理》2003 年第 4 期。

[77]徐镇南:《温州农村股份合作企业考察报告》,载《中国农村观察》1992 年第 2 期。

[78]徐现祥、王贤彬:《晋升激励与经济增长:来自中国省级官员的证据》,载《世界经济》2010 年第 2 期。

[79]佘明桂、潘红波:《政府干预、法治、金融发展与国有企业银行贷款》,载《金融研究》2008 年第 9 期。

[80]姚耀军、彭璐:《地方政府干预银行业:内在逻辑与经验证据》,载《金融评论》2013 年第 4 期。

[81]折晓叶:《县域政府治理模式的新变化》,载《中国社会科学》2014 年第 1 期。

[82]周立、胡鞍钢:《中国金融发展的地区差距状况分析(1978 - 1999)》,载《清华大学学报(哲学社会科学版)》2002 年第 2 卷第 17 期。

[83]周立:《改革期间中国国家财政能力和金融能力的变化》,载《财贸经济》2003 年第 4 期。

[84]周立:《乡村振兴战略与中国的百年乡村振兴实践》,载《人民论坛 · 学术前沿》2018 年第 3 期。

[85]周黎安:《晋升博弈中政府官员的激励与合作——兼论我国地方保护主义和重复建设问题长期存在的原因》,载《经济研究》2004 年第 6 期。

[86]周黎安:《中国地方官员的晋升锦标赛模式研究》,载《经济研究》2007 年第 7 期。

[87]周雪光《基层政府间的“共谋现象”:一个政府行为的制度逻辑》,载《社会学研究》2008 年第 6 期。

[88]周雪光:《权威体制与有效治理:当代中国国家治理的制

度逻辑》,载《开放时代》2011 年第 10 期。

[89]周雪光:《运动型治理机制:中国国家治理的制度逻辑再思考》,载《开放时代》2012 年第 9 期。

[90]张凤娜:《我国信用制度建设研究》,载《金融理论与教学》2019 年第 1 期。

[91]张元红、李静、张军:《从合作基金会事件看中国农村金融改革与发展》,载《中国农村经济》2002 年第 8 期。

[92]张军、金煜:《中国的金融深化和生产率关系的再检测:1987—2001》,载《经济研究》2005 年第 11 期。

[93]赵学军:《农村合作基金会兴亡的再探讨》,载《金融评论》2018 年第 1 期。

[94]章芳芳:《村镇银行的界定与特点分析——从与商业银行、农村信用社、农村合作基金会的比较出发》,载《河南金融管理干部学院学报》2008 年第 3 期。

[95]曾楠:《国家认同的历史逻辑——以政治仪式的权力再生产为中心的考察》,载《内蒙古社会科学》2020 年第 6 期。

三、新闻

[1]习近平:《习近平在兰考县委常委扩大会上的讲话》,载新华网,http://www.xinhuanet.com/politics/2015-09/08/c_128206459.htm,2019 年 3 月 3 日访问。

[2]习近平:《决胜全面建成小康社会　夺取新时代中国特色社会主义伟大胜利——在中国共产党第十九次全国代表大会上的报告》,载人民网,http://sh.people.com.cn/n2/2018/0313/c134768-31338145.html,2019 年 3 月 3 日访问。

[3]中央农村工作领导小组办公室、上海市委农村工作办公

室:《习近平总书记在上海工作期间对推动“三农”发展的思考与实践》,载《人民日报》http://cpc.people.com.cn/n1/2018/0928/c419242-30317604.html,2019年3月29日访问。

[4]中国人民银行:《2009年金融机构贷款投向统计报告》,载中央政府门户网站,http://www.gov.cn/gzdt/2010-01/20/content_1515740.htm,2019年3月26日访问。

[5]张玉、程宏毅:《习近平同中央党校县委书记研修班学员座谈》,载人民网,http://cpc.people.com.cn/n/2015/0113/c64036-26372379.html,2019年3月3日访问。

四、法律、法规与政策文件

[1]《中华人民共和国土地管理法》(中华人民共和国主席令第八号)第54条、第56条。

[2]《中国人民银行法》第2条、第13条。

[3]《预算法》第8条、第29条、第35条、第83条。

[4]《中华人民共和国证券法》第10条。

[5]《贷款通则》,中国人民银行于1996年6月28日以中国人民银行令1996年第2号文颁行。

[6]《党政领导干部选拔任用工作条例》第2条。

[7]《中共中央　国务院关于当前经济情况和加强宏观调控的意见》(中发〔1993〕6号)。

[8]《关于切实做好减轻农民负担工作的决定》(中发〔1996〕13号)。

[9]《中共中央　国务院关于打赢脱贫攻坚战的决定》(中发〔2015〕34号)。

[10]《中共中央　国务院关于防范化解地方政府隐形债务风

险的意见》(中发〔2018〕27 号)。

[11]《中共中央办公厅　国务院办公厅关于地方政府隐形债务问责办法》(中办发〔2018〕46 号)。

[12]《国务院办公厅关于印发中国银行业监督管理委员会主要职责内设机构和人员编制规定的通知》(国办发〔2003〕30 号)。

[13]《国务院关于投资体制改革的决定》(国发〔2004〕20 号)。

[14]《国务院关于加快发展现代保险服务业的若干意见》(国发〔2014〕29 号)。

[15]《国家计划委员会关于实行建设项目法人责任制的暂行规定》(计建设〔1996〕673 号)。

[16]《国家发展改革委关于企业债券发行实施注册制有关事项的通知》(发改财金〔2020〕298 号)。

[17]《财政部关于规范金融企业对地方政府和国有企业投融资行为有关问题的通知》(财金〔2018〕23 号)。

[18]银监会与财政部、人民银行、保监会和国务院扶贫办联合印发的《关于促进扶贫小额信贷健康发展的通知》(银监发〔2017〕42 号)。

[19]《中国银监会关于加强 2012 年地方政府融资平台贷款风险监管的指导意见》(银监发〔2012〕12 号)。

[20]《中国银行业监督委员会办公厅关于进一步提升大型银行县域金融服务的通知》(银监办发〔2016〕163 号)。

[21]《中国银保监会办公厅关于推进农村商业银行坚守定位　强化治理　提升金融服务能力的意见》(银保监办发〔2019〕5 号)。

[22]《私募投资基金管理人登记和基金备案办法》第 3 条、第 5 条。

[23]《关于实行建设项目法人责任制的暂行规定》第 2 条。

[24]《关于加强农村合作基金会规范化管理的意见》(××市委办发〔1994〕11 号)。

[25]《子县县政府工作报告》(1993—2008 年)。

[26]《子县人民政府关于加强农村合作基金会规范化管理的通知》。

[27]《子县委机构编制委员会关于县政府财经办公室更名等事项的通知》2015 年 5 月。

[28]《子县县委机构编制委员会子县机构改革方案》。

[29]《子县农村合作基金会管理暂行办法》(子府发〔1993〕21 号)。

[30]《子县县属国有企业大额资金支出监管暂行办法》。

[31]子县人民政府常务会议文件:审议《关于竞买××纺织有限责任公司资产及其设备有关事宜的请示》2019 年 1 月。

五、外文文献

[1] Franklin Allen, James Mc Andrews, and Philip Strahan, "E-Finance: An Introduction", *Journal of Financial Services Research*, Vol. 22, 2002.

[2] F. S. Mishkin, "Monetary Policy Strategy: Lessons from the Crisis", *Nber Working Papers*, 2011.

[3] Serdar Dinc, "Politicians and Banks: Political Influences on Government-owned Banks in Emerging Markets", *Journal of Financial Economic*, Vol. 77, 2004.

[4] Park, A., and M. shen, "Refinancing and Decentralization: Evidence from China", *Journal of Economic Behavior and Organization*, Vol. 66, 2008.

[5] Paul Peretz, Jean Reith Schroedel, "Financial Regulation in the United States: Lessons from History", *Public Administration Review*, Vol. 66, 2009.

[6] Paligorova T, Santos Joo A. C, "Monetary Policy and Bank Risk-Taking: Evidence from the Corporate Loan Market", *Journal of Financial Intermediation*, Vol. 30, 2016.

[7] Qian, Y., and G. Roland, "Federalism and the Soft Budget Constraint", *The American Economic Review*, Vol. 88, 1998.

[8] Saibal Ghosh, "Provisioning, Bank Behavior and Financial Crisis: Evidence from GCC banks", *Review of Middle East Economics and Finance*, Vol. 11, 2015.

[9] Shue, Vivienne, *The Reach of the State: Sketches of the Chinese Body Politic*, Stanford University Press, 1988.

[10] Reisen H., "Will the AIIB and the NDB Help Reform Multilateral Development Banking?", *Global Policy*, Vol. 3, 2015.

[11] US Das, Marc G Quintyn, K Chenard, Does Regulatory Governance Matter for Financial System Stability? An Empirical Analysis, IMF Working Papers, 2006.

[12] Weber, Max, *From Max Weber: Essays in Sociology*, Translated by H. H. G. a. C. W. Mlills, Oxford University Press, 1946.

[13] Woodford M, *Interest and prices: foundations of a theory of monetary policy*, Princeton University Press, 2003.

[14] Xu, Chenggang, "The Fundamental Institutions of China's Reforms and Development", *Journal of Economic Literature*, Vol. 49, 2011.

后记:知行相长

一

知行相长,是从县域金融治理权力运行扇形统合理论与实践受到启发的,也是我博士论文的《后记》之名。"知"与"行"统合后,相辅相成,相互影响,相互促进,都能提高和发展成长,亦如"教"与"学"教学相长。①

"知""行"问题,在中国学术史上既古老而又常新,许多先贤见仁见智。在宋明理学中,"知"和"行"这两个属于认识论范畴的重要概念,简单地看,近似于现代哲学指的"意识活动"和"行为实践"。② 宋明理学两代宗师描述"知""行"两者间关系,泾渭分明。宋代朱熹谓

---

① 《礼记·学记》:"是故学然后知不足,教然后知困。知不足然后能自反也,知困然后能自强也。故曰教学相长也。"

② 释法向:《王阳明"知行合一"思想浅述》,戒幢佛学研究所2000级学员文集。

之“论先后，知为先。”；[①]明代王阳明主张“只说一个知，已自有行在；只说一个行，已自有知在”，“知行如何分得开？”。[②] 知必须通过行才能知，行必须通过知才能行。知而不行，其实不算真正知。虽然朱熹、陈淳等人著述中偶有提及“知行常相须”，[③]后来一些学者也对此加以发挥，但其“相须”“并进”还是把知与行作为两个主体。王阳明的“知行之合一并进”则把知与行作为一个主体，明确指出：“知行之合一并进而不可以分为两节事矣。”[④]王阳明“知行合一”亦即他的“致良知”，[⑤]“良知”是知，“致”是行，就是在实际行动中实现良知，知行合一。他似乎已经觉察到前人理论的某种缺陷，以“心即理”为理论前提，认为朱熹“物理吾心终判为二”是导致“知行之所以二也”的原因。如若循此进路探讨“知”“行”内涵及其相互关系，从而揭示人类对于自然界和人类社会的认识规律，善莫大焉，即便如苏格拉底“知行合一”论结论有误，于认识论发展亦不无裨益。惜乎王阳明知行观，认识问题只在伦理道德范畴，道德观念与道德修养的密切结合是其主要着眼点，之于宋明理学共有以哲学论证伦理学、以天理良知论证封建道德律的一般特点大凡

---

① 《朱子家语》卷九。

② 《船山全书》卷一〈传习录〉上。

③ 《朱子语类》卷九：“知行常相须，如目无足不行，足无目不见”“致知力行互相发”。朱熹认为知和行犹如有眼无足不能走路，有足无眼看不见路、既相互依赖，又相互促进，两考不可偏废。故“知之愈明，则行之愈笃；行之愈笃，则知之益明”（《朱子语类》卷十四）。这是朱熹认识论上的朴素辩证法思想。

④ 王阳明《答顾东桥书·乙酉》：“是故知不行之不可以为学，则知不行之不可以为穷理矣；知不行之不可以为穷理，则知知行之合一并进，而不可以分为两节事矣。”

⑤ 致良知是王阳明心学主旨。语出《孟子·尽心上》：孟子曰：“人之所不学而能者，其良能也；所不虑而知者，其良知也。孩提之童，无不知爱其亲者；及其长也，无不知敬其兄也。亲亲，仁也；敬长，义也。无他，达之天下也。”

一致。① 然而,“知”“行”内涵及其相互关系却远非如此,它涵盖了人类对于自然界和人类社会认识规律揭示的全部内容,有待发现认识和身体力行的范围与问题及其广泛,使其成为人们对大千世界“知”与“行”的美好向往和内生动力。不过,王阳明“知行合一”观强调两者的统一与联系,弥补了朱熹“知先行后”的缺陷,这为后世知行观的进一步发展提供了有益启迪。人类在“知”“行”征途中不仅“知行之合一并进”,不仅范围突破了伦理道德范畴,而且螺旋式上升发展,知行相长。

二

本书是我在实证研究和对博士论文进行推敲、修改上而成,也是知行相长的成果。

2017 年下半年,有缘时逢我国西部地区 S 省地方政府为发展经济出台引进人才政策,我得益于本硕经济学和金融学的西学经历,以及博士入学前的国内金融从业经历,在完成法学院博士课程后,由西南财经大学介绍到子县挂职县长助理,协助分管县政府财政金融工作。我的两位金融法博士生导师高晋康教授和吴富林教授,支持我采用金融学、法学、社会学、经济学相结合交叉研究的理路,同步开展实证研究。

结合子县的履职实践,我读中国自秦郡县制以来两千多年间

① 王阳明“知行合一”思想着眼于道德观念与道德修养的密切结合,把“知”即意念也当作最初的“行”,使人们对“不善的念”不掉以轻心,即“不善的念”在内心刚产生时,就要把它“克倒”。王阳明知行观在伦理道德范畴,自己直言无讳:“今人学问,只因知行分作两件,故有一念发动,虽是不善,然未尝行,便不去禁止。我今说个知行合一,正要人晓得,一念发动处,便实行了;发动处不善,就将这个不善的念克倒了,须要根绝彻底,不使那一念不善潜伏在胸。次是我立言宗旨。”(见《传习录》下)

若府县治理得力则社会相对安定、府县失治则社会难免动荡的兴衰史，使我对“郡县治，天下安”有了切身感受。当代县治，既与古郡县制联系传承，如毛泽东所言“百代都行秦政法”，[①]但也内容迥异，如习近平总书记在“兰考会议”上讲话所指出：“县域治理是推进国家治理体系和治理能力现代化的重要一环”，“既‘接天线’又‘接地气’”，有必要“准确把握县域治理特点和规律”。[②]

我从参与治理子县和实地观察中，认识到金融治理是县域治理的核心内容，是一个很重要的学术课题。虽然现有金融学和金融法学理论已经有长足的发展，但既有金融学和金融法的理论知识，既未能展现出县级金融治理的图景，更不能很好地解释县域中已经发生和正在发生的种种金融现象。县域金融治理迄今对我们来说还犹如一个“黑箱”。现实世界中的县域金融治理一次次冲击了我对于金融学尤其是金融法学课堂上所形成的知识结构，更加激发了我探究县域金融治理及其权力运行的极大兴趣。而我挂职的子县人口近150万，历史悠久，文化厚重，要素完整，功能齐备，充满发展生机，是难得的实证研究对象。

两位导师对我关心、支持、鼓励和指导，极大地鼓舞着我在工作履职尽责与学术实证研究兼顾之路上砥砺前行。在子县两年，我既要按照“5+2”“白加黑”模式风雨兼程做好协助分管工作，又要挑灯夜战，收集资料、请教师长、撰写论文。苦寒磨砺，沦肌浃髓，按时按质，完成了实证研究和份内工作。

在两年挂职期满和论文成稿后，离开子县前夕，我依依不舍，

① 毛泽东：《七律·读封建论·呈郭老》。这是毛泽东写给郭沫若的一首诗，这是他写的最后一首咏史诗，也是他一生中写的最后一首诗。

② 习近平：《在河南省兰考县委常委扩大会议上的讲话》(2014年3月18日)，载习近平：《做焦裕禄式的县委书记》，中央文献出版社2015年版，第52页。

现场查看了自己参与争取中央预算内资金补助的子县职教项目，以及我负责招商引进发达地区社会资金前来投资子县的“飞地园区”，均正加快有序推进，感到高兴；同时，我耳闻目睹县上会议金融议题，容易形成共识，也很开心，因为这与我刚到子县时当地金融意识不浓、难成共识的现象泾渭分明。子县县委书记肯定我对子县带来的金融理念创新，还以第一读者评价我博士论文对他治理县域有启发。

在我看来，自己履职工作，同步实证研究，既完成了学业研究目标，也发挥了研究成果对现实县域金融治理工作的启示作用。这个过程，其实质是“知”与“行”的旅程，期间创新建立了一个适宜于县域金融治理权力运行的理论研究框架——扇形统合，它是学以致用、知行相长的劳动果实。

三

知行相长后，形成扇形统合理论与实践的劳动果实，具有成功之法，我称为“知行相长法”。

知行相长法，是我从扇形统合理论研究与实践经历中逐渐认识的。从少小读国内小学、初中、高中，至完成在国外本硕学业后2014年年底到北京工作时，我一直沿着“悦读舒写，创新立业，文以载道，孝以传家”之路勉力前行，两耳不闻窗外事，一心只读圣贤书。刚海归时，又因觉得自己虽有些许西学之长，但仍难适应中华复兴进程中全面深化改革、全面依法治国新形势新任务的需要，便挤时间一边工作一边考博，以我既有金融学专业为基础，结合父母对法治自觉之于管控人生、规制社会至关重要的建议，考录为西南财经大学法学院金融法学专业博士研究生。高兴之余，越来越感到自己长期从学校到学校、与社会隔绝的遗憾，以及对当前国情、社情不够了解的幼稚和短板。我发现,毛泽东主席运用“理论与实际合一”的方法读另一本“无字大书”——中国农村社会,并写出了8万余字《寻乌调查》,对中国革命道路的独特性有了越来越实际的感受,提出了“反对本本主义”和“没有调查就没有发言权”的著名论述。伟人毛泽东成功于把“本本读活”。这种“既入书斋又出书斋”的读书法就是毛泽东后来反复强调的理论联系实际的学风,指引了我思寻理论与实践相统一之学习路径,从而奔赴子县挂职,一边履职工作,一边同步展开对县域金融治理权力运行的实证研究。

在锁定县域金融治理的权力运行这个研究对象之后,我关注的是县域金融治理权力的“实际如何运行”情况,而不是“应该怎样运行”。我通过对子县治理中的金融权力进行条分缕析,发现了观察我国县域正式、半正式与非正式金融权力的扇形统合理论,它是县域金融治理的权力运行模式,是县域治理冲破金融权力一统格局的行动;同时,它是以扇形统合为表现形式的县域金融治理权力。这种实证研究,既读“无字之书”,也丝毫未少“有字之书”的持续研读,特别重视经典和精读,养成“以史为鉴”的思维,从历史和经典中汲取能够为我所用的力量。与此同时,学以致用,优化我在子县履职中金融治理工作。我也从这种知与行合一、理论与实践(实证)结合、相辅相成、相互促进的学习和工作中,悟出了知行相长法的道理。我是从知行相长法运用中如期完成博士阶段对县域金融治理实证研究的受益者。这种有效之法,也是激励我在博士毕业后笔耕不辍,持续深化观察、探究县域金融治理并完成本拙著的动力源之一。

知行相长法,是“有字之书”和“无字之书”同读同悟、同步提升、知行合一、相生相长的方法。它源于知行合一论。王阳明“知行之合一并进”论强调“心理合一”,认为“欲食之心即是意,即是行之始矣”“欲行之心即是意,即是行之始矣”,并援用一些为生活实践所证明了的经验常识加以论证，如“路歧之险夷，必待身亲履历而后知”“学射，则必张弓挟矢，引满中的；学书，则必伸纸执笔，操觚染翰”，意指无论走坎坷的道路，还是射箭、写字，都必须亲身经历才能有切实体会。知行相长法区别于知行合一论，在于它不局限于伦理道德范畴，而涵盖了人类对于自然界和人类社会认识规律揭示与行动的全部内容。

知行相长法，在理论层面和实践层面具有重大意义。知行相长，是一种存疑和追问式批判性思维方式，但不意味着否定，而是在观察传统、权威、成见、惯例、约定俗成这些固化在自己头脑的信条时问问自己：“真的吗？”“为什么？”“万一呢？”之所以自问，是因为“为了适于生存，我们的脑海里保存了无数的规则与分类，以快速有效地指导当下的行为。这也是文化对人的教化功能——通过传达‘绝对’的概念，我们的文化得以代代相传。这无疑带来了稳定，但也让我们付出代价。因为很多时候，情境已经变化了，我们还一如既往地坚持着那些规则和分类，不假思索地运用它们”。①而现实从来不是静止的，“不确定性”才是现实世界的本质状态。当我们从“不确定性”的现实世界找到“提问”答案时，便是知行相长时。“一旦我们看清自己是如何自我束缚在文化、范畴、语言和思维模式的陷阱里，就会发现，人生中我们可以控制的部分，包括健康和快乐，其实远远超过我们的想象。”②如果把自我“提问”视为“知”，那么，“寻找”答案就是“行”。“读万卷书，行万里路”，这是我国自古以来学者们所向往的游历生活。理论与实际相结合是马克思主

① ［美］艾伦·朗格：《专注力：与岁月对抗的力量》，载《三联生活周刊》2010年第16期。

② ［美］艾伦·朗格：《专注力：与岁月对抗的力量》，载《三联生活周刊》2010年第16期。

义的基本原则，调查研究是我们党的传家宝，是做好各项工作的基本功，这一原则和基本功指导中国相继取得了新民主主义革命、社会主义革命、社会主义建设、改革开放的伟大胜利和巨大成就。

一部人类发展史，其实是理论与实际相结合的历史，是知行相长史。

四

知行相长，志气在长。

人类发展，未知太多，决定了知行相长不仅是认识论、方法论，还赋予了我们于“知”于“行”谱新篇的责任担当。所以，知行相长，也增长使命感和雄心壮志。

我在县域金融治理研究与实践的知行相长过程中，对县域治理特别是全面推进乡村振兴产生了浓烈情怀。我博士毕业在国家机关工作兼具基层和上层的经历体验后，更有一种强烈使命感和冲动感，觉得一方面应“知”，清醒知道县域是乡村振兴的主战场，金融是振兴乡村的“血液”，县域金融治理是“国之大者”，它关乎是否有序有效推进乡村振兴，关乎能否城乡同步发展和全面建成现代化国家从而全面实现中华民族伟大复兴；另一方面要“行”，把功在当代、利在千秋的全面振兴乡村使命扛在肩上，奋勇争先投身于当代乡村建设热潮。

回顾我国近百年的乡村发展，在现实与历史错综复杂的互动进程中不断演进，大体经过“乡村建设—新农村建设—乡村振兴”三个阶段。① 首先是发轫于 20 世纪初中华民族内忧外患时的乡村

① 周立：《乡村振兴战略与中国的百年乡村振兴实践》，载《人民论坛 · 学术前沿》2018 年第 3 期。

建设实践。针对西方列强压榨与国内军阀混战下濒临崩溃的中国传统农村经济和小农乡土社会的现状，为挽救乡村、挽救社会、挽救国家，民间开始由各地良绅和知识分子率先自发进行乡村建设，如最早可追溯到1904年米春明、米迪刚父子在河北定县的“瞿城实验”、20世纪20至30年代民间如火如荼乡村建设运动（共有1000多个试验区）中的梁漱溟邹平模式、晏阳初定县模式、卢作孚北碚模式。然而，在当时的历史背景下，这些偏重于文化教育的建设实践，对于农村发展的复兴效果并不理想，而与同期乡建派不同的是，中国共产党开启了没有乡建派的乡村革命实践，如在中央苏区根据地开辟乡村建设试验田等尝试和举措，为推进新中国成立后的农村建设积累了宝贵经验。新中国成立以后，国家正式进场，在一直持续的“没有乡建派的乡村建设”中，中国共产党领导广大农民围绕土地所有制进行一系列革命性探索，彻底变革农村社会和城乡关系，持续推进农村农田水利建设、基础公共设施建设、教育医疗等基本公共服务建设，农业生产与农民生活水平显著提高。因此，以1953年国家对农产品实行统购统销制度为发端，农业开始担负为国家工业化提供原始积累的历史使命。

2005年10月，以党的十六届五中全会提出建设社会主义新农村的历史任务为标志，中央提出三农工作“重中之重”的战略思想，开始主导实施以工补农、以城带乡的“给予”战略，由此进入我国近百年乡村发展的第二阶段，即新农村建设阶段。党的十六届五中全会遵循“多予、少取、放活”的工业反哺农业、城市支持农村的重要方针，提出要按照生产发展、生活宽裕、乡风文明、村容整治、管理民主的要求，扎实稳步地推进新农村建设，统筹城乡经济社会发展，推进现代农业建设，全面深化农村改革，大力发展农村公共事业，千方百计增加农民收入。新农村建设的内涵和外延涉及农村政治、经济、文化、社会的方方面面，有别于自发于民间侧重文化教育的乡建派尝试，以及革命派侧重于农村土地制度的实践，也区别于新中国成立后侧重于“汲取”农业剩余的战略。中央财政逐年增加对新农村建设的投入力度，逐步取消农业税，各省、直辖市、自治区被减少的地方（农业税）收入由中央财政进行转移支付，同时对农民实行直接补贴和良种、农机具购置、农资综合、退耕还林等专项补贴。此外，各级政府开始大力推进农村教育（如 2007 年起全免义务阶段学杂费）、卫生（2003 年试点新农合医疗）等社会服务，不断完善农村自来水、电网、垃圾处理、可再生能源、广播电视、互联网以及公路、电话和金融网点“村村通”等公共基础设施建设，以缩小城乡基础设施和公共服务的差距。然而，这些努力还没有从根本上扭转乡村多年积累的“颓势”。我从子县在此期间的文献中，也看到了农村奇缺优质教育和医疗，以及农村空心化、老龄化趋势加剧等情况。放弃农民的市民小康，不是全面小康；没有乡村振兴，就没有城市可持续的繁荣，就没有中华民族的伟大复兴。世界各国现代化进程中乡村普遍衰落，前车之覆，后车之鉴。

2017 年 11 月，党的十九大首次将乡村振兴提升为国家战略，把农业、农村、农民问题作为关系国计民生的根本性问题，把解决好“三农”问题作为全党工作重中之重，坚持农业、农村优先发展，提出产业兴旺、生态宜居、乡风文明、治理有效、生活富裕的总要求，建立健全城乡融合发展体制机制和政策体系，加快推进农业、农村现代化，从而对近百年我国乡村建设实践前两个阶段进行了全面超越，从此进入第三阶段，即重点解决城乡发展不平衡、农村发展不充分和农业、农村发展滞后于城镇化、工业化、信息化问题的新时代乡村振兴阶段，以补齐我国现代化进程中当代乡村仍然发展滞后的短板。这时，我有幸参与子县治理中相关乡村振兴的财政金融工作,抵近观察到子县落地落细国家乡村振兴战略的举措开始在子县农村广袤土地上生根发芽,呈现出未来将繁花似锦的无限生机。我们欣喜看到,2021 年 2 月 21 日,《中共中央　国务院关于全面推进乡村振兴加快农业农村现代化的意见》由新华社受权发布,这份 21 世纪以来第 18 个指导"三农"工作的中央一号文件,包括总体要求、实现巩固拓展脱贫攻坚成果同乡村振兴有效衔接、加快推进农业现代化、大力实施乡村建设行动、加强党对"三农"工作的全面领导等 5 个部分,强调民族要复兴,乡村必振兴。党中央认为,新发展阶段"三农"工作依然极端重要,须臾不可放松,务必抓紧抓实;要坚持把解决好"三农"问题作为全党工作重中之重,把全面推进乡村振兴作为实现中华民族伟大复兴的一项重大任务,举全党全社会之力加快农业农村现代化,让广大农民过上更加美好的生活。文件确定,把乡村建设摆在社会主义现代化建设的重要位置,全面推进乡村产业、人才、文化、生态、组织振兴,充分发挥农业产品供给、生态屏障、文化传承等功能,走中国特色社会主义乡村振兴道路,加快农业农村现代化,加快形成工农互促、城乡互补、协调发展、共同繁荣的新型工农城乡关系,促进农业高质高效、乡村宜居宜业、农民富裕富足。我坚信,中华民族必将走出一条中国特色全面乡村振兴之路,成功破解世界现代化进程中乡村衰退这一"铁律",为世界增添一个新的"中国之谜"和中国奇迹。

"使命呼唤担当,使命引领未来"。① 我曾经在博士论文后记表

---

① 习近平:《决胜全面建成小康社会　夺取新时代中国特色社会主义伟大胜利——在中国共产党第十九次全国代表大会上的报告》(2017 年 10 月 18 日),载本书编写组编著:《当的十九大报告读本》,人民出版社 2017 年版,第 17 页。

示“不忘初心、砥砺前行。我深知未来之路道远而任重”。两年后的至今，尽管面临百年未有之大变局，世界充满越来越多不确定性，但在发挥自己所学所长志于推进全面乡村振兴实现中华民族伟大复兴的康庄大道上，我仍不变初心，不竭动力，不停脚步，不负韶华，知行相长！

五

知行相长，经验在长。

我在子县知行相长，创新适宜于县域金融治理权力运行的扇形统合理论，不仅是理论收获，也是挂职工作经验的增长和实践阅历。

就挂职实践而言，有上下挂职和左右互派之分。我下县履职、知行相长过程中取得的实践成效，即所长经验，表现为“向下”就是“向上”的切身体会。

农作物有一种管理技术为“墩墩苗”，是指通过在栽培中抑制幼苗茎叶徒长、促进根系发育的措施“锻炼”幼苗，以促使植株健壮生长，提高后期抗逆能力。非洲草原上也生长一种尖毛草，它在最初半年里只有一寸高，甚至看不出在生长，其实不是不长，而是在向下长：6 个月时间扎根地下可达 28 米。当雨季到来，它三五天就能长到一两米高，成长为最高的“草地之王”。它们说明了这样一个道理：人的知行相长，特别是年轻干部成长，需要到边远地区、艰苦环境去摸爬滚打，到一线去经风雨见世面。我在子县“墩墩苗”，扎根基层接地气，脚踏实地解难题，滚出一身泥巴味，“同那里的人民结合起来，在人民中间生根、开花”，①像尖毛草“向下”生长，给

① 《毛泽东选集》（第四卷），人民出版社 1991 年版，第 1162 页。

“向上”汲取了营养、积蓄了“向上”的力量。这种俯身倾听、弯腰观察、拜人民群众为师的基层经历和实践经验,比如如何待人接物、方寸拿捏、说话得体,特别是与老百姓沟通技巧恰当,等等经验,终生难忘,也将受益终身。

知行相长,就要“墩墩苗”,打基础、练“根劲”、善思考,方能厚积薄发、脱颖而出,蓬勃向上,成长为参天大树;干事创业不能心浮气躁、急于求成、好高骛远,不能只顾眼前、不顾长远、表面文章,否则会基础不牢,地动山摇,而且步子不稳,不仅难向上,还会跌跟头。涉浅水者见鱼虾,涉深水者见蛟龙。

六

知行相长,感恩在长。

与知行相长同步,知行相长受益者必然对良师益友感恩之情、同时对家国情怀,与日俱增,珍惜情谊地久天长。

我抵近观察子县金融现象,研究此前尚未被很好解释的县域金融治理权力及其运行机制,实现知行相长,预期如愿以偿。良师益友温暖我、鼓励我、帮助我、教导我、指点我、陪伴我那一幕一幕美好记忆,至今记忆犹新,时常浮现眼帘,刻骨铭心,感恩于心,时间虽短,情谊永恒,永远说不完道不尽的感激:

感谢富强伟大的祖国给予教育成长机会和优美安静学习研究环境,这是首要,当下面临百年未有之大变局,更为重要,是我从知行相长、志气也长过程中切身感受的。因为曾几何时,日寇铁蹄践踏下“华北之大,竟容不下一张安静的书桌”,①昔日“东亚病夫”在

① 日寇侵华,清华师生发起“一·二九”救亡运动。蒋南翔振臂高呼:“华北之大,竟容不下一张安静的书桌!”清华南迁,与北大、南开共同组成西南联大。

中国共产党坚强领导下“中国人民从此站起来了”，正从“富起来”走向“强起来”，所以，我倍加珍惜读博和工作机会，出自肺腑爱国爱党，读博期间光荣加入中国共产党，志愿当上了“芦花会址”①的义务红色守护者，支助培养了芦花会址第五代守护传承人、藏族贫困儿童上学升学直至大学毕业就业，为民族复兴多出一份力。

感谢西南财经大学为莘莘学子努力奋斗提供了造梦、圆梦的福地，成全我实现从金融学转型所钟爱金融法学、从快乐单身缔结连理情缘三口幸福之家。

感恩导师高晋康教授和吴富林教授传道授业解惑，使我人生再造。高晋康老师引我入金融法学研究的大门，他和蔼可亲、风趣幽默，但教导苛严，授以治学良方，对我关怀备至；吴富林老师于百忙工作中拔冗教我读经典、解迷津、导引人生。能成为高老师开创全国首个金融法学专业博士生，能得到我国金融界翘楚吴老师真传，站在巨人肩上，使我能眺望县域金融法研究前沿的风景，观察描述其四梁八柱，是我今生之幸，一日为师终身为父。

感恩文化厚重、民风淳朴、人杰地灵、充满生机的子县和热情厚道、智慧活力、亦师亦友的子县领导、同事及父老乡亲们，他们亲人般接纳我这个异乡学人，我也风里来雨里去与他们打成一片、交上朋友。本书实证研究素材主要来自于2017年以来他们接受的访谈和提供的资料，全赖他们友情合作和鼎力襄助。他们是好老师，

① 芦花会议是红军长征途中的1935年7月中央政治局继两河口会议之后在四川阿坝州黑水县城芦花召开的重要会议。周恩来、朱德、张闻天、毛泽东、王稼祥、博古、凯丰、邓发、李富春、徐向前、刘伯承、张国焘、陈昌浩等参加会议，总结红四方面军从鄂豫皖根据地到川陕根据地这段历史的经验教训，旨在增强一、四方面军的团结和信任，进一步统一两大主力红军北上抗日行动。“芦花会议”的会址，是在距黑水县城区约1公里一处山坡上一幢很显眼的藏式百年以上老房子。

闪烁着无穷尽的智慧之光,我要为他们尽情地讴歌。只因学术研究惯例和敏感性原因,文中隐了县名、人名,希望他们能够理解我的研究,他们将被我永远感恩于心中。

感恩西南财经大学法学院鲁篱院长、法学院博士生导师王伦刚教授、经济学院博士生导师蒋南平教授和南京大学社会学院博士生导师陈家建教授、经济学院年轻才俊张一林副教授等良师益友的启迪教诲和指点迷津。他们不厌其烦,循循善诱,鼓励和帮助我精进学业。

感恩我的父亲和母亲。父亲饱读诗书,正直不阿,奉行"研究式工作"理念,是"用记忆拥抱着过去、用希望拥抱着未来"①的"过程幸福论者",他言传身教,循循善诱,予我政治启蒙、人生导向、事业激励、高尚情操;母亲刚正不阿,心地善良,像竹一样,掏空自己,甘为人梯,相夫教子,望子成龙,含辛茹苦地管理家务和教育儿孙,付出很多心血,提供有力有序有效的保障,我才得以潜心、安心、静心、顺心完成学业和继续研究。

感恩岳父和岳母,他(她)们朴实勤劳、与人为善、任劳任怨,默默地奉献着,尽心尽力照顾好外孙,为我读博挂职和入职工作后全力以赴事业,同时也为我读博期间妻子脱产在中央美术学院提升油画艺术水平,解了后顾之忧。

感恩我的妻子,我们自由恋爱,感情甚笃,相知爱浓,我攻博三年中醉心于书斋研究、挂职实践,入职后起早贪黑尽责工作兼撰书稿,没有闲暇分忧家务,是她与我共同分享希望、忍受困苦、并肩战斗。她的理解、支持、包容、保障,还有她贤惠、善良、热情、美丽,总

① 《纪伯伦语录》。纪伯伦、鲁迅和泰戈尔一样是近代东方文学走向世界的先驱。

是我不竭动力的源泉。

鸣谢榜单，还有儿子。读博期间，很是对不住儿子，我一门心思闭关学习和挂职工作，难得匆匆看他几次，差点都认不出我了，歉疚之余，也点赞他，呱呱坠地后，儿子吃得香、睡得静、不吵夜、不生病，茁壮成长一岁半时，闹着自己动手吃饭，小不点，开心果。父亲曾为他起名“儒源”，我们大家庭四世同堂爱称他“儒儒”，希望他未来为国家民族接力奋斗，以弘扬中华儒学文明为己任。小儿三岁多了，想起他一年半前当我无意间说出上句“不忘初心”之后，他随即补充下一句“牢记使命”，使我感到党的事业和中华文明薪火相传，生生不息。

总之，需要感谢的人实在太多，因为给过我温暖的人实在太多，让我深感这世间有情，万物有情，人生有情。我将不负此情，并将此情升华成向真、向善、向美、向前、向上的信念和勇气。

七

知行相长，永无止境。

已“知”已“行”，只是起点。“究天人之际，通古今之变，成一家之言”，①固然是一代又一代学者穷经皓首的奋斗目标，我也蹒跚行进在金融学和法学交叉研究之路，若有小成，都归功上述良师益友和家人。

“知”“行”“未必行”，书中疏漏、偏颇乃至错误，根源在于我的学养不足，学识功力尚浅，研究时间所限，虚心接受指教，感谢潜在老师。若抛砖引玉，则可谓幸甚至哉。

---

① 司马迁：《报任安书》，他说自己写《史记》是为了“究天人之际，通古今之变，成一家之言”。

未“知”未“行”,永无止境;不忘初心,继续前行;知行合一,知行相长。

是为记。

2021 年 6 月 29 日

- 契约正义论 胡启忠 著
- 刑法科学主义初论 文海林 著
- 经济宪法学导论
  ——转型中国经济权与权力之博弈 吴 越 著
- 中国农民工非正式的利益抗争
  ——基于讨薪现象的法社会学分析 王伦刚 著
- 公司经理权问题研究 杜 军 著
- 论保险代位权制度的建构
  ——以权利法定代位的制度选择为中心 黄丽娟 著
- 我国民间金融规范化的法律规制 高晋康 唐清利 等 著
- 修正金融刑法适用研究：
  立法·理论·实务 胡启忠 石 奎 等 著
- 银行监管权边界问题研究 熊 伟 著
- 金融控股公司内部治理机制研究 梁远航 著
- 城市住宅区业主自治运行实效研究
  ——基于个体决策的视角 陈 丹 著
- 遵从·背离·弥合
  ——我国中央与地方财政关系的重构 马 骁 唐清利 等 著
- 中国农民专业合作社运行的民间规则研究
  ——基于四川省的法律社会学调查 王伦刚 著
- 公私权模糊领域的合作治理研究 唐清利 著
- 民法法典化的历史追究：
  侧重于民族统一与复兴的视角展开 吴治繁 著
- 疑罪新论 金 钟 著
- 中国相互制保险公司治理的法律规制
  ——基于公司治理主体权利视角 方国春 著
- 民间金融协同规制论 林越坚 著
- 执法经济学：以转型时期的中国法治为研究对象 戴治勇 著
- 公私权模糊领域的合作治理研究 唐清利 著

- 土地利用制度变化下的乡村社会治理法律机制研究　何　真等　著
- 我国地方政府间竞争失范法律治理机制研究　刘弘阳　著
- 法人代表权限制的效力规则研究——基于案例统计和两大法系的比较法研究　吴　越等　著
- 非法集资刑法应对的理论与实践研究　胡启忠等　著
- 我国食品安全治理的信任机制研究　马力路遥　著
- 民法埋藏物发现制度研究　赖虹宇　著
- 预防与纠错：刑事司法的理念　熊谋林　著
- 食品安全治理中的自律失范研究——基于近十年我国重大食品安全事件实证分析　鲁　篱等　著
- 机动车强制保险赔偿制度研究——兼论智能机动车强制保险的变革与展望　印　通　著
- 扇形统合——县域金融治理的权力运行研究　郭　敬　著